21 世纪高等学校通识教育系列教材

http://www.wdp.com.cn

公共关系学通识教程

● 余永跃 主编

武汉大学出版社

图书在版编目(CIP)数据

公共关系学通识教程/余永跃主编 · —武汉:武汉大学出版社,
2007.5

21世纪高等学校通识教育系列教材

ISBN 978-7-307-05385-4

Ⅰ.公… Ⅱ.余… Ⅲ.公共关系学—高等学校—教材
Ⅳ.C912.3

中国版本图书馆 CIP 数据核字(2006)第 153043 号

责任编辑:陶佳珞 谢 淼 责任校对:刘 欣 版式设计:支 笛

出版发行:**武汉大学出版社** (430072 武昌 珞珈山)

(电子邮件:wdp4@whu.edu.cn 网址:www.wdp.com.cn)

印刷:湖北鄂东印务有限公司

开本:880×1230 1/32 印张:13.75 字数:352千字

版次:2007 年 5 月第 1 版 2007 年 5 月第 1 次印刷

ISBN 978-7-307-05385-4/C · 170 定价:21.00 元

编审委员会

21世纪 高等学校通识教育系列教材

总序

顾海良

    进入新世纪，中国高等教育发展形成的共识之一，就是要着力教育创新。教育创新共识的形成，是以对时代发展的新特点的理解为基础的，以对当今世界和我国教育发展的新趋势的分析为背景的，以实现中华民族的伟大复兴和社会主义教育事业发展的历史任务为目标的，深刻地反映了高等教育确立"以人为本"新理念的必然要求。

    教育创新的首要之义就在于，教育要与经济社会发展的实际相结合，要与我国社会主义现代化建设对各类高层次人才培养的需要相适应，努力造就具有创造精神和实践能力的全面发展的人才。为了达到教育创新的这些要求，高等教育不仅要实行教育理论和理念的创新，而且还要深化教育教学改革，着力提高教育教学质量和水平。特别要注重学科与专业设置的调整和完善，形成有利于先进科学技术发展和提高国民经济发展水平的学科专业和教学内容；要注重人才培养结构的优化，形成既能适应现代化建设对各级各类高层次人才的需求，又能体现和反映高校优秀的办学特色、办学风格和办学传统的人才培养模式。教育教学创新的这些措施，必然提出怎样对传统意义上的以"学科"、"专业"为主体的教育教学结构进行整合，并使之与现代社会发展要求相适应的"通识"教育相兼容和相结合的重大问题。

高等教育人才培养模式中的"专"、"通"关系问题，并不是现在才提出来的。至于与"专业"教育相对应的"通识"教育的思想，出现得更早些。在亚里士多德那里，就有与"自由"教育相联系的"通识"教育的思想。这里所讲的"通识"教育，通常是指对学生普遍进行的共通的文化教育，使学生具有一定广度的知识和技能，使学生的人格与学识、理智与情感、身体与心理等各方面得到自由、和谐和全面的发展。

世界高等教育的发展曾经经历过时以"通识"教育为主、时以"专业"教育为主，或者两者并举、并立的发展时期。从高等教育发展历史来看，早期的高等教育似倚重于"通识"教育。随着经济、科技和社会分工的不断发展和进步，高等教育也相应地细分为不同学科、专业，分别培养不同领域的专业人才，"专业"教育的比重不断增大。20世纪中叶以来，经济的迅猛发展、科技的飞速进步、知识的不断交叉融合，使学科之间更新频率加快，高度分化和高度综合并存，"专才"与"通识"的需求同在。但是在总体上，"通识"似更多地受到重视。这是因为，新时代高等教育培养的人才，应该具有很强的应变能力和适应能力，应该具有更为宽厚的知识基础和相当广博的知识层面，应该具有更强的信息获取能力和多方面的交流能力。显然，仅仅依靠知识领域过窄的专业教育，是难以培养出这样的人才的。

我国大学本科教育专业一度划分过细，学生知识结构单一，素质教育薄弱，人才的社会适应性多有不足。随着国家经济体制改革的深入、产业结构调整步伐的加快和国民经济的飞速发展，国家和社会对人才需求的类型和结构发生了急剧变化，对人才的规格和质量的要求也不断提高，划分过细的专业教育易于造成人才供给的结构性短缺。经济全球化发展和我国加入 WTO，对我国高等教育人才培养提出了更为严峻的课题，继续走划分过窄、过细的专业教育之路，就可能出现一方面人才短缺、另一方面就业困难的严峻局面，将严重阻碍我国经济社会的发展，也将使我国高等教育陷于困境。我国教育界的有识之士和国家教育主管部门，已经深切地认识到这种严峻的形势。教育部前几年就在多方征求意见的基础上，推出了经大幅度修订的新的本科专业目录，使本科专业种类调整得更为宽泛些。各高等学校也在进一步加大教学改革力度，研究和修订教学计划，改革教学内容，努力使专业壁垒渐趋弱化，基础知识教育得到强化。这些都将有利于学生拓宽知识面，涉猎不同学科和专业领域，增强适应能力，全面提高综合素质。

在高等教育"通"、"专"关系的处理上，教育创新提供了解决问题的根本方法。通过教育创新，一方面能构筑高水平的通识教育的平台，另一方面也能增强专业教育的适应性，目的就是做好"因材施教"，实现"学以致用"。在这一过程中，除了要解决好选人制度即招生制度创新和教师队伍建设创新外，还要注重教学内容、教学方式和方法，以及教材建设等方面的创新。武汉大学有着坚持教育教学改革的优良传统,在教学内容、教学方式和方法改革、教材建设等方面做出了很多有益的努力。学校投入大量的精力和经费加强名师、名课、名教材建设,其中通识教育指导选修课程建设得到全国许多高校教师的积极支持和高度赞赏。

近些年来,我们经过精心组织与策划,奉献给广大读者的这套通识教育系列教材,力图向大学生展示不同学科领域的普遍知识及新成果、新趋势或新信息,为大学生提供感受和理解不同学术领域和文化层面的基本知识、思想精髓、研究方法和理论体系,为大学生日后的长远学习提供广阔的视野。我们殷切地希望能有更多更好的通识教材面世,不仅要授学生以知识、强学生之能力,更要树学生之崇高理想、育学生之创新精神、立学生以民族振兴志向!

（作者系武汉大学党委书记、教授、博士生导师）

目　录

第一部分　一把沟通钥匙

公共关系礼仪

第二部分　两种发展趋势

危机公共关系
国际公共关系

第三部分　三个基本要素

公共关系主体

公共关系客体

公共关系媒体

第四部分　四步工作方法

公共关系调查

公共关系策划

公共关系实施

公共关系评估

第五部分 五项管理职能

管 理 公 关 目 标

管 理 公 众 信 息

管 理 公 众 舆 论

管 理 公 众 关 系

管 理 组 织 形 象

第六部分　六类案例简介

危机公关案例

国际公关案例

公关主体案例

公关客体案例

公关媒体案例

管理职能案例

第一部分
一把沟通钥匙

公共关系礼仪

第一章　公共关系礼仪

第一节　公共关系礼仪的基本知识

一、礼仪

孔子说："不学礼，无以立。"而"礼"的含义是尊重。"礼者，敬人也。"荀子说："人无礼则不生，事无礼则不成，国无礼则不宁。"所谓"礼"，是教人尊敬与关心他人，使之合乎情理。

从本质上讲，"礼"是一项做人的基本道德标准。"礼"所规范的是一个人对待自己、对待他人、对待社会的态度。"礼"的基本要求是：每个人都必须尊重自己、尊重他人、尊重社会。

"仪"的含义则是规范的表达形式。任何"礼"的基本道德要求，都必须借助于规范的、具有可操作性的"仪"，才能恰到好处地得以表现。就礼仪而言，没有"礼"，便不需要"仪"；没有"仪"，则又难以体现什么是"礼"。

简而言之，所谓礼仪，就是人们用于表现尊重的各种规范的、可操作的具体形式，它普遍适用于各种各样的人际交往。也就是说，礼仪是人际交往的基本规则。

二、公共关系礼仪

公共关系礼仪是社会组织的有关人员为了树立和维护组织的良好形象，建构组织与内外公众的和谐关系而要求遵循的礼仪规范。

实施公共关系礼仪的主体是社会组织的公关部门和公关人员。他们将公关礼仪体现在具体的公关实践中，致力于建设本组织的良好社会形象。公关部门及其公关人员从事公关活动必须遵循公共关系礼仪规范，因为它是公共关系从业人员精神风貌和素质修养的集中体现。

公共关系礼仪与一般的人际交往礼仪既有联系，又有区别。

1. 从主体看

人际交往礼仪研究的角度是社会交往中的个体应遵循的礼仪规范；公共关系礼仪研究的角度是组织经营管理过程中的组织传播行为应遵循的礼仪规范。

2. 从目的看

人际交往礼仪的目的是为达到人与人和谐的社会交往而必须遵循的礼仪规范；公共关系礼仪的目的是建立适应组织生存和发展需要的形象而必须遵循的礼仪规范。

3. 从内容看

公共关系礼仪涉及的内容要比人际交往礼仪丰富得多。和人际交往礼仪相比，它不但涉及为处理个人交往关系而必须遵循的礼仪规范，而且也涉及处理群体以及组织等相互关系而必须遵循的礼仪规范；它不但涉及处理组织内部公众的关系而必须遵循的礼仪规范，还涉及处理组织外部公众关系而必须遵循的礼仪规范。

4. 从活动看

公共关系礼仪自然要比人际交往礼仪复杂得多。

从上面的分析可知，公共关系礼仪有相当部分的规范需要以人际交往礼仪规范为基础，需要人际交往礼仪规范的支撑，但它又不仅仅只是人际交往礼仪规范。两种礼仪规范既相互有别，又相互交叉，不可简单地等同起来。

三、公共关系礼仪的内涵

1. 公共关系礼仪的主体与客体

公共关系礼仪的主体是社会组织，客体是社会公众。

社会组织是公共关系礼仪的一般主体，组织的公关人员是公共关系礼仪的现实主体。公关人员代表组织处理内外公众的关系，其言行举止、风度仪表都必须遵循公共关系礼仪规范的要求。

社会公众作为主体作用的对象，在公共关系礼仪形成及实施过程中，既接受礼仪又反馈礼仪，成为社会组织运用公共关系礼仪的作用对象，并以符合其身份的礼仪反作用于社会组织的公共关系礼仪，参与公共关系礼仪的礼尚往来。因此，社会公众的礼仪也具有公共关系礼仪的意蕴。

公共关系礼仪的主体是多元的，客体也是多元的，而且主体与客体的角色构成是常常变动的、互换的或兼而有之的。

2. 公共关系礼仪的根本目的

公共关系礼仪的根本目的是为了塑造良好的组织形象，从而促进社会组织形成内求团结、外求发展的和谐局面。

所谓组织形象就是公众对组织行为的整体评价和看法，是组织行为和组织文化在公众心目中的反映。良好的组织形象的建设，总是需要组织娴熟地运用公共关系礼仪与社会公众进行友好的沟通，实现内外部公众对社会组织的理解和支持。

社会组织讲究公共关系礼仪本身就是在注重组织形象的建设，因此，公共关系礼仪不仅是促成组织形象定位与升华的有效手段，而且社会组织的公共关系礼仪本身就是一种鲜明的、目的化的组织形象。

3. 公共关系礼仪的基本手段

在公共关系活动中，公关人员需要广交朋友，传播信息，沟通关系，化解矛盾，减少冲突，为组织创造良好的社会关系环境。在组织与外界的交往中，更要讲究公共关系礼仪。它可以通过各种人际的沟通交流和组织的传播沟通，在处理大量联系事宜与外交事务中，透过组织行为所遵循的礼仪规范，集中反映出组织的精神风貌、员工的精神状态、公关人员的工作水平以及专业技能是否能得到公众的好评，是否能在公众心目中留下美好的印象。

公共关系礼仪的基本手段是传播沟通。所谓传播沟通，就是利用各种传播媒介，将信息有计划地与社会公众进行传播并以此沟通彼此关系、增进情感互动的交流活动。

传播沟通有人际传播、大众传播、群体传播和组织传播等形式，它们都是公共关系礼仪经常借助的基本手段或有效方式。公共关系礼仪正是借助或依靠语言和非语言、人际和大众的传播等方式来沟通组织与公众的关系，从而为组织树立良好的形象奠定坚实的基础。

第二节　公共关系礼仪的基本原则

公共关系礼仪的基本原则是社会组织及其公关人员在运用公共关系礼仪于公共关系活动中的出发点和指导原则。

公共关系礼仪的基本原则包括：平等的原则；尊重的原则；自律的原则；诚信的原则；宽容的原则；适度的原则；沟通的原则；形象的原则。

1. 平等的原则

现代公共关系礼仪是建立在平等的基础之上并以平等作为自己的基本原则的。平等待人是现代公共关系礼仪的首要原则。

平等的原则要求公关人员对公众一视同仁，不因对方地位显赫而曲意谄媚，也不因对方地位低下而冷漠忽视；要求对过去的公众、现在的公众、未来的公众不厚此薄彼；要求对老关系、新相识、职高权重者、位卑无权者都能平等相待；要求无矛盾时能平等对待，有矛盾时也能平等对待。

将平等的原则运用于公共关系交往中，要求做到帮助别人不视作恩赐，受惠于人不形成依赖，处下而不卑，处上而不亢，求人而不失其自主，他人求我而不故显高傲。在公共关系交往中，平等待人是建立良好关系的首要前提和必要条件。任何以权取人、以钱取人、以身份待人、以貌取人的做法都是非常忌讳的。

2. 尊重的原则

现代公共关系礼仪必须遵循尊重公众、尊重组织和尊重自己三位一体的原则，因为尊重是礼仪的基础，只有相互尊重，才有可能保持和谐愉快的关系。

尊重的原则要求公关人员承认和重视每个人的人格、感情、爱好、习惯、职业、社会价值以及所应享有的权利和利益。尊重是公关人员对待公众、组织和自己的一种态度，从社会角度来看，它是一种重要的道德规范；从个人角度来看，它是一种良好的道德品质。

公众是与组织发生了一定关系或将要发生关系的群体或个人，也是公共关系礼仪实施的对象，公关人员只有尊重公众，才能较好地与公众沟通，赢得公众的理解、支持与合作。

组织是由无数目标相同、意愿相同的人们组成的有计划有目的的集合体，是组织成员愿意服务并献身于其中的社会共同体。公关人员只有尊重组织，才能爱岗敬业、乐于奉献，也才能真正为组织所接纳。

自尊是公关人员对自身的一种态度，它是自我意识的一种表现形式。公关人员自身应当自己尊重自己，保持自己的人格和尊严。

尊重公众、尊重组织与尊重自己三者之间并不矛盾，而是相辅相成的关系。一个真正懂得尊重公众、尊重组织的公关人员，也必然是一个懂得尊重自己的公关人员。他既不会不切实际地抬高他人及其组织，也不会故意贬低自己和自己所在的组织；既不会对人傲慢歧视，也不会对己求全责备。

3. 自律的原则

礼仪规范是为了维护社会生活的稳定而形成并存在的，它反映了人们的共同利益要求。社会上每个成员都应当自觉遵守执行，谁违背了礼仪规范，就会受到社会舆论的谴责。礼仪规范中自律的原则要求人们自觉掌握礼仪规范，在心目中自觉树立起道德信念和行为准则，并以此来约束自己，在交往中自觉执行礼仪规范。

公共关系礼仪和其他礼仪规范一样，必须遵循自律的原则。自律的原则要求公关人员严于律己，要求社会组织及其公关人员自觉提高自身的整体素质。对于组织及其公关人员来说，运用公共关系礼仪的过程实际上就是体现个人礼貌修养、展示组织形象风采的过程，这不是一朝一夕可以练就的功夫。要达到比较理想的境界，需要组织及其公关人员自觉学习公共关系礼仪知识，自觉运用公共关系礼仪，才能在处理公共关系过程中做到应付自如、游刃有余。

4. 诚信的原则

公共关系礼仪需要遵循诚实信用的原则，诚实是指待人方面真实不欺、客观公正；信用是指说话算数、表里如一。诚信主要属于"礼"的内在本质的范畴，讲究诚信，应当作为公共关系礼仪的一个根本原则。

诚信的原则要求组织及其公关人员在公共关系活动中以及待人接物过程中，做到真实诚笃、信守诺言、讲究信誉、实事求是，而不能以虚伪、失信或欺骗的方式对待公众。公共关系礼仪和其他礼仪规范一样，重在诚实守信、表里如一。缺乏诚信的礼仪，必定是矫揉造作的客套或逢场作戏的周旋。只有把握了诚信是"礼"的内在本质，"仪"的表现形式才具有尊重的意义。因此，要求社会组织及其公关人员在具体运用公关礼仪时，要真心诚意，对交往的对方以诚相待、言而有信，不能弄虚作假，更不能轻视或嘲笑对方。

5. 宽容的原则

宽容是待人的一般原则，也是公共关系礼仪必须遵循的基本原则。

宽容的原则要求公共关系人员设身处地对待和处理与公众的关系问题。以宽容的态度恰当运用公共关系礼仪，可以帮助组织转化公众的态度。以宽容之心对待公众可以化反对为中立、化中立为支持；可以化坚决反对为一般反对、化一般支持为坚决支持。也就是说，坚持宽容的原则，不仅可以帮助组织转化公众态度的方向，还可以转化公众态度的强度。

公关人员遵循宽容的原则运用公共关系礼仪,可以缩小组织与公众之间的距离,可以用宽容平等之心去化解公众对组织的敌意、偏见与冷漠。公共关系交往中的障碍只有靠宽容的精神才能跨越,公关人员应在实施公共关系礼仪时,坚持宽容公众、善待公众。

6. 适度的原则

公共关系礼仪需要遵循适度的原则,适度就是在公关交往中公关人员的言行应当注意的程度和应当把握的分寸。

适度的原则要求公关人员与人交往要适度,既不可过分热情,也不可过分冷淡;公关人员表达尊重要适度,既不可尊重不够而有辱对方,也不可尊重太过而给对方造成心理压力;公关人员表现谦虚要适度,既不可过分自信豪爽;也不可过分谦虚自卑。

同样的公共关系礼仪,有的公关人员运用起来得心应手、充满美感;而有的公关人员运用起来力不从心、令人厌恶,究其原因是很大程度上与公关人员是否把握了适度的原则有关。

在公共关系交往中,公关人员运用每一项公共关系礼仪,都要注意时间、地点和对象,真正做到恰如其分、适可而止。

7. 沟通的原则

公共关系礼仪必须遵循沟通的原则。在公共关系活动中,一刻也离不开社会组织与公众的沟通和互动,积极沟通,实现互动,是公共关系礼仪的一个重要原则。

沟通的原则要求公关人员以合乎礼仪规范的言行架起沟通的桥梁,把自己的意图以最佳的方式传递给对方,以实现与公众最有效的互动。沟通的原则还要求公关人员做到具体问题具体分析,随时沟通、随机应变,而不能过于墨守成规,以不变应万变。

社会组织及其公关人员在公关交往中运用公关礼仪时,要始终注意进行积极而有效的沟通,实现双向互动的目的。在与公众的这种良性反馈过程中,既让公众理解组织,也让组织及其公关人员了解公众,敏锐地感受公众的反应,掌握对方微妙的变化,真正做到沟通出感情、沟通促和谐、沟通创效益。

8. 形象的原则

公共关系礼仪需要把握形象的原则。在现代社会中，组织和个人都应十分重视形象。把握形象的原则是实现公共关系礼仪目标的原则。

形象的原则要求组织及其公关人员注重组织形象和个人形象。在公共关系活动中，公关人员的个人形象代表组织形象。公关人员的个人形象是通过其仪表、举止、表情、谈吐、服饰以及待人接物等方面体现出来的，这些方面既包括外在素质的展现，也包括内在修养的流露。公共关系礼仪不仅仅只是一种形式，而是承载了起决定作用的内在美的一种具有外在美的表达形式。形象的原则要求公关人员重视内在美和外在美的和谐一致，达到"诚于中而行于外"、"慧于心而秀于言"这种表里如一的境界。

组织及其公关人员运用公共关系礼仪时，只有努力做到外在美与内在美、外表美与心灵美的和谐统一，在公关活动中充分展示个体形象和组织形象的美，才能塑造出高雅得体的公关形象来，才能更好地完成彰显组织良好形象的公关目标和任务。

第三节　国家公务员礼仪基本知识

公共关系是一种社会组织运用传播的手段使组织自身和各种社会公众相互了解、相互适应的管理活动或管理职能。这里的组织与组织、群体与群体或组织与群体的这些非人格化的关系，在相当多的情况下，是与个体关系紧密地交织在一起的。前者的实现是以后者为中介的。本节选择公务员这种普通而又特殊的群体作为实施公共关系礼仪的主体，重点介绍国家公务员公共关系礼仪的相关内容。

一、学习公务员礼仪知识的必要性

1. 为了提高个人修养

学习礼仪有助于提高个人修养，因为礼仪衡量着文明教养程度，而教养又体现在细节中，细节可以展示个人的素质。

人生一世，必须交际。任何一个正常人，如果打算完全回避人际交往，基本是不可能的。进行交际，需要规则。所谓礼仪，即人际交往的基本规则，是人际交往的行为秩序。没有规则，人际交往难免各行其是，难以沟通，难以交流。

作为社会群体一分子的每个人，立足现世必须具备两大行为律则，那就是礼仪和法律。礼仪侧重于道德层面，法律则侧重于惩戒层面，即：礼仪重自律，法律重他律。

在现代社会活动中，礼仪依旧是每一位现代人不可或缺的基本素养。

礼仪通常被用来作为衡量一个人文明程度的准绳，平时，一个人的教养往往体现于其待人接物的种种细节之中，而这种种细节反过来又反映着其个人的整体素质的高低。

这就要求公务员在日常工作中，不仅要遵纪守法、爱岗敬业，而且还要具有良好的自身修养。从这个意义上说，能否恰当运用礼仪，实际上真切地反映着公务员的素质与教养的水准。

作为衡量个人文明程度的准绳，礼仪的具体内容涉及个人的仪容仪态、穿着打扮、言谈举止、为人处世等方方面面。

例如：男士在公共场所吸烟；女士在大庭广众之下化妆；随地吐痰；"出口成脏"；等等，这些表现都是不合乎礼仪的，那样做的人，在他人眼里形成的印象是：素质不高、缺乏教养。因此，学习公务员礼仪知识，既可以满足广大公务员提高个人素质与教养的迫切需要，又可以"用高尚的精神塑造人"，提高国家公务员队伍的整体文明程度。

2. 为了增进人际沟通

运用礼仪有助于增进人际沟通，因为礼仪润滑着人与人之间的关系，和谐的人际关系有利于彼此沟通，思想沟通之后可以形成相互之间的理解与支持。

公务员的基本职责就是勤政为民；学习礼仪规范有助于更好地运用交际技巧；恰当运用交际技巧可以更好地融洽人际关系。在为人民服务、为社会服务的过程中，和谐的人际关系有利于增进相互沟通、相互理解、相互尊重、相互信任，这样才能更加做到让人民满意、让社会接受、让国家放心。

比如：电话礼仪规定：在接听电话时，接听者首先应以"你好"问候对方，然后需要进行自我介绍。假若接听者一开头便以"喂"作答，随即便问"你是谁"，这样是失敬于对方的。

再比如：交换名片时，接过他人名片后，一般应当即双手捧读一遍，以表示对对方的尊重。倘若对对方的名片一眼不看，乱丢乱塞，或者反复把玩，这样都是不尊重对方的表现。

3. 为了维护政府形象

讲究礼仪有助于维护政府形象，因为公务员个人代表着公务组织，礼仪可以帮助塑造公务员个人形象和公务组织形象，这些良好的形象共同铸造着人民政府这个品牌，共同塑造着党和国家的光辉形象。

塑造良好的形象是礼仪的基本作用之一，形象是外界对一个人或一种事物所产生的基本印象。个人形象具体表现在个人的仪容、举止、表情、服饰、谈吐、待人接物等诸多方面；组织形象则代表着一种服务、一种效益、一种品牌。

在日常工作中，独当一面的公务员往往被看做政府的具体化身；在群众眼里，公务员代表着政府，公务员的个人形象往往与政府形象画着等号；老百姓对每一个公务员印象与评价的好坏，不仅影响其个人形象，而且直接关系到政府形象。

例如：依照礼仪规范，国家公务员平时是不宜乱染彩发的，不然容易给人造成轻薄肤浅、与人格格不入的感觉。

再如：假设一名国家公务员将只宜在社交场合佩戴的珠宝首饰，堂而皇之地佩戴到自己的工作场合，这样做不仅与"人民公仆"的称号差之千里，而且还有可能令服务对象产生"谁为谁服务"的疑惑。

可以看出，公务员维护个人形象将直接有利于维护政府形象。党和政府对国家公务员郑重其事地提出了殷切期望，希望全体公务员做到内强素质，外塑形象。

二、国家公务员应具备的礼仪形象

1. 语言文明的形象

国家公务员在公务活动中，都要求用文明的语言，养成不仅言之成理，而且言之有礼的良好习惯。

树立语言文明的形象要注意以下十个方面：

（1）要使用礼貌语言

经常使用"请坐、谢谢、再见、您好"等基本礼貌用语；

熟练掌握问候、慰问、赞赏、道歉等日常礼貌用语；

灵活依据人的年龄、性别、职业、职称、身份等选择礼貌称谓用语。

（2）待人要亲切诚恳

无论是在机关接待人民群众，还是深入基层调查研究，都要动真情，要有爱人之心；

见人要先打招呼，语调要温和；

不要居高临下，甚至见到明明是认识的人，也闭口不言，缺乏应有的礼节。

（3）对人要一律平等

对人都要一视同仁，不能使听者感觉对人有分"三六九"等之嫌。

（4）要以法服人、以情动人

国家公务员在为人民群众办事的过程中，要根据工作需要，有针对性地讲解党纪国法和有关的规章制度；

不要抓不住要点，言不及意，说起大话、空话、套话滔滔不绝，显得无情无义。

（5）要讲真话

国家公务员办事，要向人民群众交心，讲真话，能办的事要立即明确告知该怎么办，不能办的事要说明不能办的理由；

不能说假话、似是而非的话和言不由衷的话，使人民群众感到无所适从，以至于偌大的机关找不到该不该办、该怎么办的单位和人员。

（6）要听实情

国家公务员办事，要当老实人，要给人民群众讲话创造平平常常、宽宽松松的氛围和环境；

要让人民群众对一项工作的成绩、缺点和不足，包括对事物量的和质的分析判断，讲出实情，说出实话；

不要自己头脑里设计，引导人民群众讲违心的话。

（7）要耐心讲理

国家公务员，对人民群众一时还不能理解或没有认识清楚的问题，要耐心讲理，反复讲理；

有时要用多一些时间，等待人民群众有所觉悟；

不要急躁，声色俱厉，有理不让人，甚至以种种理由做出拒绝谈话的表示。

（8）要把话说在当面

国家公务员，对人民群众的不足和缺点，有话要讲在当面；

要讲究语言艺术，说恰如其分的话，讲实事求是的理，使人民群众听起来入耳入脑；

不要背后议论人，说三道四，指指点点。

（9）要虚心接受人民群众的批评意见

对来自人民群众的建议、批评和意见，要取欢迎、虚心、诚意的态度，要说表示感谢、采纳、改进自身工作的话；

对一些不正确的批评和意见，要本着无则加勉的精神，进行合理的解释和说明；

那种对人民群众正确的批评和意见，只当耳边风，根本听不进，甚至存有报复之心，散布威胁恐吓的语言，就是极不文明的表现。

（10）要清除语言垃圾

语言垃圾，主要是指说粗话、脏话。

说粗话、脏话，恶语伤人，容易引起对方态度情绪化，激化矛盾，影响团结；

国家公务员说粗话、脏话，容易挫伤人民群众对党和政府的信任感，会给广大人民群众留下缺乏修养、极不文明的坏形象，这是语言文明形象的大忌。

2. 行为端庄的形象

国家公务员的穿着打扮、行为举止要有恰当的表现，给人民群众以美好的感受，形成端庄大方的良好印象。

树立行为端庄的形象至少要注意以下六个方面：

（1）注意正确的坐、立、行姿势

俗话说："坐如钟，立如松，卧如弓，行如风。"公务员要注意自己的仪态，表现出大方自然的友好姿态，坐立平稳、行走自如。

（2）待人热情、勤快周到

要尊老爱幼，知寒问暖，对远道而来的工人、农民朋友，对年长者、离退休老同志、专家学者，对身体不适的人，要立即起立，示意请坐；不要坐在那里旁若无人、不理不睬，没什么表示。

（3）要遵守时间、尊重对方

与人相约，要遵守时间；

听取意见，要集中精力。

不要在交谈时指手画脚，东张西望，并不时看手表，也不要经常打断对方的讲话，给人不耐烦的感觉；

不要有其他影响举止稳重的粗俗动作。

（4）要注意仪表端庄

衣着颜色、款式合体，要与年龄、职业、环境等协调；

头发要依据年龄、性格等情况梳理干净、整齐、美观、大方；

出席重要仪式活动，依据情况进行适宜的化妆；

女性公务员在日常工作、学习和生活环境中，可适当化妆。

（5）要注意表情端庄

眼神、面部表情，在与不同性别、职务、职业、文化程度、年龄等对象交谈时，都要体现真诚服务的容貌；

不要出现在有用的人面前一副笑脸，而对无用的人则是一副冷脸的现象。

（6）要注意与人民群众融洽相处

深入工厂、学校、农村基层进行调查研究，同人民群众交谈时：

衣着、化妆、姿态都要适宜，以人民群众能够接受为度；

不要搞特殊待遇，摆出官架子，使人民群众敬而远之。

3. 形象产生的效应

公务员恰当运用公共关系礼仪，树立良好的公务形象，可以产生三个方面的效应，即闪光效应、窗口效应、稳定效应。

（1）闪光效应

是指国家公务员在与人民群众接触时，一经见面，国家公务员良好的礼仪形象，就能给人民群众留下美好的第一印象。

国家公务员执行公务，是代表党和政府办事的；公务员的礼仪形象，反映着党和政府的光辉形象；人民群众在与国家公务员见面、交谈时，自然想从国家公务员的礼仪形象中获得一些无声的信息；国家公务员语言行为的点滴表示都将备受关注。

国家公务员树立了良好的礼仪形象，就会在人民群众的头脑中留下深刻的印象，这就是闪光效应。

（2）窗口效应

是指国家公务员具有的良好礼仪形象，能够给人民群众展示本单位推行规范化服务，创建文明行业活动所取得的成绩。

礼仪形象所包含的内容，正是国家机关开展优质规范服务、创建文明行业新风活动所制定的服务规范的重要内容之一；文明的语言、端庄的行为，在创建文明行业的活动中，能发挥展示素质、树立形象的窗口作用。

国家公务员具有良好的礼仪形象，就能够产生明亮的窗口效应。

（3）稳定效应

是指国家公务员树立的良好礼仪形象，能够给人民群众产生眼睛爱看、心里赞美、情绪愉快、办事自然、秩序井然的效果。

国家公务员塑造良好的礼仪形象，能够使到国家机关找公务员办事的人民群众满意而归，这对于多为人民群众办好事办实事，进一步密切党和政府同人民群众的联系，维护和发展稳定的局面，有重要的促进作用。

国家公务员具有良好的礼仪形象，能够产生具有重要积极作用的稳定效应。

4. 树立形象的基础

要树立良好的形象，需要一定的基础做保障，这不仅需要有正确的观念，还要有领导的表率，最困难的是还需要行动的落实。

（1）正确的观念

树立形象关键和首要的基础是要树立正确的世界观、人生观和价值观。

在改革开放和发展社会主义市场经济的条件下，国家公务员都应树立起辩证唯物主义和历史唯物主义的世界观、全心全意为人民服务的人生观、无私奉献的价值观。

只有心灵美、道德品质高尚、理想信念坚定，才能树立具有内在美和外在美相统一的礼仪形象。

（2）领导的表率

上级领导机关对下级领导机关、领导干部对一般干部、一般干部对全体人员具有直接、强烈、明显的引导作用。因此，上级领导机关要为下级领导机关、领导干部要为一般干部、一般干部要为全体人员树立良好礼仪形象做出表率。

"上梁不正下梁歪，中梁不正倒下来。"只有国家机关、领导干部层层级级发挥引导、表率作用，才会有力地促进广大国家公务员树立良好的礼仪形象。

（3）行动的落实

"千里之行，始于足下。"只有从现在做起、从具体的实事做起，才能树立起良好的形象。

从现在做起，就是在时间上，国家公务员不能强调主客观原因，而产生等待心理，拖拉作风，从现在起就应自觉遵守礼仪规范。

从具体的实事做起，就是国家公务员时时处处都要展示文明礼貌和仪表端庄的礼仪形象。

事实证明，从现在做起，从具体的实事做起，一点一滴地做，一件一件地做，一次一次地做，久而久之，就能养成优良的习惯，习惯成自然，就会对树立良好的礼仪形象产生强化作用。

三、国家公务员礼仪基本知识介绍

（一）公务员礼仪十六条

第一条　领导对下属的礼仪

1. 尊重下属的人格，这是领导最基本的修养和对下属的最基本的礼仪。

2. 善于听取下属的意见和建议。

3. 宽待下属。领导应心胸开阔，对下属的失礼、失误应用宽容的胸怀对待，尽力帮助下属改正错误。

4. 培养领导的人格魅力。如良好的形象、丰富的知识、优秀的口才、平易近人的作风等，这些都是与领导的权力没有必然联系的自然影响力。

5. 尊崇有才干的下属。

第二条　下属对领导的礼仪

1. 尊重领导。

2. 听从领导指挥。

3. 对领导的工作不能求全责备，而应多出主意，帮助领导干好工作，不要在同事之间随便议论领导、指责领导。

4. 提建议要讲究方法，在工作中给领导提建议时，一定要注意场合，注意维护领导的威信。

第三条　同事之间的礼仪

1. 尊重同事。

2. 物质上的往来应该做到一清二楚。

3. 对同事的困难表示关心。

4. 不要在背后议论同事的隐私。

5. 对自己的失误或同事间的误会，应主动道歉说明。

第四条　拜访礼仪

1. 拜访应选择适当的时间，如果双方有约，应准时赴约。万一因故不得不迟到或取消访问，应立即通知对方。

2. 到达拜访地点后，如果与接待者是第一次见面，应主动递上名片，或作自我介绍。对熟人可握手问候。

3. 如果接待者因故不能马上接待，应安静地等候。有抽烟习惯的人，要注意观察该场所是否有禁止吸烟的警示。如果等待时间过久，可向有关人员说明，并另定时间，不要显示出不耐烦。

4. 与接待者的意见向左，不要争论不休。对接待者提供的帮助要致以谢意，但不要过分。

5. 谈话时开门见山，不要海阔天空，浪费时间。

6. 要注意观察接待者的举止表情，适可而止，当接待者有不耐烦或有为难的表现时，应转换话题或口气，当接待者有结束会见的表示时，应立即起身告辞。

第五条 称呼礼仪

一般有五种称呼礼仪：

1. 职务性称呼：以交往对象的职务相称，以示身份有别、敬意有加，这是一种最常见的称呼。

有三种情况：称职务、在职务前加上姓氏、在职务前加上姓名（适用于极其正式的场合）。

2. 职称性称呼：对于具有职称者，尤其是具有高级、中级职称者，在工作中直接以其职称相称。

也有三种情况：称职称、在职称前加上姓氏、在职称前加上姓名（适用于十分正式的场合）。

3. 行业性称呼：在工作中，有时可按行业进行称呼。

4. 性别性称呼：对于从事商界、服务性行业的人，一般约定俗成地按性别的不同分别称呼"小姐"、"女士"或"先生"，"小姐"是称未婚女性，"女士"是称已婚女性。

5. 姓名性称呼：在工作岗位上称呼姓名，一般限于同事、熟人之间。

第六条 电报礼仪

1. 普通电报：发电报要使用有固定格式的专用稿纸。

2. 礼仪电报：一种广泛使用的礼仪文书。

礼仪电报有贺电、唁电。

贺电：对收电人表示祝贺赞颂的电报。

一般用于当对方取得重大成就、获得某种荣誉、有重大喜事或吉日良辰等场合，语气上应力求做到感情真挚、热情大方，但不可过分渲染、夸大其词。

唁电：是发报人对亡者亲友和家属表示吊慰的电报。

唁电既表示对死者的悼念，又要对死者亲友或家属表达问候和安慰之情。电文要写得深沉、庄重、纯朴，充满悲恸悼念之情。

第七条 电话礼仪

分为接电话的礼仪和打电话的礼仪。

A. 接电话的礼仪

1. 电话铃一响，应尽快去接，最好不要让铃声超过五遍。

拿起电话应先自报家门，"您好，这里是……"询问时应注意在适当的时候，根据对方的反应再委婉询问。

一定不能用很生硬的口气说："他不在"、"打错了"、"没这人"、"不知道"等语言。

电话用语应文明、礼貌，态度应热情、谦和、诚恳，语调应平和、音量要适中。

2. 接电话时，对对方的谈话可做必要的重复，重复的内容应简明扼要地记录下来，如时间、地点、联系事宜、需解决的问题等。

3. 电话交谈完毕时，应尽量有礼貌地结束对话。通话完毕后，应尽量有礼貌地放下话筒，以示尊重。

B. 打电话的礼仪

1. 选择适当的时间。

一般的公务电话最好避开临近下班的时间。因为这时打电话，对方往往急于下班，很可能得不到满意的答复。

公务电话应尽可能打到对方单位，若确有必要往对方家里打时，应注意避开吃饭或睡觉时间。

2. 首先通报自己的姓名、身份。

必要时，应询问对方是否方便，在对方方便的情况下再开始交谈。

3. 电话用语应文明、礼貌。

电话内容要简明、扼要，并用文明、礼貌的语言表达。

4. 通话完毕时应道"再见"，然后轻轻放下电话。

第八条　公务礼仪——接待来访的礼仪

1. 接待人员对来访者，一般应起身握手相迎，对上级、长者、客户来访，应起身上前迎候。对于同事、员工，除第一次见面外，可不起身。

2. 不能让来访者坐冷板凳。

如果自己有事暂不能接待来访者，应安排秘书或其他人员接待客人。不能冷落了来访者。

3. 要认真倾听来访者的叙述。

公务往来是"无事不登三宝殿"，来访者都是为了谈某些事情而来，因此应尽量让来访者把话说完，并认真倾听。

4. 对来访者的意见和观点不要轻率表态，应思考后再作答复。对一时不能作答的，要约定一个时间再联系。

5. 对能够马上答复的或立即可办理的事，应当场答复，迅速办理，不要让来访者无谓地等待，或再次来访。

6. 正在接待来访者时，有电话打来或有新的来访者，应尽量让秘书或他人接待，以避免中断正在进行的接待。

7. 对来访者的无理要求或错误意见，应有礼貌地拒绝，不要刺激来访者，使其尴尬。

8. 如果要结束接待，可以婉言提出理由，如"对不起，我要参加一个会，今天先谈到这儿，好吗"，也可用起身的体态语言告诉对方就此结束谈话。

第九条　会议礼仪

包括主持人的礼仪、会议发言人的礼仪和会议参加者礼仪。

A. 主持人的礼仪

1. 主持人应衣着整洁，大方庄重，精神饱满。

2. 走上主席台应步伐稳健有力，行走的速度因会议的性质而定。

3. 入席后，如果是站立主持，应双腿并拢，腰背挺直。单手持稿时，右手持稿的底中部，左手五指并拢自然下垂。双手持稿时，应与胸齐高。坐姿主持时，应身体挺直，双臂前伸，两手轻按于桌沿，主持过程中，切忌出现搔头、揉眼、翘腿等不雅动作。

4. 主持人言谈应口齿清楚，思维敏捷，简明扼要。

5. 主持人应根据会议性质调节会议气氛，或庄重，或幽默，或沉稳，或活泼。

6. 主持人对会场上的熟人不能打招呼，更不能寒暄闲谈，会议开始前，或会议休息时间可点头、微笑致意。

B. 会议发言人的礼仪

1. 正式发言者：

应衣冠整齐，走上主席台应步态自然，刚劲有力，体现一种成竹在胸、自信自强的风度与气质；

发言时应口齿清晰，讲究逻辑，简明扼要；

如果是书面发言，要时常抬头扫视一下会场，不能只顾低头读稿，旁若无人；

发言完毕，应对听众的倾听表示谢意。

2. 自由发言者应注意：

发言应讲究顺序和秩序，不能争抢发言；

发言应简短，观点应明确；

与他人有分歧，应以理服人，态度平和；

听从主持人的指挥，不能只顾自己。

3. 如果有会议参加者对发言人提问：

应礼貌作答，对不能回答的问题，应机智而礼貌地说明理由；

对提问人的批评和意见应认真听取，即使提问者的批评是错误的，也不应失态。

C. 会议参加者礼仪

会议参加者应衣着整洁，仪表大方，准时入场，进出有序，依会议安排落座；

开会时应认真听讲，不要私下小声说话或交头接耳；

发言人发言结束时，应鼓掌致意，中途退场应轻手轻脚，不影响他人。

第十条　集体介绍礼仪

包括集体介绍的顺序和集体介绍注意事项。

A. 集体介绍的顺序

1. "少数服从多数"。

2. 强调地位、身份。

3. 单向介绍。往往只需要将主角介绍给广大参加者。

4. 人数多一方的介绍。可采取笼统的方式进行介绍。

5. 人数较多各方的介绍。若被介绍的不止两方,需要对被介绍的各方进行位次排列。

B. 集体介绍注意事项

1. 不要使用易生歧义的简称,在首次介绍时要准确地使用全称。

2. 不要开玩笑,要很正规。介绍时要庄重、亲切,切忌开玩笑。

第十一条　见面礼仪

1. 名片礼:

递接名片时最好用双手,名片的正面应朝着对方;

接过对方的名片后应致谢;

一般不要伸手向别人讨名片,必须讨名片时应以请求的口气。

2. 脱帽礼:

见面时男士应摘下帽子或举一举帽子;

若与同一人在同一场合前后多次相遇,则不必反复脱帽;

进入主人房间时,客人必须脱帽;

在庄重、正规的场合应自觉脱帽。

3. 拥抱礼和亲吻礼:

流行于欧美国家。

第十二条　请柬礼仪

1. 请柬的制作:请柬的款式和装潢要设计美观、制作精巧,既大方又庄重,既令人感到亲切快乐,又具有一定的观赏保存价值。

2. 请柬的书写:请柬的书写应当遵照规范的基本格式和内容要求,做到语言通顺,文字典雅。

3. 请柬的发送：请柬的发送应由专人负责，发送的时机既不宜太早也不宜太迟，一般应根据活动的内容和日程来确定，以便让客人有所准备，做好安排。

第十三条　书信礼仪

书信分为普通书信和专用书信，专用书信包括介绍信、证明信、祝贺信、感谢信、慰问信、倡议信、建议书、道歉信、致意信等。不同的书信有不同的礼仪要求，除了准确地把握书信的格式或形式的要求外，还应注意以下细节：

1. 书信对象：应该根据不同的写信对象选择恰当的语气、称呼、措辞，以表达应有的礼貌和尊重。

2. 书信目的：写信目的不同，书信表达的情感亦有所不同。对于可喜可贺之事要写得热情愉快以表庆祝；对于可悲可叹之事要写得情真意切以表宽慰；对于请教求助之事要写得诚恳有礼以表谦恭；对于事件的陈述要写得清楚明白以表客观。

3. 书信语言：书信语言表达应力求通俗易懂，通顺流畅，切忌晦涩难懂。

4. 书信字迹：书信写作要注意字迹端正清楚，标点运用得当，既方便邮递员投递，又使收信人易于阅读，这是写信人对他人最起码的礼貌和尊重。

第十四条　他人介绍礼仪

为他人作介绍时，必须遵守"尊者优先"的规则：

把年轻者介绍给年长者；把职务低者介绍给职务高者；如果双方年龄、职务相当，则把男士介绍给女士；把家人介绍给同事、朋友；把未婚者介绍给已婚者；把后来者介绍给先到者。

介绍时应注意事项：

1. 介绍者为被介绍者作介绍之前，一定要征求一下被介绍双方的意见，切勿上去开口即讲。

2. 被介绍者在介绍者询问自己是否有意认识某人时，一般不应拒绝，而应欣然应允。实在不愿意时，则应说明理由。

3. 介绍者和被介绍者都应起立，以示尊重和礼貌；待介绍人介绍完毕后，被介绍双方应微笑点头示意或握手致意。

4. 在宴会、会议桌、谈判桌上，视情况介绍者和被介绍者可不必起立，被介绍双方可点头微笑致意；如果被介绍双方相隔较远，中间又有障碍物，可举起右手致意，点头微笑致意。

5. 介绍完毕后，被介绍者双方应依照合乎礼仪的顺序握手，并且彼此问候对方。

第十五条　握手礼仪

包括握手的顺序和握手的方法。

A. 握手的顺序

主人、长辈、上司、女士主动伸出手，

客人、晚辈、下属、男士再相迎握手。

B. 握手的方法

1. 一定要用右手握手。

2. 要紧握对方的手，时间一般以 1 到 3 秒为宜；过紧或者只用手指部分漫不经心地接触对方的手都是不礼貌的。

3. 被介绍之后，最好不要立即主动伸手。当年轻者、职务低者被介绍给年长者、职务高者时，应根据年长者、职务高者的反应行事。

4. 握手时，年轻者对年长者、职务低者对职务高者都应稍稍欠身相握。有时为表示特别尊敬，可用双手迎握。男士与女士握手时，一般只宜轻轻握女士手指部位。男士握手时应脱帽，切忌戴手套握手。

5. 握手时双目应注视对方，微笑致意或问好，多人同时握手时应按顺序进行，切忌交叉握手。

6. 在任何情况拒绝对方主动要求握手的举动都是无礼的，但手上有水或不干净时，应谢绝握手，同时必须解释并致歉。

第十六条　自我介绍礼仪

包括自我介绍的具体形式和自我介绍的注意事项。

A. 自我介绍的具体形式

1. 应酬式：往往只包括姓名一项即可。

2. 工作式：包括本人姓名、供职单位及其部门、职务或从事的具体工作等。

3. 交流式：大体应包括介绍者的姓名、工作、籍贯、学历、兴趣及与交往对象的某些熟人的关系。

4. 礼仪式：包括姓名、单位、职务等，同时还应加入一些适当的谦辞、敬辞。

5. 问答式：应该是有问必答，问什么就答什么。

B. 自我介绍的注意事项

1. 注意介绍时机和时间恰到好处。

2. 注意介绍态度要热情诚恳。

3. 注意介绍信息要真实自然。

（二）要注意的礼仪细节

1. 握手

握手是一种最常见的礼节，握手通常使用右手；

不能在对方伸手时没有表示；

握手时眼光不可左顾右盼；

不可多人交叉握手；

不可在握手以后，有擦手或审视自己手掌的动作⋯⋯

2. 介绍

初次见面，可由他人介绍，也可自我介绍相识；

为他人介绍时，应明确介绍双方都有相识的愿望；

介绍时称呼一定要清晰、明确；

介绍时不要牵涉被介绍双方的隐私，以免造成尴尬⋯⋯

3. 交谈

参加各种活动、聚会，始终一言不发是不礼貌的；

与人交谈，嗓门不要过大，手势不要过频，不可一味滔滔不绝；

交谈时不可心不在焉；

有关家庭、婚姻、收入、健康、年龄、住址等隐私问题，最好少牵涉；

无论对谁，在谈论宗教问题时都应慎重……

4. 仪态举止

既不可妄自尊大、傲慢无礼，也不能形容委琐，过于谦卑；

公众场合应保持安静，不可高声喧哗；

不论在何种场合，都应照顾老人、妇女和儿童；

不论出入何种场合，都应保持良好的卫生习惯；

一般不在公众场合吸烟……

5. 准时守约

准时守约、言而有信；

约会迟到有时会被人认为是故意冷落；

为防止失约、迟到，应事先做好服装、资料、礼品、交通工具等方面的准备；

万一迟误，应尽早通知对方，解释原因，表达歉意，必要时应采取补救措施……

6. 电话有礼

拨打和接听电话一般应先报出自己的姓名；

工作时间即使给朋友打电话也不应聊天；

给对方家里打电话应避免过早或过晚，以防打扰对方休息，想聊天也应先问对方是否有时间；

使用公用电话聊天是不礼貌的；

会议、演出等需要保持安静的场合，应将手机置于静音位置；

和他人谈话时需要立即打电话给别人应说"对不起"，请他人谅解；

需要使用他人家中或办公室的电话应先征得主人的同意……

7. 女士优先

妇女应该受到尊重和保护，对妇女礼貌周到是衡量男子教养的尺度，也是所谓"绅士风度"的表现。

女士优先体现在顺序上的优先：

出入电梯、出门入门都应请女士先行，男士应为女士开门；

上车请女士先上，下车应男士先下；

男士应先安排女士的座位；

同女士打招呼，男士应先起立；

男客人应先同女主人打招呼，再招呼其他人……

女士优先还体现在男士处处照顾、帮助女士：

和女士一起走在大街上，男士一般走在左边；

下楼梯时，男士应把扶手一侧或里侧让给女士，自己走在前边，并略侧身，以便随时对女士加以保护；

下雨时，男士应主动打伞遮雨；

进入室内，男士应先帮助女士脱下大衣挂好，自己再脱大衣；

男女同行，男士应帮女士拿除手包以外的物品……

8. 请客和做客

A. 请客

请人到自己的寓所做客，应事先做好准备，以免临时措手不及；

尊贵的客人到来前，主人应在门口迎候，对初次见面的客人，主人应表示欢迎；

主人要热情地和每一位客人交谈，或安排客人间交谈，不能冷落了某一位客人；

宴请客人，要考虑安排客人都能接受的菜式；

不可强劝客人饮酒；

客人告辞时，主人应送至大门外，住高层公寓则应送至电梯口……

B. 做客

注意衣着整齐、认真修饰，根据与主人的关系选定合适的礼品；

送鲜花应避免单一黄色或白色，一般不送菊花，送玫瑰、丁香、红豆等也应慎重，勿送 13 支；

进入主人家里，应逐一向主人和先到的客人问候致意；

应和周围人广泛交谈，对在座的客人不可冷落某一方，而对其他人又过于热情；

交谈中忌谈主人或任何客人不喜欢的话题；

尽量避免提前离席，散席时不忘称赞主人厨艺菜式，感谢热情款待……

9. 舞会礼仪

参加舞会，应按主人要求着装；

舞会第一支曲一般由主人夫妇、主宾夫妇共舞，第二支曲由男主人和女主宾、女主人和男主宾共舞；

男士先和自己的妻子跳，然后应邀请女主人、其他女士共舞；

女子一般不应无故拒绝男士的邀请；

男子应避免全场只同一位女士跳舞；

较正式的舞会，同性别的人共舞是不合适的；

女子也可以邀请男士，这不算失礼……

总之，作为一名现代人，不学礼，则不知礼。不知礼，则必失礼。作为一名现代人，不守礼，则会被他人视为不讲礼。在现代社会中，一个人若被他人视为不讲礼，则往往无人理。

现代生活已经告诫人们，有礼走遍天下，无礼寸步难行。现代生活已经提醒人们，必须学礼、知礼、守礼、讲礼，时时处处彬彬有礼。愿大家在各自的工作和生活中，做到有礼有节、有张有弛、风度翩翩、潇洒自如。

第二部分　两种发展趋势

危机公共关系

国际公共关系

第二章　危机公共关系

第一节　公共关系危机的含义

要了解危机公关的概念，首先得认识危机的概念。在现代汉语中，"危机"一词有两种意思。一是指潜伏的祸根，如危机四伏。二是指严重困难或生死成败的紧要关头，如经济危机（1929～1933年的世界经济危机）、金融危机（1997年东南亚金融危机）、政府危机（台湾大选时面临的政府信任危机）等。危机是一个不稳定的时期，是一个新局面的开始，是一个转折点。这个极富哲学思辨色彩的中文词语，危指的是危险，机指的是机会，指出了"有危险才有机会"的道理。危机包括以下几个意思，第一是指决定事物走向灾难的因素，第二是指事物处在失败之际的紧要关头，第三是指事情陷入极其困苦、危险的境地。事实上危机的这三层含义是事物陷于困境的三个阶段，前者可以扭转，第二个阶段可以挽救，第三个阶段则须面对现实，从头再来。

公共关系危机是公共关系学的一个较新的术语。英文为 Public Relations Crisis，公共危机的含义可从"公共"和"危机"两个方面来理解。"公共"在《辞海》中的解释是共同，即社会的共同领域、共同利益。"危机"在《辞海》中的解释是：潜伏的祸机；生死成败的紧要关头。危机指的是险境、灾难和时机、转机。危机是一种客观存在的社会现象，在社会的各个领域均可发生，通常有一定的社会影响。但是对社会而言，公共危机有更大的危害性和更广泛的影响。公共危机是指由于内部或外部高度不确定的变化因素，对社会共同利益和安全产生严重威胁的一种危险境况和紧张状态。换句话说，公共关系危机是公共关系在危机中的开发和应用，是处理危机过程中的公共关系。其具体的内涵就是指任何社会组织，为了解决组织自身陷入的危机，挽回不良事件给公众造成的不良影响和带来的损失，而采取的一系列具有预防、扭转、挽救作用的策略和措施。正如罗伯特·吉尔（Robert Girr）所说："危机研究和管理的目的就是要最大限度地降低人类社会悲剧的发生。"在日常生活中，公关危机事件并不少见，大到美国为首的北约轰炸我驻南使馆，小到某品牌牙签将消费者的牙龈戳破；远到某跨国公司生产的探测器在火星上发生故障消失或坠毁，近到武汉市的某老字号品牌月饼由于吃出一根头发被消费者投诉……凡此种种都是不同领域、不同程度上的公关危机事件。危机事件具有重大的消极影响，即影响企业的战略经营的整体运作，降低经营信誉，遏止公众的消费欲望，破坏企业形象等。公众在危机事件中也会产生消极心理，即晕轮效应、近因效应、防卫心理、流言心理等不良心理，以致对组织的生存发展产生进一步的破坏作用。当危机事件发生时，公关工作人员要从不同的方面予以调整、处理和解决。公共关系人员对待危机事件的基本观念应该是：积极预防、防患于未然；正视危机、认真对待；及时处理、使企业顺利度过"危险期"；善于将坏事变为好事，通过危机事件的处理，加深公众的信任，进一步扩大影响；积极开展危机管理。公共关系只是处理危机问题的一个关键因素，当然处理危机事件还需要其它的一系列手段，诸如财务、技术等等。但是公共关系却是危机管理中一个非常重要的组成部分，因为它是处在决策层次的因素，起着左右其它因素的决定性作用。它担负着预防、策划和挽回三项重任。

第二节　公共关系危机产生的原因和特点

一、公共关系危机产生的原因

分析公关危机出现的原因，必须分析构成公关的各个组成要素，考察它们的构成和变化，这是认识公关危机产生原因的本质所在。危机事件和其它任何事件一样，是由主观和客观、内部和外部等因素构成的，影响组织危机产生的因素决不是某一项因素存在的结果而是各项因素综合作用的结果。因为主观因素中有人的思想和能力因素；客观因素中有物质因素、自然因素和社会因素。内部因素主要有社会组织自身的素质低下、社会组织管理缺乏规范、社会组织经营决策失误、社会组织公关行为失策，疏于传播沟通；外部因素主要有环境突发原因、恶性竞争原因、政策体制原因、公众误解原因等。

1. 主观和客观原因

（1）思想因素

人的思想包括人的认识、观念、思维和这些方面综合形成的个人素质。具体到一个公关组织也就是指一个组织内部所有公关人员、特别是公关决策人员的思想素质问题。一个组织其成员的思想水平，决定着这个组织思想素质的高低。如果一个组织的人思想认识偏激、狭隘，思想观念，即经营的理念僵化，在公关工作中思维死板而不活跃，并且没有为社会公众服务的意识和服务于社会的组织公关能力，这样的组织就要从根本认识和人员的思想方面解决问题，否则隐患膨胀，迟早要发生危机。

（2）能力因素

能力因素在组织中体现为决策能力、管理能力和实施能力。一个公关组织内部人员的决策、管理水平和实施运筹能力，是依靠公关实践锻炼出来的。组织内部的人员素质再好，道德水平再高，知识积累再多，也得经过公共关系实践的教育，积累大量的实践经验。同时每一个个体的能力高低，并不决定公关组织能力水平的高低，还要强调内部人员之间行动的协调和有机的配合，这是一种系统观念的显现。整体的行动能力大于部分之和。例如一个组织内部人员能力素质低下，只尚空谈不善行动，或者是只强调个人英雄主义，不讲究团结协作，共同发展，这些因素都是产生危机的隐患，必须提高警惕，防患于未然。

（3）物质因素

物质不仅仅决定意识，它决定一切因素的存在。在一个公共关系组织中，物质是前提、是保障。它包括组织拥有的资金和各种组织依托的条件。诸如地点、交通工具、办公设备和通讯手段等等。假如一个物质严重匮乏的组织，在不顾及自己能力的前提下，好高骛远，贪大求多，迟早会负债累累，陷入债台高筑的境地而不能运转。

（4）自然因素

自然是不以人的意志为转移的，也是公关危机出现的主要因素之一。例如天灾人祸、不良的地理环境、恶劣的气候条件、困难的交通条件等都会制约公关工作的开展。如果处在一个自然条件恶劣、传播交流不发达的地区，展开公关工作相对是困难的，要面临的问题也会很多。这种情况下，更要有充足的思想准备和积极的危机防范意识。即使是自然条件较好的地区也存在着自然环境突然复杂化的可能，因此自然危机的警惕要常抓不懈，否则就会千里之堤，毁于一旦。

（5）社会因素

公关危机的社会因素是指公关组织所处的社会环境对组织正常工作的影响。这种社会因素包括组织所处地区的人口素质、市场需求、政府管理水平、经济发展水平、治安面貌、通讯条件等。当然社会环境相对较差的地区开展公共关系工作所面对的危机因素会更多，阻力会更大，有些社会环境因素是组织不能左右的。但是公关工作人员应当正确认识这些隐患的存在，积极地防止它对整个事物发展的影响，否则的话，一些恶劣的社会因素会使组织的公关工作时时危机四伏，阻力重重，让人防不胜防，最后导致公关工作的失败。

2. 内部和外部原因

（1）社会组织自身素质低下

社会组织自身素质低下不仅可能引发公共关系危机，而且在公共关系危机出现后也难以自觉有效地处理危机。就社会组织素质构成来说，社会组织素质低下的核心是社会组织人员素质低下，包括领导者素质低下和员工素质低下两方面。其中领导者素质低下导致公共关系危机的可能性更大，有些企业领导者由于素质低下，对内缺乏威信和感召力，不能激发员工的积极性，使企业缺乏凝聚力；对外缺乏平等意识和必要的尊重，甚至粗暴对待公众，导致严重的公关危机。在社会组织的管理经营中，如果领导者能运筹帷幄，高瞻远瞩，内外兼顾，慎重决策，不仅可以给组织带来效益，同时也能给公众带来好处，能使社会组织与内外公众之间关系融洽，共谋发展；反之，则可能力不从心，举步维艰，决策失误，四面楚歌。如 1993 年西安香格里拉大酒店丹麦籍总经理在饭店大堂当众殴打一位中国顾客而引发的危机即属于此类。员工素质低下，在对外部公众的关系上同样可以酿成危机，如北京的国贸中心惠康超级市场员工对两名顾客强行搜身；沈阳商业城店员操电风扇殴打顾客的风波；北京花花公子商店领班追打女顾客案等。企业员工素质低已经成为制约企业发展的"瓶颈"，这个问题不解决，企业随时都可能与公众发生纠纷，产生危机。

（2）社会组织管理缺乏规范

这里的规范主要指社会组织的管理制度和员工行为规范。管理缺乏规范的含义有两个：一是社会组织各项基础工作差，管理的规章制度不健全，以至于工作无定额、技术无标准、计量无规矩、操作无规程，给组织管理带来极大的麻烦，也给公众留下很多的隐患；二指社会组织员工行为不规范，以至于员工工作不讲质量、不讲服务礼节、不讲社会信誉、不讲职业道德，甚至严重损害公众的利益和伤害公众的感情。这些，都有可能成为引发公共关系危机的祸根。自 20 世纪 80 年代以来，我国各地相继发生了因产品质量问题引发的公关危机，如"家家乐"净水器、"玉环"热水器等先后受到消费者投诉，企业形象面临挑战，之所以存在产品质量隐患，深究起来，企业管理缺乏规范是主要原因。

（3）社会组织经营决策的失误

社会组织经营决策也是造成公共关系危机的重要原因之一。在现代社会中，社会组织的经营决策都应自觉考虑到社会公众、社会环境的利益和要求，不能有损于公众，不能有损于环境，反之，即属于决策的失误。经营决策失误情况繁多，主要体现为方向的失误，实际的失误，策略的失误等。各种决策失误都可能导致公共关系危机的出现，特别是其中的方向性失误和策略性失误，更是引起公共关系危机的关键原因。如背离公众和环境的利益要求作出决策，或采取有损公众和环境的策略实施各种决策，都是可能严重危及公众和环境的，都有可能引发公众对社会组织的抵触、排斥和对抗，从而使社会组织公共关系陷入危机状态。

（4）社会组织公关行为的失策

现代社会的公共关系实际上是一种信息交流关系，现代社会组织的公共关系工作实际上是组织与公众之间的一种信息交流工作。在信息交流过程中，严格遵循以客观事实为基础的原则、以公众利益为出发点的原则和以科学方法为指导的原则，是保证信息交流正常进行，求得组织与公众之间消除隔阂，达到动态平衡的基本要求。如果违背这些原则，传播信息不真实，甚至有意弄虚作假，技巧运用不合法，甚至严重损害公众利益，那么，再多的信息交流活动也无益于社会组织与公众之间关系的协调，它只能为公众所坚决抵制和坚决反对，只能使社会组织与公众之间的关系走向恶化，形成危机。例如，1995 年南京宝利房屋开发公司向某电影女明星赠送价值 20 万美元的别墅，希望借其光环形成名人效应。不料，这一举动不但没有引起预期的反应，反而引起了社会公众的"公共关系向谁献爱心"的责难。后来这位女明星竟说别墅如同衣服，"一个要送，一个就接受了"。其口气之轻松、不屑、傲慢，更令自作多情的宝利公司无地自容，从而陷入形象危机之中。"宝利"的危机就是由于自身公关行为失策，伤害了公众的感情造成的。

（5）疏于传播沟通

疏于传播沟通主要表现在：重视纵向的关系而忽视横向的关系，线条比较单一，缺乏双向传播的主动性，满足于上通下达和组织的自身评价，对外界发展变化缺乏迅速反应和反馈的机制；在工作方法上不愿意向公众宣布自身建设情况，不愿意在平等的地位上与公众协商、交流，习惯于号召式的宣传，懒于做琐碎的沟通工作；企业发布信息不及时，缺乏针对性，使公众不能及时地了解所需要的信息等。"华旗"倒旗事件就属于此类。华旗果茶被誉为"中国果茶第一旗"，质量上乘，但产品净含量一向不稳，经过整改后达到了标准，并被北京技术监督局及中国保护消费者基金会认定为优质合格产品。但是，华旗集团没有把握时机向外界扩散这一消息，后来又因退回《消费指南》杂志发来的认定华旗为合格产品的广告征订函，被其公布为不合格产品。不到一个月，华旗直接经济损失达 3 000 万元，间接损失 1 亿元。华旗蒙受的损失是中国企业界在沟通协调问题上缴纳的昂贵学费。

（6）环境突发原因

环境突变是指社会组织所处环境发生突如其来的变化，主要有两类情况：一类是自然环境的变化，如地震、雷击、水灾、风灾、瘟疫等；一类是社会环境突变，如战争、政变、恐怖事件、激烈的社会动荡等。环境的突变虽多不是依社会组织自身的意志为转移而发生的突发事件，但它会使社会组织蒙受多方面的损失，如经济损失、形象损失等。可以设想，在环境突变的情况下，社会组织的公共关系状态也是有可能出现激烈动荡的，有的情况下出现公共关系危机也是在所难免的。

（7）恶性竞争原因

所谓恶性竞争即不正当竞争，它指市场经济活动中，违反国家政策法令，采用弄虚作假、投机取巧、坑蒙诈骗等手段谋取利益，损害国家、生产经营者和消费者利益，扰乱社会经济秩序的不良竞争行为。恶性竞争作为引起社会组织公共关系危机的一个外部因素，是指本社会组织受到外部其他社会组织的不正当竞争，使本社会组织面临着严重的经营活动和信用危机，从而发展成为公共关系危机。在现实生活中，一些不正当竞争者或采用散布谣言恣意损害竞争对手的形象，或进行比较性广告宣传有意贬低竞争对手的能力，或采取恶劣行径严重扰乱竞争对手的经营秩序等，这些恶性竞争行为，都可能造成社会组织严重的公共关系危机。

（8）政策体制原因

政策体制原因指来自于国家政策体制方面的可能引起社会组织公共关系危机的原因。国家的经济管理体制和经济政策是社会组织难以控制的外部因素，它对社会组织的经营和发展产生重大的影响和制约作用。一般来说，社会组织都希望国家的经济管理体制和经济政策有利于本组织的生存和发展，但这些希望在某些特定情况下又总是不可能完全达到的。如果体制不顺，政策对社会组织的发展不利，那么社会组织就可能在经营中遭遇很大的风险，出现严重的问题，甚至陷入一种欲进不能、欲退不忍、欲止不行的困境。在这种情况下，出现暂时的公共关系危机是完全有可能的。

（9）科技负影响

人类社会的科学技术进步，既可以给企业带来创新发展的机遇，也会导致企业原有技术的落后与贬值而出现危机。因科技进步而导致危机，一是技术本身的危险性所致，二是技术进步带来技术标准变化所致。第一种情况：高科技本身所内含的风险性和危险性，其导致的企业危机往往表现为重大技术设备的严重事故。第二种情况：技术进步所带来的技术标准的变化对企业的影响是广泛的。由于企业技术手段不可能总是处于先进发达状态，所以企业总是受到高新技术及其高标准规范的冲击。每当新质量标准实施，就意味着在原标准下的合格产品变为新标准下的不合格产品。

（10）公众误解的原因

公众对社会组织的了解并不都是全面的，有时公众会因获取信息的缺乏或专听一面之词对社会组织形成误解。公众的误解包括几个方面：一是服务对象公众对社会组织的误解；二是内部员工公众对社会组织的的误解；三是传播媒介公众对社会组织的误解；四是权威性公众对社会组织的误解等。无论是哪一类公众对社会组织发生误解，都有可能引起社会组织的公共关系危机。特别是传播媒介公众和权威性公众对社会组织的误解，更可能使误解范围扩大，程度加深，形成极为不利的舆论环境，带来社会组织严重的公共关系危机。

对比最近"光明事件"和肯德基"涉红事件"危机处理的全过程便可见一斑。

（一）肯德基"苏丹红"危机公关过程回放

2006 年 3 月 15 日，肯德基热销食品调料中被发现含有"苏丹红一号"成分。次日，肯德基主动承认涉红事实，并迅速向媒体发布数篇声明，适时向公众透露涉红产品的检查和处理情况。随后召开新闻发布会，确认其涉红产品所用的问题调料均来自其供货商。与此同时，肯德基在"肯德基立足中国"的广告后加上"肯德基产品均通过权威部门检测，请放心食用"等字样，并积极配合中央电视台相关栏目的采访。在公众面前始终表现出不回避责任的正面姿态。在尽力安抚公众和媒体之后，4 月 2 日，肯德基展开四款"涉红"产品进行大幅降价促销活动，肯德基的销售开始逐渐恢复。在事件平息后的 7 月 1 日和 11 日，肯德基所属中国百胜餐饮集团首席供应官和首位食品安全官正式到任，"肯德基对社会和消费者负责任"的良好品牌形象进一步得到巩固。至此，因涉红事件而启动的一系列危机管理程序圆满结束。

（二）光明"问题奶事件"危机公关过程回放

2005 年 6 月 5 日，河南电视台曝光光明乳业郑州分公司使用过期变质的回奶进行牛奶生产、加工后，重新放回市场销售。6 月 6 日，光明乳业立即派高管到郑州进行自查，同时向消费者发布"诚告消费者书"，称已从上海派出副总裁、质量总监和地区总经理到郑州进行自查，郑州光明正在积极配合河南省、市卫生防疫及工商部门进行检查，否认郑州光明山盟有"将变质牛奶返厂加工再销售"的行为，承认光明在管理上存在疏漏。6 月 7 日，光明乳业董事长王佳芬断然否认加工过期奶，并称每个奶品企业都有回奶罐。这一说法将整个行业推向信任危机。6 月 8 日，光明乳业董事长王佳芬接受《每日经济新闻》采访时称，"我们已从上海派人到郑州进行调查，这个事情不存在，光明不可能做这个事情"。光明乳业公关部人士称，"诚告消费者书"已经代表了光明乳业公司在对这一事件进行自查后的最终态度。6 月 10 日，《都市快报》报道称杭州出现光明"早产奶"。6 月 11 日，光明牛奶在北京开始大面积降价促销，但购买者寥寥。6 月 13 日，《中国经营报》报道称上海市出现光明"早产奶"。7 月 11 日，自回产奶事件发生以来，一直回避媒体采访的光明乳业董事长、总经理王佳芬携光明乳业众高管赴京公关。王佳芬再次承认自身管理漏洞并表示道歉，并称公司已制定了各项监督体系，全国扩张计划将如期进行。

（三）对比分析

一个是训练有素的危机管理；一个是迟钝被动的仓皇应付。两相对比，肯德基与光明乳业危机管理的高下自见分晓。

危机面前，肯德基的一系列公关措施可谓环环相扣、及时到位，让我们看到了一个国际品牌在面对危机时的快速反应能力，也让我们看到一个优秀的企业为了永葆自身的品牌竞争优势，在危机管理方面投入的人力资本。试想，如果肯德基在此前的日常管理中没有为危机管理准备足够智力资本，那么它在危机发生之时就绝不可能如此迅速地组织起一支专业的危机公关团队，行之有效的公关措施就更无从谈起。再看光明乳业。应该说，回奶事件爆发时光明的反应还是非常迅速的，但危机公关重在每一个过程和细节，有好的开头并不能代表有好的结果。这一点在光明乳业身上得到了验证。危机刚刚爆发时王佳芬的一句"这个事情不存在"，加上光明公关部人士的那句"'诚告消费者书'已经代表了光明乳业公司在对这一事件进行自查后的最终态度"向公众展示的却是一个知名大企业莽撞和不负责任的态度。在处理这次危机的过程中光明采取的回避态度无疑加速了危机的扩大和升级。假设在"回奶事件"刚刚爆发的时候，光明乳业有专业的危机管理人才的全程参与，光明的危机公关不会是这样的下场。

通过两个案例的对比我们看到，肯德基进行产品促销反馈的是危机管理取得成效的良性信息，而光明的产品促销反馈的却是消费者对光明牛奶空前的不信任；肯德基的危机管理达到了皆大欢喜的圆满结局，甚至得到了"化危机为契机"的效果，而光明乳业的危机管理严格意义上说并没有结局，我们可以断定的是，这次危机还将在很长一段时间内给光明的品牌形象蒙上阴影。

这就是有专业危机管理团队与无专业危机管理团队的区别，危机来临时训练有素的危机管理人员缺席是多么可怕！

二、公共关系危机的特点

所有的公共关系危机都具有较为明显的共同特点：

1. 相对必然性和偶然性

公关危机事件的相对必然性指危机事件的发生不可避免。只要有公共关系存在，就会有公关危机事件。冰冻三尺，非一日之寒。一个组织突然爆发了危机，事实上不会没有任何潜在的因素，无论是来自主观，还是客观，还是两者都有的原因，都是公关人员平时疏于警觉的后果。即使是非常偶然的人为因素和意外的自然灾害，也有其暗含的内在规律，而这种规律不论周期多长，都具有反复出现的多现性。对于这些难以预测的在暗中起作用的因素，任何公关社会组织都要有专门的研究、清醒的认识和高度的防范。危机事件的相对必然性是公共关系作为开放复杂系统的必然结果。公共关系是一个覆盖面广、结构复杂、层次众多的大系统，系统中包含着许多彼此联系的复杂多变的子系统；是一个由主体实施控制的多输入、多输出、多干扰、多变量的主动性系统，更具有复杂性与不确定性。一个危机的出现，事实上是发挥不良作用的因素由量变到质变的结果。因为我们平时疏于注意，在我们不经意的情况下出现，给我们的印象就是突然爆发，这让我们感到偶然。因此，由于危机往往有我们猝不及防的突发性，这就更提醒我们在平日的公关工作中，不能不对我们认为不重要的、不去注意的细节加以重视。

2. 危害性与建设性

如果说危害程度不大的话，也就称不上是危机。凡是对公关组织造成影响甚大的危机事件，都是对其伤害很严重的事实。而且总是这种危机解决越不及时，越不果断，危害就越深，损失就越大，造成的社会影响就更加恶劣。这种影响如不及时挽救和消除，甚至会产生很长时间的不良作用，直至给组织带来灭顶之灾。

危机事件本质上和客观上固然有破坏作用，必须事先尽力防范和及时妥善处理。但是，危机事件的发生，也使组织系统中潜在的问题得以充分暴露，通过危机事件的妥善处理，不但可以挽回影响，而且可以建立信誉，塑造形象，使原本不佳的公共关系状态获得转机。认识危机事件的破坏性，组织在平时才不会掉以轻心、麻痹大意；认识危机事件的建设性，组织才能采取主动姿态，沉着冷静而满怀信心地面对危机，从危难之中寻找抓住任何可能变被动为主动的机会。

3. 层次性和可变性

就如同任何事物都有程度一样，公关危机事件的出现，也是在一种程度上表现出它的危害来。有时危机呈现出的危害只处在初始阶段，如果及时阻止，防止它更加恶化，就能把损失减少到最小。有的危机一爆发就危害很大，这就需要我们投入很大的精力和财力，全力以赴，控制事态，以免带来灭顶之灾。有的危机事件在出现时，已成定局，没有继续变化的势头，这时就只能尽量消除影响，处理善后，使危机不要波及到其它领域以至于影响其它方面的工作。无论是什么程度的危机事件，不存在不可收拾的情况。哪怕是影响极大，后果严重的灾难性事件，也要根据危机不同的危害程度，制定相应的处理措施。任何一种危机事件的发生都是事物运动、发展、变化的结果，我们发现它后，就可以让它在我们能力所及的范围内得到扼制、扭转和向好的方向发展。只是我们对危机情况的认识和判断是很关键的。如果我们对危机的形势判断不准确，就不会制定出相应的、有效的措施。如果措施不得力、方法不正确，就不会在危机公关处理中发挥应有的效用，如果在这方面产生偏差就会使危机加深，起到适得其反的作用。

4. 未知性和可测性

公关危机事件的这一特征可以说是由偶然性和必然性特征所决定的。危机事件的未知性决定于其偶然性，危机事件的可测性决定于其必然性。未知性即未知因素，不可预测，它往往潜伏着，如安全隐患造成的火灾。危机事件的未知性源于事物从量变到质变的变化过程的不确定性，例如，已经枯死的树枝暂时可以在原位保持原状，但总会有一天或被一阵强风吹落，或被一场野火焚毁，或可能因鸟兽的碰触而断裂等。但是，从量变到质变的时间或期限是未知的。危机的未知性要求社会组织在日常运作中要积极主动、严谨慎重、力争不出差错，以减少危机事件的产生条件。危机的可测性源于危机事件发展的必然性，控制失调和信息失真时，可以通过观测、调查、分析、诊断、推论、假设等科学方法对危机的产生加以研究，从而使危机具有比较明显的可测性。危机的可测性要求我们尽早发现可能发生的事件，防微杜渐，将危机消灭在萌芽状态。

5. 急迫性和严重性

危机事件的急迫性源于其突发性，对组织危机的严重性与其破坏性密切相关。危机事件的严重性即涉及面广，影响巨大，危害严重，甚至使社会组织遭到灭顶之灾。危机事件总是在短时间内突然爆发造成巨大影响，在人财物遭受重大损失的同时，给社会公众带来恐惧和不安，组织的形象也会受到严重损害。如果控制不力或行动迟缓，必定会一发而不可收拾，产生意想不到的严重后果。因此，一旦危机事件发生时，组织必须采取紧急行动进行补救。"兵贵神速"这一兵法策略，也完全适用于处理危机事件。

6. 关注性和复杂性

关注性即危机事件常常成为社会舆论关注的焦点和热点，如前苏联的切尔诺贝利核电站的核泄漏事件，在非常短的时间内就成为了国内外大小新闻媒体报道的焦点。复杂性即无论是处理突发事件，控制突发事件，还是协调与突发事件有关的方方面面的关系，都是非常复杂的。如广东大亚湾核电站在建造过程中，由于前苏联切尔诺贝利核电站发生严重泄漏，中央政府与香港一些人士在"该不该建大亚湾核电站"问题上发生了分歧，中央政府为了圆满处理好这个突发事件，做了大量的疏通工作。

7. 突发性和渐进性

危机事件的突发性是指危机的发生往往是突如其来的，这与偶然性有关联。危机事件的渐进性是指导致危机的因素通常有一个累积渐进的过程，这与必然性有关。火山、地震的爆发具有突然性，但使之突然爆发的力量绝非瞬间可以形成。只有当力量逐渐积累达到一定程度时，才会陡然迸发，才会出现灾难性的危机；如果使力量缓缓释放，则不会造成灾难。危机事件的突发性和渐进性，作为公关主体的社会组织一方面应该保持高度警惕，随时准备应付突如其来的危机事件；另一方面则应该加强防范意识，在组织运作过程中随时检点任何可能引发的危机，及时采取防范措施。

第三节　公共关系危机的常见类型

按照不同的分类标准，可以将危机分为多种类型。

一、从内容方面来看

公关危机可以分为信誉危机、效益危机和综合危机。

1. 信誉危机

是指公关组织由于在经营理念、组织形象、管理手段、服务态度、组织宗旨、传播方式等方面出现失误造成的社会公众对组织的不信任，甚至怨愤的情绪。信誉危机也称之为形象危机，这种危机尽管看上去是软性的，人气方面的，但是它直接影响组织的经济效益和可以量化的其它收益。因此，信誉危机是真正意义上的公关危机，它是组织形象在公众心目中的倒塌，是公关工作的重大失误，如不及时想办法挽救，很快就会波及组织的其他领域，带来灾难性的损失。

2. 效益危机

这种危机是指组织在直接的经济收益方面面临的困境。例如出现了同行业产品价格下调；原材料价格上涨；出现了行业的恶性竞争；或者是该产品市场疲软，产品过剩；或者是组织的投资出现了偏差等。这方面的危机出现后，也是很棘手的，因为效益是一个组织存在的生命，所以面临直接的、单纯的经济效益灾难时，要想办法、想策略及时补救，做到统筹全局，使亏损降到最小。

3. 综合危机

它是指兼有信誉形象危机和经济效益危机在内的整体危机。这种危机的爆发往往是出现了影响重大的突发性事件，而且情况总是从信誉危机引起，由于处理不及时，或者是事态发展太快而造成了经济利润的全面下降，促成了互相联系的连锁损失，在这种情况下，就需要公关组织刻不容缓地竭尽全力，尽快找到问题的突破口，迅速果断地控制事态的发展，有效地解决面临的问题，使组织尽快走出困境。

二、从形式方面来看

公关危机包括点式危机、线性危机、周期性危机和综合性危机。

1. 点式危机

这种公关危机事件的出现是独立的、短暂的，和其他方面联系不大，产生的影响比较有限，它往往是产生在一定范围内的局部性危机，这也是一种程度较轻的危机状况。在实际的公关工作中，这种危机常属于一般性危机的范围，在大部分情况下，处在隐性危机状态。它可能是组织内部某些局部和一些具体因素由于控制不严造成的具体方面的失控和混乱。但是，这种危机是大危机到来的征兆，如不及时将问题消灭在萌芽状态，就会酿成大祸。

2. 线性危机

这是指由某一项危机出现的影响而造成的事物沿着发展方向出现的一系列接二连三的危机连锁现象。这种状况往往造成的是一个危机流，如不赶紧阻挡事态发展的势头，就会造成大的灾难。线性危机的根本原因在于事物之间的联系。当组织在公关的某一方面工作中出了问题，面临危机时，一定要措施得当，力度适当，如果某一环节上出现偏差不及时处理，造成失控，那么困难的局面就会像多米诺骨牌一样发生连锁反应，最终由一次危机，演变成一系列的危机。

3. 周期性危机

这是一种按规律出现的危机现象，也就是由于事物的性质和发展规律造成了某些公关工作在经过一段时期后，有节律地出现困难现象危机状态。例如某些产品的销售，有旺季，也有淡季。当进入淡季后，就要有相应的处理措施，以应付不利的局面。这种周期性困难是一种可以预测，能够预防的危机。也就是说公关人员经过几次危机的锻炼后，就会找到危机出现的规律。当积累了一定经验后，就能够把握其规律，控制这种危机的出现，避免危害的发生。

4. 综合性危机

这种危机是指在一个社会组织中，突然出现了兼有以上几种危机汇成的爆炸性危机。它是一种迅速蔓延，向四面发展的危机状态，也是一种最严重的危机状况。它一般是先由点式危机处理不得力造成了线性危机，再加上其它因素的作用，使危机的事态急剧恶化，短期内迅速发展成一种一败涂地的重度危机局面。这种危机的程度最深，挽救和扭转相当困难。一般而言，必须组织内部群众群策群力，上下同心去面对。必要时聘请相关方面的专家，提供专业的意见和建议，或者汇集公关专业人士协同组织的管理和决策者对危机事态进行紧急会诊，及时找到解决的突破口，不然就会彻底葬送业已建立的事业。

三、从范围方面来看

公关危机可以划分为内部危机与外部危机。

1. 内部危机

即发生在组织内部的公共关系危机，具体后果由组织内部负责人来承担，它一般波及范围不大，比较容易处理。比如技术人员突然不辞而别、单位领导突然携款外逃等引发的危机事件就是典型的内部危机事件。

2. 外部危机

即发生在组织外部、影响公众利益的公共关系危机，一般其危机不可控因素较多，是最能体现公关作用的。例如，由决策失误而导致经销商的产品积压，用户对产品使用不当而发生事故，排放废物污染环境，违反有关政策规定等。比较而言，外部危机事件波及面广，受害者众多，对社会和本组织的影响较大。

四、从危害程度方面来看

公关危机可以划分为一般性危机和重大危机。

1. 一般性危机

这是指常见的公共关系纠纷，如内部关系纠纷、消费者关系纠纷、同业关系纠纷、政府关系纠纷、社区关系纠纷等。从某种意义上说，公共关系纠纷算不上真正的危机，它是公共关系危机的一种信号、暗示和征兆。如果处理不佳，非常容易升级成危机事件。

2. 重大危机

这是指重大工伤事故、群体事件和突发性灾难等，不管是否妥善处理，都将成为公众关注的焦点，会产生重大影响。如1991年，厦门某旅行社的大巴客车在福建莆田境内失事等就属于这类事件。

五、从危机带来损失的表现形态方面来看

公关危机可以划分为有形公共关系危机和无形公共关系危机。

1. 有形公共关系危机

这是指直接给组织和社会带来人员伤亡和财产重大损失的突发性事件。例如，房屋坍塌、火灾爆炸、生产事故、意外伤亡等造成的财产损失。其特点是，给社会组织带来直接而明显的损失。如美国可口可乐公司曾经由于消费者在可口可乐瓶中发现玻璃碎片而遭投诉。可口可乐公关部门面对这一事实，及时采取措施回收该批饮料，并自己出钱刊登广告及时向公众公开承认错误表示道歉，同时也宣布今后的预防措施。由于处理及时得当，成功地控制了事态的发展，挽回了商誉，避免了一场危机。又如，1989年6月，成都市最大的百货商场成都人民商场被烧毁，造成上亿元损失。成都人民商场遇到的危机就属于有形危机。又如郑州天然商厦的大火，使商场里的货物几乎都烧光，许多商户损失惨重，无疑也是有形危机。

2. 无形公共关系危机

这是指由于决策失误、管理不善、服务不周、危机意识淡薄所造成的有损于组织信誉和形象的突发性事件。其特点是，损失不明

显，如看不见、摸不着、用数字不能统计。

六、从危机产生的主客观原因方面来看

公关危机可划分为人为的危机和非人为的危机。

1. 人为危机

是由人的某种行为而造成的危机，对于一个企业或组织来说，通常是指由于生产工序不科学、产品设计有问题、原材料质量低劣、管理措施不严谨、工作人员缺岗渎职、安全保卫出现漏洞、协作单位突然变卦等所造成的影响组织声誉和经济财产损失的危机性事件。这种危机可以预防并且可以控制，如果平时采取相应的、积极有效的防范措施，就可以避免事件发生或将损失降低到最小程度。

2. 非人为危机

是那些无法预见的自然灾害、交通事故、停水停电、社会动荡、爆发战争等，具有突发性和不可预见性，造成的损失通常是有形的，并且处理和解决比较容易获得公众的理解和同情。

七、从危机的显示形态方面来看

公关危机可分为显在危机和内隐危机。

1. 显在危机

是指已经发生的危机或危机趋势非常明朗，危机爆发只是个时间问题。

2. 内隐危机

是指潜伏性危机，与显在危机相比，内隐危机具有更大的危险性。

20世纪80年代末，我国核桃由于质量差、交货不及时，英国商人把原发往欧洲市场的中国核桃转卖给埃及，改从美国进口。这意味着西欧这一传统的中国核桃市场将被美国挤掉。以此事例分析：英国拒绝中国核桃进入欧洲市场转手处理给埃及，这只是显在

危机的表现；而改用美国核桃长期供应原欧洲传统客户，则是内隐危机，是"核桃事件"的主体性危机。

八、从危机的严重程度方面来看

公关危机可以划分为一般危机和高度危机。

1. 一般公共关系危机

是指仅对社会组织或公众与社会环境产生局部的、单一的影响和危害的公共关系危机。这种公共关系危机在社会组织中出现频率较高，但因其影响范围较小，往往容易被人忽视。其实，它也是很有危害性的，俗话说："千里之堤，毁于蚁穴。"弄不好危机就会加剧，危害程度就会加深，不良影响就会扩大，最后可能酿成一发不可收拾的局面，这是值得重视的。

2. 高度公共关系危机

是指对社会组织或其公众与社会环境产生全面影响，并使社会组织和公众的利益遭到严重损害的公共关系危机。高度公共关系危机也称为严重危机，特别危机或破坏性危机，它是一种可能对社会组织造成根本的损害和致命的打击，甚至对公众与社会环境造成严重的干扰与巨大的危害的公共关系危机。一般地说，这种公共关系危机应当而且颇为容易引起人们的重视。

九、从危机涉及的内容方面来看

公关危机可以划分为服务危机、管理危机、法律危机、关系危机等。

1. 服务危机

即企业提供的服务质量差、服务收费不合理等造成的危机。

2. 管理危机

是由于组织管理松懈、管理漏洞而造成的危机。

3. 法律危机

指组织触犯法律，而引起诉讼所带来的危机。

4. 关系危机

指组织与相关公众的关系不和而造成的危机，这种危机一般经过较长时间的积累，到某种程度就会爆发。

第四节 公共关系危机处理的基本原则

英国著名的公关学者布莱克教授提出，危机处理必须遵循以下原则：立即做出反应；向新闻界提供全部和准确的情况；尽最大可能安抚受害者和他们的家属。英国危机公关专家里杰斯特对此提出了著名的三"T"原则：一是以我为主提供情况（Tell your own tale）；二是提供全部情况（Tell it all）；三是尽快提供情况（Tell it fast）。加拿大 DOW 公司制定的危机公关原则要点是：一要诚实第一，永远诚实；二要有同情心，人道主义；三要公开化，坦率；四要日夜工作；五要有预见性，不被动应付。

综上所述，可以归纳出公共关系危机处理的基本原则如下：

一、事先防范原则

即在危机事件发生之前，必须对可能出现的潜在危机进行预测和防范。这是危机事件公关策划最基本的原则。古语云"宜未雨而绸缪，勿临渴而掘井"、"患至而忧，不如预谋"、"闲时做下忙时用"、"晴带雨伞，饱带干粮"等，说的就是这个道理。任何危机事件的发生总有一个渐进的形成过程，只要增强预测和防范，便有可能发现潜在因素，将危机消除在萌芽状态。"凡事预则立，不预则废"，古今皆然。对于危机事件，一般社会组织最常用、最有效的防范措施有：一是建立信访制度，与公众有一个信息沟通的渠道；二是建立民意测验制度，随时掌握民情民意。通过这些制度的实施，社会组织能及时发现有可能发生突发事件的苗头、萌芽，并及时采取措施予以化解，从而保证社会组织能够健康有序地发展。

事先预防危机有以下四点作用：（1）预防危机发生；（2）减

少危机损失；（3）使抢救工作忙而有序；（4）维护声誉，抓住处理危机的时机。

二、公众利益至上原则

公共关系科学的创始人爱德华·伯内斯的公共关系思想是"讨公众所好"。日本商界有一句名言："顾客就是上帝。"公众利益至上是在"讨公众所好"的基础上逐渐形成的公共关系的总原则。美国著名公关专家康菲尔德（B. R. Camfield）说得好："在所有决策和行为中，均以公众的利益为前提。"在处理危机事件的处理策划过程中，更能够体现这条原则的重要作用，因此必须充分重视。首先把公众的利益放在第一位，一切计划措施都必须首先保障公众的利益，决不能使公众的利益受到损失。公关危机事件的突然发生，在公众遭受损失的同时，组织自身必然也会受到损失，然而策划者首先应该考虑的是公众利益。不管事件的责任在谁，组织都必须站在公众的立场上考虑问题，以公众利益为重，主动承担事故责任，妥善处理善后事宜，赢得公众的理解和支持，才有可能挽回影响，给组织带来新的转机。反之，如果一开始就推卸责任，只能使事态更为严重，即使责任全在对方，也不利于赢得公众的支持，最终也可能一败涂地。

三、及时沟通原则

在危机发生前后，要及时与组织内外沟通，准确地传播相关信息。这对提高全体员工的危机意识，预防危机的发生有不可低估的作用。危机一旦发生，各种信息将迅速传播，只有与公众及时沟通，尽快地把正确可靠的信息告诉公众，才有可能避免有损组织形象信誉的消息蔓延。

对于危机事件的处理尤其值得注意的是，应该努力掌握对外报道的主动权，主动协助新闻媒介的参与处理，为它们的采访提供方便。这将有利于引导新闻报道的趋向，有利于避免出现失实信息，有利于争取公众的同情和支持。

四、兼顾法律原则

处理公关危机事件的策划，在采用公关手段的同时，也要注意法律手段的配合使用。因为法律可以公正地判断是非，能够有效地端正视听。法律手段和公共关系活动的有机结合，更有利于挽回影响，重塑组织形象。在公关危机事件的处理过程中，应当坚持公关与法律双管齐下的原则，既要注意辩明是非，更要重视挽回影响，在打赢官司的同时，更需要维护形象。

五、诚实原则

当危机已经发生，组织无论是对内部员工还是对当事的另一方、上级部门、新闻媒介等都要实事求是，说明真实原委，主动承担应负的责任，争取以诚恳的态度和负责的精神获得公众的谅解和信任，为解决问题创造有利条件；反之，只能扩大事态，给组织造成更大损失。

六、及时性原则

危机突发，必须尽快作出反应，快速反应能将其影响控制在最小的范围。

七、冷静性原则

危机产生恐慌,恐慌容易导致错误判断,一定要保持冷静的头脑。

八、全面性原则

危机可能引发其他潜在危险，全面考虑可以防止危机蔓延。

九、开诚布公原则

突发事件一旦发生，社会组织就应该实事求是地向公众原原本本地详细说明事实真相，而不应该也没有必要遮遮掩掩或者避重就轻。坚持开诚布公的原则，会给公众留下诚实可信的印象，在处理突发事件的过程中能够获得来自公众和社会各界多方面的理解和支持，从而及时化解矛盾和消除误会。反之，越是遮盖事实真相，社会组织就越被动，越是弄虚作假，社会组织的形象就越受损失。

十、公正性原则

坦诚公正、公平相待，容易获得公众的同情和理解。

十一、客观性原则

以客观事实为依据，才能确保信息传播的准确性和主动性。

十二、效率性原则

危机发生后，往往会波及比较大的社会范围，这就需要我们集中力量，利用短小精悍的精锐力量实现有效救助的目标，即要讲求效率。世界各国在应对危机时都非常重视精干高效的原则，特别是在面对恐怖活动之类的危机事件时，许多国家都建立特种部队专门应对。这些部队一般都是人员精干、通讯手段先进、武器装备精良和专业化、高效能的特殊部门。这些部队在执行应对危机事件的任务时，常常是精兵强将，而决不搞人海战术。

十三、针对性原则

具体措施和行动应该真正能解决问题，具有较强的针对性和实用性。

十四、人道主义原则

危机在不少情况下会带来生命财产的损失，欧美舆论界对造成危及人的生命安全的事故或事件尤其重视，甚至加以渲染。因此，危机处理中首先要考虑人道主义原则，在社会主义中国尤应如此。我国政府在每次自然灾害中都把抢救和安置灾民放在第一位，就是人道主义原则的高度体现。

十五、维护声誉原则

里杰斯说公共关系在危机管理中的作用是保护组织的声誉。这是危机管理的出发点和归宿。企业的信誉是企业的生命，而危机的发生必然会在不同程度上对企业信誉带来损害，造成难以弥补的损失，危及企业的生存。在危机管理的全过程中，公关人员都要努力减少对企业信誉带来的损失，争取公众的谅解和信任。实行前述原则的最终目的也是为了维护企业的信誉。

十六、强控原则

即对发生的危机实行强力控制，一方面遏止事态发展，另一方面对其危害性进行控制，减少损失。对此，组织有必要组成临时专案小组，实行专人专管，严密监控环境。

有鉴于此，危机期间公关协调以补救性策略为主，同时以促进性策略为辅助。补救性策略旨在对已经出现的公关危机全力以赴加以消除或减弱；而促进性策略则旨在对由于危机而引起的公众认知上的失调进行纠正。

第五节 公共关系危机处理的基本程序和方法

一、公共关系危机处理的基本程序

在公关工作中，危机的出现并不可怕，怕的是没有从中吸取处理事件的经验和教训，没有进行规律的总结。在某种意义上讲，危机事件的出现也有它积极的一面，能帮助我们认清困难，并提高我们解决问题的水平，所以我们要重视危机公关的实施。

危机处理工作的有效开展依靠严密的工作程序，公关人员需要针对危机发生、发展、消亡等各个阶段危机演变的具体情况来进行评估，制定策略，实施措施，将危机影响控制在最小范围内，在最短的时间内恢复形象和信誉，将损失降到最低。

迈克尔·里杰斯特（Michael Regester）的《危机管理——如何将危机转变为机遇》一书中将危机管理分为三个阶段：一是危机预防，即作为一种管理原则，首先应该做好危机预防工作；预防各种潜在的危险；懂得生存的规则；制定危机管理计划和政策。二是危机管理实施，即建立一套早期的预警系统，分清公司内部的职责范围，实施危机管理计划。三是危机管理传播，即做好媒介传播工作，确定新闻发言人和披露内容，处理与员工的关系。迈克尔·里杰斯特总结了13个危机管理步骤：（1）培养对危机管理的积极态度；（2）使组织的行为与公众的期望相一致；（3）通过一系列负责的行动来树立信誉；（4）充分利用危机期间的所有机遇；（5）任命一个危机管理小组；（6）对潜在的危机情况加以归类；（7）设计各种可能出现的情况；（8）制定应付每项潜在危机的战略和策略；（9）任命危机控制小组和风险评估小组；（10）确定受危机影响的人群；（11）为使组织名誉的受损害降低到最低点，准备充分有效的传播工具；（12）将危机管理计划书写下来；（13）测试，测试，再测试。道尔·肯纳夫（Dow Canada）的危机管理策略包括：永远诚实、同情安抚、公开坦诚、及时快速、积极反应。

凡公共关系危机都可能经历危机酝酿、危机发生、危机发展、危机控制、危机消亡、危机善后等6个基本阶段。因此，一个危机事件的危机处理应该包括危机识别、危机控制、危机处理、危机评估、危机传播、善后恢复等6个环节。公共关系危机的正确处理有利于组织减少各种损失、维护良好形象、增强内部团结、扩大社会影响。

（一）危机识别

大多数危机都有明显的症状，但何时成为一种公共关系危机、到底会产生怎么样的后果以及会持续多长时间，人们很难给出一个准确的回答。公关人员应该知道，公关危机爆发时，往往伴随着6种典型的警告信号：

1. 深感震惊。危机事件突如其来，让人措手不及。

2. 谣言四起。许多事情顷刻发生在眼前，谣言漫天飞。

3. 外部质询。媒体不断打来问讯电话，政府官员和观察家纷纷评论正在发生的一切。

4. 危机升级。谣言在到处流传，不明真相的公众对公司猜测纷纷，形势难以驾驭和控制。

5. 失去控制。致使危机升级的事件接二连三出现，谣言丛生，难以控制。

6. 组织恐慌。恐慌的情绪直接影响到组织内部，管理层很难确定应该采取什么行动。

为此，组织中的公共关系人员要善于收集各类信息，比如政策、法规和行业管理的变动信息，社会人口、经济、文化和技术等环境变化的信息，消费者对企业产品和服务的反馈信息，社会舆论和公众对企业品牌、形象的评价信息，竞争对手的实力、潜力和策略动向信息，企业内部的生产、物流、人力、财务等方面的管理信息等。通过这些信息的搜集和分析，找出薄弱环节，捕捉危机隐患，识别危机风险。

（二）危机控制

危机事件一旦确定，应立即对事故现场进行控制，紧急启用危机管理计划。具体做法是：

1. 尽最大可能实施抢救，迅速隔离危机险境，控制危机蔓延事态。

2. 派专员进行现场调查，了解事实真相，掌握第一手材料。

3. 启动危机管理计划，设立危机管理中心办公室。主要制定处理危机的方案和计划，并加以实施。如及时向员工通报事实真相，挽回影响，追究有关人员责任，做好内部善后处理工作等。

4. 实施危机传播控制，确保客户是危机传播的第一信息源。

5. 对各种舆论渠道（受害者、员工、新闻媒体、政府、权威机构）进行监控。

6. 设立危机热线电话，由专人回答外界询问。

（三）危机评估

就是在危机风险诊断的基础上，对各种危机发生的可能性大小及其潜在影响进行评估和揭示，以便更全面、更准确地预测和控制危机风险。由于危机风险的动态性和复杂性，危机风险评估多采用定性的方法，如采用头脑风暴法、名义群体法、德尔菲法、电子会议法等。在条件具备的情况下，也可以用定量的方法进行危机风险评估，即通过统计分析、数学计算和计算机的应用来实现危机风险的数量化。只有对危机现状进行客观评估，并对未来的发展进行科学预测，才能采取积极、有效的措施来进行危机处理和危机传播管理。具体做法是：

1. 召集有公关顾问参加的专家对策会。

2. 尽快掌握事件真相，分清危机性质和类别。

3. 评估已经遭受的损失以及潜在的危机。

4. 对所监测的舆论信息进行分析，判断其基本走向。

5. 做最坏的打算，判断危机发生、发展、控制、消亡的周期时间。

6. 形成具体危机管理方案，明确工作职责和具体责任人。

（四）危机处理

按危机管理预案，动员各种力量，进行危机处理工作。具体做法是：

1. 将情况准确传给总部，随时准备应付意外情况，切勿低估危机的严重性。在危机发生后，要主动及时地向主管部门进行危机管理最新情况的报告，及时将危机处理结果向上汇报，以获得主管部门的全力支持，同时，做好检查并吸取教训。

2. 积极主动与受害者及其周围人进行沟通，确保向外传播信息的准确性。

3. 尽快召开新闻发布会，发布正式信息。企业公关危机发生后，应坦诚地向社会公众及新闻界说明事实真相，通过各种手段使真相大白，最主要的是要随时向新闻界等说明事态的发展及澄清无事实根据的"小道消息"及流言蜚语。

4. 确保危机期间定期对外发布危机管理进展情况。

5. 倾听公众意见，把握公众的抱怨情绪，使受危机影响的公众站到组织的一边。

6. 邀请公正、权威性机构参与危机管理，确保公众对组织的信任。

7. 积极开展有针对性的公共关系活动，平息受害人及其周围人士的不满。组织必须在危机中承担责任，对在危机中利益受损的公众进行物质及精神方面的补偿。

8. 借用客户力量，开展积极、有效的行动。

（五）危机传播

将危机信息控制在有限的范围内，并确保信息的准确，是危机管理关键所在，具体做法是：

1. 在第一时间发布危机信息，尽快对外宣布危机的真相和处理的措施。

2. 根据最新情况，准备有关危机的新闻稿件及其背景材料，及时回答公众关心的问题。

3. 严禁发布不准确的消息，不对危机的原因和结果做缺乏根据的猜测。

4. 回答敏感问题之前必须向决策层请示报告，严格按照统一的口径对外发布信息。

5. 主动与新闻媒体沟通，建立广泛的消息来源渠道。组织在危机爆发后，要做好同新闻媒介的联系工作，使其及时准确报道，以此去影响公众，引导舆论，使不正确的、消极的公众反应和社会舆论转化为正确的、积极的公众反应和社会舆论，并使观望怀疑者消除疑虑，成为组织的忠实支持者。同时，当组织与当事者出现分歧、矛盾、误解甚至对立时，应该本着以诚相待、先利他人的原则，运用协商对话的方式，认真倾听和考虑对方意见，化解积怨，消除隔阂。

6. 取得新闻界的谅解，争取合作，表示感谢。

7. 公布新闻发布的具体时间，按照规定的时间发布新闻，减轻公众电话询问的压力。

8. 充分借助新闻媒介与公众沟通，引导和控制舆论走势。

9. 对于与事实不符的新闻报道，应及时纠正。

10. 请公正、权威的机构或人士发表意见，以提高传播的公信力。

11. 游说与危机有关的公众对象站到组织一边，尽量化解敌对情绪和猜疑气氛。

12. 及时向有关方面通报危机处理的进程和结果，以稳定人心。

（六）善后恢复

即使采取有效的危机处理，危机事件也会给组织的形象造成打击，在危机处理后期，应该逐步将危机事件的传播，转移到组织的正面形象塑造上来，具体做法是：

1. 恢复社会组织及产品的声誉和形象

组织应针对自己的品牌与形象的受损度，开展弥补形象缺陷的公共关系活动。例如，开展加强组织与公众联系与沟通的活动，对公众敞开大门，欢迎公众的参观和知道，使公众了解组织的最新动态和经营状况；推出新产品与一流服务，力争使公众早日恢复对组织的信任；开展对公众负责的系列公益活动，增加社会和公众对组织的信任度与支持率；加强与新闻媒介的沟通，借助在危机信息传播中新闻媒介的作用，塑造组织新形象，提升组织知名度。

2. 继续关注、关心、安慰受害人及其家属，不要觉得做了赔偿就万事大吉了要突出一个"情"字，让对方感觉到：突发事件是残酷无情的，但社会组织是通情达理的、是有"情"的。要用社会组织的真情、热情，用滴水穿石的精神，用换位思考的方法去融化对方因在突发事件中受到伤害而对社会组织产生的不满、怨恨、偏见和敌意。在这一过程中，还要进一步表明社会组织重建的决心和信心，并期望对方的支持、帮助。

3. 重新开始广告宣传

在危机过后社会组织可能面临着信誉下降、形象受损、产品受抵制、股票价格暴跌、法庭起诉、破产威胁以及高级管理人员辞职等种种困境，甚至还有可能社会组织部分或完全倒闭，所以在危机期间社会组织要停止播出广告。当进入危机善后工作阶段，可根据受损情况和社会组织新的发展战略重新刊登广告。目的在于将重振雄风的决心和期待援助的愿望确实无误地传达给有关公众，使公众不断地听到社会组织战胜危机、向前发展的好消息。

4. 开展重建市场的工作

在互联网时代，危机事件发生的同时或仅仅几个小时内就能传遍全球，如近几年全球皆知的英国的疯牛病、香港的禽流感等事件。现代社会中的一件小小危机事件，就可能毁灭有几十年根基的强大社会组织尤其是企业。因为危机事件会破坏市场组织、销售渠道等，所以重建和恢复市场的工作就显得非常重要。

5. 强化、教育员工树立危机管理意识

在社会组织内部继续强化、教育员工，树立"预防就是一切"的危机管理意识，把危机管理纳入社会组织正常的管理之中。

6. 充分协调社会组织与公众的关系

在社会组织外部适当开展一些公益或社区活动，支持地方经济和社区建设，强化社会组织在公众心目中的社会责任，树立新的良好形象。还要借助互联网扩大宣传范围，利用互联网的高科技手段以丰富的表现手法把"公共关系到群体"推向"公共关系到个人"，充分协调社会组织与公众的关系。

7. 善于利用危机，从中获利

组织可以在恢复形象和修复市场中，借助一些活动，使组织形象得到提升并从中获得利益，如开展新产品的市场营销活动，推广新产品、新服务等，挽回市场损失。世界知名企业如强生、英特尔公司和宝洁公司等都是"劫后余生"的高手，它们都是在最短时间内控制了危机，并从中迅速获得利益。

二、处理公关危机的方法

（一）危机公共关系处理中的沟通协调

1. 与内部公众的沟通协调的方法

社会组织要将危机事件的真相以及组织的公关对策及时并如实地通报给全体员工，在危机初期，及时向内部员工宣布危机处理小组成员，宣布本组织对待危机的态度，最好由组织的一名主要负责人直接领导，确保工作班子的权威性和高效性，并且对员工提出一些要求；在危机稳定时期，及时向内部公众通报危机事件的发生时间、地点、有无伤亡以及本组织处理危机事件的基本原则、方针、具体的程序与对策。

在危机抢救期，及时向内部员工通报造成危机事件的原因，给直接受害者造成的损失以及受到波及的公众范围有多大、影响有多深、事态发展趋势、事态是否得到有效控制等情况；根据对事件的调查制定出对策通告全体员工，统一口径，协同行动，号召全体员工齐心协力，共渡难关；迅速采取切实措施，阻止失态发展，并进行全力抢救和善后工作；如果是因为不合格产品引起的危机事件，应不惜一切代价立即回收不合格产品，或立即组织检修队伍，对不合格产品逐个检查，还要通知有关部门立即停止出售这类产品。

在危机处理末期，一方面对危机处理工作进行评估，总结经验，找出不足，奖励在处理危机事件中表现突出的有功人员，处罚危机事件的责任者，并通告有关各方，另一方面通过危机事件教育员工，一要铭记教训，二要齐心协力共渡难关。

2. 与受害者沟通协调的方法

危机事件若造成伤亡，一方面应立即进行救护工作或进行善后处理，另一方面应认真听取受害者意见，了解和确认有关赔偿损失的要求；立即通知其家属，并尽可能提供一切条件，满足其家属的探视；委派专人负责处理伤亡事故，具体人数可多可少，这些人员应具有的主要条件有：一要了解有关赔偿损失的文件规定与处理原则；二要善于沟通，因为处理伤亡事故难度大，时间长，在整个危机事件的处理中占据着举足轻重的地位，所以，如果没有特殊情况，不可随便更换这些人员。

负责伤亡事故处理的专门人员在与受害者及其亲属接触中应做到：真诚地表示同情，并给予安慰；耐心而冷静地倾听受害者及其亲属的意见，包括他们要求赔偿损失的意见，代表组织诚恳地向他们道歉，并实事求是地承担相应的责任。

社会组织在与危机事件受害者及其家属沟通时，应努力避免为自己辩护的言辞，避免与他们发生争辩与纠纷，即使受害者有一定责任，也不要在现场追究。向受害者及其家属公布补偿方法与标准，并尽快实施。

3. 与新闻界沟通协调的方法

基本原则如下：

（1）应统一对新闻界传播的口径，精心措辞，尽力维护组织形象。（2）成立专门的记者接待机构，由专人负责发布消息，集中处理与事件有关的新闻采访。（3）尽早公开表明组织对事件的立场和态度，通过新闻界报道积极引导舆论。（4）慎重对待媒介的报道，在没有调查清楚事实真相之前，不要对事发的原因、损失及其他方面的任何可能性进行公开推测，对新闻界的推测性报道不轻易表示赞同或反对。（5）对新闻界应有主动合作的态度，不可隐瞒、搪塞或对抗。对确实不便发表的消息，应说明理由，争取记者的理解与同情。有时由于时间紧迫，记者不免会情绪冲动，公关人员应给予体谅，保持冷静，并与其保持友好的合作，避免造成双方的矛盾或误解。(6) 多发布公众关心的消息,比如,善后措施、赔偿方法等。(7) 当新闻发布了不符合事实真相的报道时,应尽快澄清事实真相,表明立场,但注意不可对新闻界抱有敌意。即使对记者的报道有自己的看法,也不要超越职权进行干涉或批评,更不要当场与之争论有关新闻报道价值的问题。如果担心记者可能会在某一问题上报道失实,也千万不可提出查阅记者采访稿的要求,而应是直接提出这一问题,阐明事实真相。这样有理有节地处理,才能赢得记者的尊重,避免不必要的矛盾和误解。(8) 在回答记者提问时要有根据,不用似是而非的话来搪塞记者的提问。在回答提问时,不说假话,说话时也不要带倾向性。记者的判断力是很敏锐的,一旦失信于记者,印象就难以抹去。此外,也不要以任何理由拒绝记者发表你的姓名或引用采访中你的原话,以免造成对你诚实的怀疑。只有我们自始至终保持坦诚、中肯的态度,才有可能与记者建立起亲密的合作关系,而这种关系又是顺利解决危机所必须具备的一个条件。(9) 在危机的采访接待中,对一切新闻媒介要一视同仁、机会均等,不要有亲有疏。要懂得不同媒介的记者在采写新闻时,他们之间会有竞争也会有合作,他们之间会经常互相通气。不公平地对待,只会弄巧成拙,得罪部分记者,这是一种得不偿失的做法。此外,公关人员应把所有来访记者的姓名、地址、电话等记下,以便在必要的时候能及时向他们通报消息。(10) 要特别注意摄影师的活动,提防摄影记者失实报道的发生。要清醒地认识到,由于多数人对影像真实的确信,影像报道的失实,比文字失实更有害,它所产生的错误印象更难以消除。就大的范围来讲,摄影记者是有其采访的自由,但在一些特定的区域内,公关人员有权限制其活动的范围。但对这一问题,与其用限制的方法,不如主动提供有利的拍摄环境和条件更为明智。

4. 与上级领导部门沟通协调的方法

危机事件发生后,应以最快的速度向社会组织的直属上级部门实事求是地报告,争取它们的援助、支持。在危机事件的处理过程中，应定期汇报事态发展的状况，求得上级领导部门的指导。危机事件处理完毕后，应向上级领导部门详细地报告处理的经过、解决办法、事情发生的原因等情况，并提出今后的预防计划和措施。

5. 与业务往来单位沟通协调的方法

危机事件发生以后，应尽快如实地向有关业务往来的单位通报事故发生的消息，并表明社会组织对该事件的坦诚态度。以书面形式通报正在或将要采取的对策和措施。如有必要，还可派人直接到各单位面对面地沟通、解释。在事故处理的过程中，定期向各界公众传达处理经过。事故处理完毕后，应用书面形式表示歉意，并向给予理解、帮助的单位表示诚挚的谢意。

6. 与消费者沟通协调的方法

设立专线电话，以应答危机期间消费者打来的大量电话，要让训练有素的人员来接专线电话。以尊重消费者权益为前提来制定所有的处理危机事件的对策、措施。迅速查明和判断受到危机事件影响的消费者的类型、特征、数量、分布等。通过不同的传播渠道，向消费者颁发说明事故梗概的书面材料。认真听取受到不同程度影响的消费者对事故处理的意见和愿望，尤其要热情地接待消费者团体的代表，回答他们的探问、质询；另外，还要及时主动地与消费者团体中的领导及意见领袖进行沟通、磋商；通过新闻媒介向消费者公布事故的经过、处理方法、与消费者团体达成的一致意见以及今后的预防措施。

7. 与社区居民沟通协调的方法

社区是社会组织赖以生存和发展的基础，社区居民也是社会组织形象的传播者，如果危机事件给社区居民带来损失，社会组织应努力做好与社区居民的沟通协调工作。首先社会组织要道歉，根据危机事件的性质以及给社区居民带来的损失程度，可选择不同的道歉方式，如委派专人向社区道歉；派人到每一户家庭分别道歉；通过地方报纸致歉；通过全国性的大报发谢罪广告等。不管采用哪一种方式道歉，都要做到：一态度要诚恳，二要鲜明地表示敢于承担责任，三要表明知错必改。其次要补偿，如果危机事件给社区居民造成的损失不大，可以适当地给社区一些补偿，如修桥补路、种花植树、美化环境、赞助教育、修建老年公寓等。通过这些补偿，可以得到社区居民的谅解，使社会组织保持社区好公民的形象。最后是赔偿，如果危机事件给社区居民造成了严重损失，社会组织应明确尽快落实经济赔偿问题。经济赔偿问题处理起来难度较大，应委派有相关经验的人员，代表社会组织与社区居民沟通，尽量使社区居民满意，使社会组织的形象损失控制在最低限度。

8. 与政府部门及其他有关机构的对策

当一个社会组织爆发了恶性突发事件，可能会立即引起政府有关部门的重视，如交通管理部门、公安、税务、工商、劳动和社会保障等政府管理部门；另外，也会引起社会上一些公众利益维权机构如消费者协会、妇女儿童保护组织等的关注。因此，应及时向政府及其他有关机构通报情况，认真回答这些组织机构的咨询，也可派出公关人员主动上门解释事件。争取调动各方面的力量，协助组织渡过难关，尽最大可能地降低组织声誉和利益方面的损失。其中，组织声誉的维护应高于具体的经济利益维护。在危机事件的处理过程中，得到政府部门的配合是至关重要的。

9. 危机中的谣言处理

公关人员可采用各种灵活方法对付谣言：（1）采取积极的行动，分析谣言产生的意图、原因、来源、传播范围、影响程度及发展的趋势等。在分析时要注意客观、慎重，尽可能减少主观臆断，尽可能找出谣言产生的特定原因。（2）与受谣言影响的人或受害者对话，向他们澄清事实，表示组织机构对此事的关系和辟谣的决心。（3）请舆论权威人士来一起讨论谣言传播的问题，澄清事实。这就是利用社会上有地位、有身份、有影响力的人士，借助他们的力量来帮助解决困难的局面。（4）在危机事件发生时，尽快地向社会公众提供与事实有关的、完全真实的、完整的信息资料，必要时对这些信息进行反复不断的传播。（5）对内部公众，在必要时应召集基层职工开会辟谣，澄清事实。（6）采用秘密传播消息的方法，用口头传播小道消息，向最亲近的同事或朋友传播正面的小道消息。以小道消息来回敬小道消息，进而影响那些只相信小道消息的人。（7）如果分析发现谣言的传播已经成不了气候，而且原来的扩散和影响都不严重，最好的策略是不理会它，要知道，有时对谣言越解释会越描越黑，更有利于谣言的传播。（8）在发布正面真实资料时，不要提到谣言本身，提及谣言本身会使谣言得到重复传播，有助于谣言的扩散，加深谣言内容对人们的影响。特别是在电子传播媒介方面，更不能重复提及谣言本身，不然极易造成各种误解。（9）在谣言发生时，要根除它，其最好的方法就是加强与公众的双向传播活动，促使组织与公众的沟通渠道保持畅通，以达到相互间的信任和理解。

（二）危机公共关系处理中的新闻发布

社会组织一旦发生危机事件，在处理过程中召开新闻发布会非常必要。与没有危机情况下的新闻发布会相比，危机处理过程中的新闻发布会有两个特殊作用，即借助媒介和应对媒介。所谓借助媒介，是指社会组织通过发布与危机有关的信息，说明事实真相以减少猜测和流言蜚语，表明社会组织的立场以稳定内部、外部公众、受害人员及其亲属的情绪，控制事态向不利的方向发展，尽量减少形象损失。所谓应对媒介，是指主动接受媒介的采访、提问，配合新闻媒介对危机事件作出客观、公正的报道。应对媒介要做到统一信息口径和善待新闻界代表，防止不利于组织危机处理的报道。

1. 新闻发布会的准备工作

（1）确定新闻发布会的时间、地点，并尽早通知出去，以减少电话询问的压力。在危机期间，新闻发布会的时间长短一般应控制在30分钟以上，45分钟以内。

（2）确定新闻发言人并准备好新闻稿件，预测记者可能提出的问题并准备好回答方案。记者可能提出的问题主要有以下几个方面：事故发生的时间、地点、影响范围、伤亡情况、救治情况、险情是否已经得到控制；事故对当地环境造成的影响程度；事故发生的原因、社会组织以往的安全记录、安全措施；社会组织对危机事件的态度、社会组织的高层领导是否亲临指挥；社会组织的经营范围、环保意识等。

（3）准备好与危机有关的背景材料。如果来不及准备危机背景资料，可以把社会组织的总体介绍、历史发展等资料提供给新闻记者。

（4）准备好记者发送信息所必需的传真机、电话、电脑终端、复印机、打印机、电源等设备条件。还要为连续做报道的新闻记者准备好基本的条件，如桌椅、照明、开水、夏天驱蚊、冬天取暖等都要考虑周到。另外还要适应媒介通常的工作时间，以便于新闻发布会之后的信息传递。

2. 举办危机事件新闻发布会的基本技巧

危机事件新闻发布会应讲究组织会议的技巧、保证成功沟通的技巧和发布新闻的语言技巧。

（1）组织技巧：事先要认真做好准备工作，要做到事无巨细，追求完美，不可有半点疏忽。必要时可在会场中安排一些图片、模型。在会议开始之前，新闻发言人可以向大家介绍有关主宾情况，以及他们在危机处理中的作用。有效地控制会场秩序，让记者一个一个地提问。会议结束后，新闻发言人应从另一个出口迅速离开会场，避免记者在走廊上追逐并继续提问。如果还要召开新闻发布会，要明确告诉记者们下次信息发布的具体时间。别忘了向记者介绍危机新闻中心 24 小时开通，以及获取最新信息的方式、电话号码等。

（2）沟通技巧：详细、准确地解释发生了什么事情，情形如何，已经做了哪些工作，得到了哪些组织的配合。应告诉记者：如社会组织有不正当行为，经确认后将尽快公布于众，并采取积极的纠正措施。一定要对发生的危机事件表示遗憾，对受害人及其家属表示同情和安慰，对危机事件波及的公众表示关心，语气要诚恳。

不要推测危机的结果，特别是伤亡人员的情况及数量。不要推卸责任，对责任的界定属于法院或仲裁机构。不要发布不准确的信息。不要要求记者一定要刊登什么或不刊登什么。不要抱怨社会组织领导或同事以前如何不好。如果社会组织没有什么可以隐瞒的，不要轻易采取低姿态。回答问题时尽可能让记者满意；发言人可以请同事做补充发言，也可以请社会组织的公共关系顾问帮助发言人回答一些疑难问题。

（3）语言技巧：不要使用行话，避免别人听不懂，往往花很多时间去解释；不要对记者说不礼貌的话，如"无可奉告"、"请不要报道此事"或"此事可能是……"等。当会议结束后，要使用"请提最后一个问题"的说法。

3. 危机公关传播的策划要点

（1）确定新闻发言人并做好新闻发布会的各项准备工作

危机期间，新闻发言人是社会组织确定的信息发布员，也是社会组织的正式代表，他在危机期间的新闻传播中起着举足轻重的作用。因此，在确定新闻发言人时一要尽快确定，二要慎重确定。该人必须受过专业训练，必须了解社会组织的情况，必须掌握危机事件的所有信息。当他在面对摄像机镜头时，应着装整齐、精神焕发、冷静稳重，表达得当。

（2）建立新闻办公室，作为新闻发布会和媒介索取最新材料的场所

最好安排一间安静的办公室，以确保危机管理小组的负责人和新闻撰稿人在里面有效地工作。

（3）建立危机新闻中心，以接受媒介电话询问

若有必要，一天 24 小时开通电话热线。在建立危机新闻中心时要做到：第一，要选择合适的地点。危机新闻中心的地点最好设在危机控制中心或"战时"办公室附近，以便能更好地传播有关信息。第二，要尽快给危机新闻中心安置必要的办公设备。第三，要选派适当的人员担任各种任务。

（4）发送新闻稿

在向媒介发出新闻稿之前，先将其发给社会组织内外的重要人士。即使社会组织很快地建立新闻中心，并使它成为惟一权威的危机信息中心，但媒介仍会从其他渠道获得信息，也许还会获得与社会组织提供的信息相反的信息，他们还可能与社会组织不能控制的渠道（如警察）核对信息。此时要做的重要事情是尽可能多地了解哪些渠道或者哪些团体对社会组织所采取的措施持支持的态度。而赢得他们的帮助的惟一办法是让他们知道社会组织正在与媒介沟通。

因此，应该事先确认有关团体，并且在把新闻稿送给新闻媒介之前，把这些稿件的复印件送给这些团体。这样就能确保媒介从这些团体那里获得与社会组织提供的信息相一致的信息，由此有关危机的信息就得到了控制。

另外，在社会组织内部要尽可能让每一个介入危机的人都对外传播同样的信息。一旦新闻稿被审定，不要忘了给本组织中那些可能对外发表讲话的人一份新闻稿件复印件，如律师可能要与警察打交道，负责员工关系的人需要向员工讲话，因此他们需要了解有关危机事件的情况和社会组织的立场，一致的口径可以使消息混乱的危险降到最小程度。

（5）对接听电话的人员进行培训

在危机期间，新闻媒介、受害者亲属、内部员工以及其他各方面的公众都会打来电话询问许多有关的问题，接听电话是危机期间一项基础工作和重要工作。因此，必须对接听电话的人员进行培训，使他们知道如何对众多的询问作出很好的回答。

（6）重视新闻发布之后的工作

在新闻发布之后，如果发现与事实不符的报道，应及时提出并要求更正。但是，不要过分责怪记者。绝大多数记者是与人为善的，可能是由于信息来源和误听等原因造成的不实报道，社会组织应该对记者一如既往地表示友好。在新闻发布之后，可以就危机处理过程中的一些积极因素或结果，通过创造新闻等方法，再次吸引新闻媒介来报道;也可以邀请记者到事故现场参观后进行客观报道。

总之,在危机基本结束之后的新闻报道,主要应该给公众形成一个印象:面对危机事件社会组织采取的一系列行为都是对社会负责、对公众负责的。

第六节　处理公关危机事件的注意事项

一、注意应急性与长远性的统一

处理公共关系危机,主要是为了消除当前危机事件的影响,其对策方案具有明显的应急成分,但是,我们不能囿于眼前,应当立足于社会组织长远的发展目标和战略,从长远和整体着眼,制定危机事件的公关工作对策,使社会组织既能排除危机,又能为未来的发展创造良好的公众环境。

二、注意诚恳性与责任性的统一

公共关系人员在危机事件的处理过程中接触公众时,应表现出诚恳的态度,虚心接受公众批评,从讲话的内容、方式、姿态和语言音调等方面,进行策划、设计,给公众留下良好的印象。与此同时,公关人员要敢于承担责任,主动提出赔偿,以赢得公众的谅解。

三、注意务实性与务虚性的统一

处理危机事件时,一方面,公共关系人员踏实积极地工作,以实际行动改善社会组织的处境;另一方面,也要及时宣传,运用各种媒介,公布事实真相,宣传社会组织的改进措施,从舆论上争取公众的理解和支持。

四、注意谨慎性与果断性的统一

公共关系人员一旦涉及危机事件,尤其是在公众面前,应谨慎从事，以自己稳重、稳妥的风范稳定局势，稳住阵脚；同时遇到具体问题时，要表现出坚决果断的工作作风，切忌优柔寡断和缺乏主见，以免给公众留下不可靠、无能的印象。

五、注意主体性和整体性的统一

公共关系人员，作为专门职业人员，是消除危机事件影响的主体，从调查情况、决策计划、具体实施到评估总结，整个运作过程中都发挥着主导作用。公共关系人员要敢于挑起重担，热情投入工作。但是，只有公共关系人员的力量，要消除危机事件的影响是不够的。危机事件涉及面广，工作千头万绪，公共关系人员只有充分调动其他所有部门和员工的积极性，实行"全员公关"战略，形成强大的影响力，才能有效地劝服公众，改善社会组织的环境。

六、注意原则性和灵活性的统一

处理公共关系危机事件应该有明确的、规范的工作方案。公共关系人员投入工作后，要按既定的工作方案实施，表现出较强的原则性。但是，由于危机事件的突发性和公众需求的多变性，又要求公共关系人员能随机应变，在忠于既定方案的基础上，适时修正方案，调整措施，以期更加有效地改变公众的消极态度，消除危机事件的不利影响，恢复社会组织的良好形象。

第三章　国际公共关系

　　国际公共关系正以前所未有的速度深入到各国的经济和文化生活中，在世界的经济乃至政治活动中显示着越来越重要的作用。中国加入世界贸易组织，推动了全球经济的一体化，我国的各种经济活动必须按照国际惯例办事，社会组织既要了解世界，也要让世界认识自己，国际公关就成为不可缺少的重要内容，其重要性日益突出。随着中国对外开放的扩大以及经济全球化步伐加快，中外公共关系交流日趋频繁，中国的公共关系事业必然走向世界。

　　目前，国际公关已经受到世界各国政府、社会组织和人们的普遍重视，成为一个专业的公关领域。一般说来，开展国际公共关系意味着要与各种具有不同经济、文化、语言、宗教背景的公众打交道。一直以来，跨国公司都力争在远离本土之处进行有效的管理。它们所遇到的困难，公共关系也会遇到，甚至更为严重，因为公共关系的许多方面都取决于对公众的感受、信念和态度的了解。在媒介关系方面，有时困难也很大，因此对新闻界的透彻了解，对于媒介人员名单的准备和综合性媒介关系计划的执行是非常必要的。

　　国际公共关系的基本原则是"全球化思考，地域化实施"。纵观西方公共关系事业，在以下三个方面值得学习和借鉴：一是公共关系思想理论及由此而形成的公共关系意识；二是公共关系事业体制及由此而产生的公共关系工作运行规范；三是公共关系工作技巧及由此形成的公共关系工作艺术。这三者是浑然一体的，因此开展公共关系活动，要立足于本国文化背景，放眼全球，在认真总结和发扬本国公共关系工作经验的同时，还要积极引进和学习国外公共关系工作的理论体系和基本意识。

第一节　国际公共关系的含义

　　广义的国际公共关系包含两方面的内容，一是指跨国的有显著影响的公共关系活动，二是指国际公共关系界的交流与合作。狭义的国际公共关系主要是指某一特定组织在国际政治、经济、科技、文化及其他活动中遵循和运用公关原则、方法，针对跨国开展的、旨在加强相互间交流、合作、理解、信任的一种传播组织形象的活动。通过国际间的信息沟通与传播，国际公关在国际范围内寻找积极、和谐而有利的国际环境，建立并保持组织与国际公众之间良好的公关状态。

　　国际公共关系活动，除了围绕塑造社会组织的海外形象和帮助他们的产品进入国际市场外，还常运用传播技术开展支持国家目标、影响公众态度，进而影响政府外交决策的公众外交。如对国际性危机事件的处理、跨国公司与当地各类公众的协调等，其内容广泛，形式多样，可谓丰富多彩。

　　国际公共关系不是国内公共关系的简单延伸，因为它们的目标公众不同。由于国际公共关系所针对的目标公众处在不同的国家和地区，有不同的社会文化背景，不同的语言、道德观念、风俗习惯和生活方式，因此，国际公共关系要全面深入地了解自己的外国目标的情况，根据他们的特点设计适合他们习惯和要求的信息交流形式，并通过他们经常接触的传播媒介来传递这些信息，使自己的信息更好地为目标公众所理解和接受，尽可能取得良好的传播效果。

　　国际公共关系与国内公共关系活动的目的也不同。国际公共关系的目的是为了加强与国际社会的沟通与合作，加深组织在国际社会中与其他国家的公众彼此之间的了解、理解与信任，树立企业或政府部门在国际社会中的良好形象和信誉，促进与世界各国的友好往来。

　　国际公共关系更不同于外交关系。外交关系是国家政府的正式交往，而国际公共关系则是企业、社会组织或政府部门的非政府性的公众交往关系。它的目标公众可以是外国政府、企业、社会团体，也可以是外国的个人，如游客、消费者等。因此，虽然国际公共关系不是政府间的外交关系，但也有着必须遵守的不同于国内公共关系的一些基本原则，如维护国家利益原则、相互尊重原则、平等互利原则等。

国际公关的基本职能是：塑造组织的良好国际形象，开展有效的国际经济社会合作。其具体职能是：加强经济社会的交往与合作；促进世界的和平与安全，促进国家的开放与发展，加强国际间的经济社会文化科技交流。

随着中国经济与世界经济的逐步融合，国际公关越发呈现出诱人的魅力。中国申办 2008 年奥运会、2010 年世博会的成功，是我国进行"国际公关"和"政府公关"的精彩手笔，"博鳌论坛"是我国政府"国际公关"成功的经典范例。

第二节 国际公共关系的构成要素

国际公共关系由涉外社会组织、国际公众和国际传播三要素构成，其中涉外社会组织是国际公共关系的主体，国际公众是国际公共关系的客体，国际传播是国际公共关系的中介，三要素相互影响，共同演绎国际公共关系的精彩活动。

一、国际公共关系的主体——涉外社会组织

国际公共关系的主体是我国与国外公众发生交往关系的各种组织机构，包括各种不同性质与功能的涉外社会组织，包括一个国家的政府、企业特别是外向型企业、事业单位、群众团体和其他社会团体。

根据我国的实际情况，这些组织可归纳为六大类。

1. 专门从事国际经济信息咨询以及公共关系服务的机构

如近年来出现并不断增加的国际经济信息咨询公司、国际广告公司，以及国际公共关系公司。

2. 对外经济管理机构

主要是省、市政府的对外经济管理部门，这些组织机构拥有一定的管理权和审批权，不仅与国外高层次的公众相接触，也同一般的外国企业家进行交往，它们开展的经贸活动往往带有很强的国际公共关系性质。

3. 国际金融机构

这是指存储、借贷外汇的银行系统，如中国银行及其在世界各地的分行、中国投资银行、中国国际信托公司、中国工商银行国际业务部等。这些金融机构从事对外金融业务，已经广泛地与国际金融公众发生业务交往，在为涉外社会组织与国际公众充当国际贸易信用中介和金融业务咨询方面，国际公共关系是一个极为重要的工作环节。

4. 对外贸易类

外贸部门是我国涉外经济的主体部分，它们经营品种繁多，因而其机构设置也呈现多类型、多层次，如粮油进出口公司、畜产品进出口公司、纺织品进出口公司、工艺品进出口公司等等。这些外贸公司直接参与国际市场的经济活动，广泛地接触外商和外销产品的消费公众，国际公共关系无疑是其经营取胜的一大法宝。

5. 国内外向型生产企业

20 世纪 80 年代以来，国内的中外合资、合营、外资企业发展迅速，在这些企业的经营管理过程中，中方不仅要与外商或参与管理的外国企业家协调好关系，而且还要直接、间接地参与产品的外销返销活动，与国外客户打交道。这就不可避免地要运用国际公共关系的技巧，以生产外销产品为主的国内企业，它们生产的产品，从质量、造型到包装设计，都要符合国外客户的要求，满足国际消费公众的需求，这同样少不了国际公共关系的手段，用以打开国际公众市场。一些条件较好的国内企业，通过各种渠道直接到国外投资设厂，进行跨国经营，它们也要依靠国际公共关系来取得东道国公众的信任。

6. 涉外旅游服务类

包括各种涉外的旅行社、旅游公司、高级宾馆、饭店、民航、交通部门等。这些组织主要分布在各种旅游城市中，其服务对象多为国外游客、港澳台同胞、华侨等。国际公共关系能为其树立良好信誉，吸引外国旅游观光者，并协调国际公众的关系，实现组织的目标和利益。

二、国际公共关系的客体——国际公众

国际公共关系的客体指与涉外组织的跨国活动相关的国际公众，包括外国政府、联合国和国际组织、外国企业、外国事业单位、外国媒介、外国其他社会团体、外国名人和公民、侨民等。并非所有外国人都是公共关系的客体，只有当外国人同我国的特定社会组织发生交往关系时，才成为国际公关关系的客体，即成为该组织的国际公众。我国各种类型的经济组织所接触的国际公众主要包括以下 7 种类型：

1. 国际金融及投资者

国际金融公众主要指与中国有金融借贷关系的国际金融机构与部门，如国际货币基金组织、世界银行及亚洲开发银行等，同时也包括在中国银行或其他银行储蓄外汇的国外客户（个人或团体）。国际投资者公众指正在与中国企业进行合资、合营或在中国境内独自经营的外国投资者。这些公众一般是企业家，多数来自发达国家和地区，他们是我国企业引进外资、先进技术和管理经验的主要公众对象。向这类公众开展国际公共关系活动有助于我国吸引外资、扩大出口和创汇、促进外贸的发展。

2. 外国旅游者

来华观光、旅游的外国人及海外侨胞，是旅游业国际公共关系

活动的主要公众，是旅行社、各旅游点、宾馆饭店、旅游商业部门及交通运输部门的国际消费者，做好他们的国际公共关系工作，有助于充分开发国际旅游公众市场。

3. 外商及外销产品的消费者

我国的外销产品与国外消费者见面，一般是通过国外经销商这一中间环节实现的，因而他们是我国外贸机构国际公共关系的重要公众。我国产品通过销售进入国际市场后，就有可能为国外消费者所购买，这些消费公众市场的规模相对来说是很大的，是我国企业为数最多的国际公众，也是国际公共关系服务的主要对象。

4. 国外行政、司法机构

组织的对外交往活动涉及国际法规及对象国法律，必须接受对象国政府机构及司法机构的管理和监督。组织所涉及的活动如果违反了所在国的法律法规，必然会受到当地行政及司法机构的干涉与制裁。相反，组织所涉及的活动如果遵守所在国法律法规，则会受到所在国政府的保护和支持。因此，国外行政、司法机构也是国际公共关系不可忽视的政府公众，应该尊重和服从所在国政府的法制管理。

5. 外国驻华机构

包括外国大使馆、领事馆、新闻处、商务办事处以及一些国际组织或民间团体的驻华机构，它们是最稳定、最有权威的国际公众。通过它们的宣传是扩大涉外组织国际影响的重要渠道。

6. 国外新闻媒介

涉外社会组织的大量信息需要通过新闻媒介来传播，国外新闻媒介是一个能影响其他公众的特殊公众，其态度和宣传倾向对于涉外社会组织影响极大。

7. 华侨、华人、华裔外国公民

华侨指的是旅居海外的中国公民，华人以及华裔外国公民指的是有中国血统的外国公民。他们在当地政治、经济生活中有着相当的地位，在许多部门发挥着日益重要的作用。他们既是国际公共关系的对象，又是所在国开展国际公共关系的一支重要的依靠力量，由于同一文化渊源或同一民族,加之中华文化特有的凝聚力和向心力,在发展国际公共关系业务时,涉外组织应尽力发挥他们的积极作用。

　　上述关于涉外组织的国际公众的划分,并没有把所有国际公众全部列出,随着涉外经济活动的不断深入,国际公众的范围将会不断扩大。

三、国际公共关系的中介——国际传播

　　国际公共关系的中介要素是一种跨文化的传播,即借助于各种媒介所进行的"跨文化"的传播。由于国际公共关系的主客体至少处在两种异质的文化环境中,所以联结它们的中介要素就必须是跨文化的传播与沟通。从传播现象上看,跨文化传播是指传播者与受传者不在同一种文化体系中的沟通传播活动。由于文化背景、社会习俗、生活经验和交流语言的不同,促进跨文化之间的组织与公众的理解和沟通,成了一种专业性很强的传播活动。从事国际公共关系工作的公关人员,除了要具备对外交流的语言水平,还要对他国的文化习俗、传播媒介、人际交往方式有充分的了解。只有这样,才能成功地完成自身肩负的国际公共关系的工作任务,从而在组织与公众之间实现信息双向沟通的同时,达到树立组织良好形象的目标。

　　在国际公共关系活动中最常用的媒体有以下三个方面:

　　1. 涉外发行的出版物

　　主要包括以印刷媒体为主的报纸、杂志、图书以及各种印刷宣传品,如《人民日报》的海外版、《中国画报》等。这些均可用来作为沟通涉外组织与国际公众联系的媒体。

　　2. 国际通讯

　　主要是指以印刷、电子为媒体进行涉外社会组织与国际公众的通讯联系,如信函邮件、越洋电话、电报、电传、电子函件、国际互联网等。

　　3. 国际人际传播活动

　　利用海外华人团体、驻外机构以及培训专门人员开展所在国的

人际传播活动，这种传播省钱、省力，而且熟悉所在国的情况，往往能够达到事半功倍的传播效果。

在沟通传播过程中，要熟悉国际传播媒体的运用语言、使用制度和操作规范，克服信息交往过程中的理解障碍，提高沟通效果。

第三节　处理国际公共关系的基本原则、途径和技巧

一、开展国际公共关系的基本原则

开展国际公共关系活动除了要遵循一般的公共关系活动原则以外，根据其特殊性还要遵循一些特殊的原则。

1. 遵守国际规范和国际惯例

每一个行业都有其成文和不成文的行规，国际公关必须遵守与之相关的规章制度，如国际公关协会于1961年在雅典通过的《雅典法则》；1965年又在雅典通过的《国际公共关系道德准则》；1997年在赫尔辛基通过的旨在提高公共关系质量的《赫尔辛基宣言》，等等。还有其他不成文的国际惯例，如保守客户的商业机密，行业活动要公平竞争，不为相互竞争的双方同时提供服务，不得建议客户从事任何违法或不道德的活动，等等。

2. 维护国家利益的原则

在开展国际公关活动过程中，首先必须把本国的国家利益放在首位考虑，自觉维护本国的国家利益，绝不做损害国家利益的事情。国家利益的内涵十分广泛，它包括国家主权、领土完整、国家的统一、民族的尊严、价值观念、资源开发利用、环境保护、经贸往来等等。作为国际公关活动的主体要在维护国家利益的原则指导下认真鉴别和权衡，宁可牺牲组织的某些暂时利益，也要维护国家安全和国家利益，遵守相关法令和一些合理的做法，作到不卑不亢。否则，国际公关活动就要失去立足之地，最终归于失败。

3. 尊重国情，发挥民族特色的原则

国际公关是一种跨文化、跨国界的活动，如果不注意各国的文化差异、国情差别，公关就是无的放矢。各国的国情包括政治制度、意识形态、文化传统、价值观念、宗教信仰等方面。而作为一个民族，有它共同的语言、共同的地域、共同的经济社会生活以及表现于共同文化上的共同的心理特征。有专家认为对外关系的恶化，不少是语言、文化、传统等方面的隔阂造成的。由于国际公共关系所面对的公众出自不同的国家和地区，不同社会文化背景形成各自不同的语言、风俗、生活方式和政治经济制度等，因此，在国际公关中必须充分了解相关的民情风俗，求得"入乡随俗"、"入国问禁"，从而保证公关活动顺利进行。作为国际公关的主体和从业人员就要充分发挥各个民族的特色，来为公关服务，以达到更好的传播效果。比如，美国前总统克林顿利用中国农历春节向美籍华人祝贺新年，可以说是利用民族特色进行公关的一个成功范例。

4. 求同存异原则

在国际公关活动中，由于各国的国情不同，尤其是文化传统和价值观念千差万别，在对同一问题的认识和评价上也必然存在差异，出现摩擦和对立则是常情，这就要学会善于求同存异。当今世界，多极化的国际新秩序正在逐步形成，经济全球化的趋势也正日益加强，各个国家、各类组织之间的相互协作、相互依存的关系正日趋明显。在这样一个新的国际生存环境中，尤其需要我们学会和运用求同存异的原则，为自己的生存和发展创造良好的环境，也为创造一个更加美好的世界而共同努力。

二、开展国际公共关系的基本途径

开展国际公共关系工作，一般主要有委托公共关系公司，运用各种传播媒介和借助政府及民间的对外交往三种途径，它们既可以独立运用，也可以结合起来运用，如果使用得当，可以使国际公共关系工作取得最佳成效。

1. 委托专业公共关系公司

政府和企业开展针对性很强的以国际公共关系为主的活动时，可以委托专业公共关系公司来进行。一般而言，专业公共关系公司经验丰富，各种信息储存量大，专业人员素质高，处理复杂问题的能力较强。

我国对外开放以来，国际著名的公共关系公司出于战略考虑，纷纷抢滩中国公关市场，1984年美国伟达公关公司率先进入中国市场，1985年美国博雅公关公司以合资形式在北京设立办事处，同年中法合资公关公司在北京成立，到1993年，美国爱德曼公关公司、奥美公关公司、福莱公关公司、罗德公关公司和宣伟公关公司等相继进入中国市场，它们的公关业务活动在发展初期阶段，95%以上为外资国际客户服务。目前，已经拥有较多的中资客户的国际业务，并在我国大中城市设立了分支机构。它们从事的国际公关业务操作规范，技术手段先进，专业服务到位，服务水准很高。正是依托深厚扎实的专业基本功，它们才拥有一批常年的国际公关公众，取得了良好的国际公关效应。

国际著名公关公司进入中国市场，推动了我国国内公关公司的业务发展。但目前，国内公关公司的竞争实力还有待加强，要加强学习，借鉴引进国外公关公司的经营经验，发展全球业务网络，逐步提高国际公关市场的占有率。

2. 运用各种传播媒介

当今世界，随着通讯事业的日益发达，广播、电视、报刊、杂志已经成为人们了解世界、获取信息的主要渠道。因此，运用大众传播媒介把社会组织的有关信息及时传递给目标公众，是开展国际公共关系活动经常采用的一种有效的途径。国际大众传播媒介可从国内传播媒介和国外传播媒介两方面加以运用。

国内传播媒介。我国国内的大众传播媒介机构近年来发展较快，从电子传播媒介来看，中国国际广播电台用43种语言向世界各地的听众介绍中国的政治和经济情况。中央电视台的电视节目借助国际通讯卫星，可以覆盖亚洲及太平洋地区，甚至欧美部分地区，且拥有较高的收视率，是国内外大公司开展国际公共关系的重要渠道。从印刷品媒介来看，仅以《中国日报》为例，采用国内最先进的通讯和印刷技术，可以用电讯将消息直接发到纽约、伦敦的分社，并以最快的速度在国外发行，《中国建设》、《人民画报》等刊物，已经用英、法、日、俄等多种文字传播世界各地。此外，全国各省、市的一些对外经贸部门，也印发了大量介绍本地资源、投资环境、旅游风景等内容的书刊、资料在国外散发，成为企业开发国际公共关系活动的直接渠道。

国外传播媒介。目前发达国家的许多大众传播机构都已经成为跨国性的大企业，在世界各地报道新闻、发布报刊、播放广播电视节目等，其中著名的通讯社就有：

（1）美国的联合通讯社（简称美联社）

是美国最大的通讯社，成立于 1892 年，由 3000 多家报纸、电台、电视台联合组成。在国内设有 6 个总分社，100 多个分社，在国外有 60 多个分社，总社设在纽约。

（2）合众国际社（简称合众社）

美国第二大通讯社，1958 年由合众社和国际新闻社合并组成，总社设在纽约。

（3）英国的路透社

英国最大的世界性通讯社，成立于 1850 年，在 180 多个国家和地区驻有一千多名专职或兼职记者，除发政治新闻外，经济和体育消息也占重要地位，总社设在伦敦。

（4）法国的法新社

法国最大的通讯社，现在为报业联营企业，总社设在巴黎。

（5）日本的共同社

（6）俄罗斯的塔斯社

报刊杂志影响较大的有：

（1）美国的《纽约时报》

美国有影响的大报之一，1851 年创刊，读者主要是美国上层社会人士，经常刊登一些报告、讲话、辩论、文件的全文，在纽约出版。

（2）美国的《时代周刊》

美国出版的通俗杂志，1923 年创办，由时代出版公司在纽约出版。

（3）美国的《华盛顿邮报》

美国有影响的大报之一，1877 年创办，该报注重报道国会的消息，在华盛顿出版。

（4）英国的《泰晤士报》

英国最有影响的报纸，1785 年创刊，历史悠久，消息灵通，在重大的国内外政策方面，基本上反映英国官方的观点，在伦敦出版。

（5）英国的《金融时报》

英国保守党报纸，1888 年创刊，注重报道与经济问题有关的国内外消息，在伦敦出版。

（6）日本的《朝日新闻》

日本影响最大的综合性报纸之一，有早报和晚报，还出版《朝日周刊》、《朝日评论》、《朝日画报》等期刊，1888 年创刊。国内除在东京、大阪、名古屋出版外，还在北海道设有分社，在国外设有 3 个总局和 19 个分局。

（7）日本的《读卖新闻》

日本最有影响的报纸之一，有日报和晚报，1874 年创刊，在东京、大阪等地设有本社，在名古屋设有《中部读卖新闻》社，还出版《读卖周刊》。国外设有欧洲总局（伦敦）、亚洲总局（新加坡）和许多分局。

（8）日本的《每日新闻》

日本最有影响的报纸之一，有早报和晚报，1872 年创刊，还出版《经济学人》、《每日周刊》等期刊，在东京、大阪、名古屋等地设有本社，在国外，设有北美总局（华盛顿）、欧洲总局（伦敦）以及许多分局。

（9）德国的《明镜》周刊

德国最大的新闻周刊，1947年创刊，总社设在汉堡。

上述这些大众传播机构是开展国际公共关系的重要媒介渠道。我国的社会组织在进行国际公关时，也要学会运用这些大众传播媒介，收集、传播有利于自己的信息。首先，要全面深入地了解社会组织的目标公众所在国家的大众传播媒介的基本情况，例如主要的报纸、刊物、广播、电视、出版者、知名记者编辑、政府管理机构、有关法律规定、广告收费标准等各方面的情况；其次，可了解哪些大众传播机构在我国派常驻记者，与我国的大众传播机构有何业务联系，近期是否有外国新闻界人士访华以及日程、路线等情况。然后将了解的情况汇编成随时可供参考的国际公关资料。有条件时，可与国际大众传播机构建立联系，并邀请其记者前来采访。

社会组织在运用国际大众传播媒介沟通信息之外，还可以运用其他媒介宣传介绍组织的情况，增加国际公众对社会组织的了解，如摄制纪录片、录像片、幻灯片以及印刷对外宣传刊物。纪录片、录像片、幻灯片等传播媒介是宣传组织形象的好形式，可在下列各种场合中使用：组织负责人到国外访问时放映；借给所在国的分公司或代理人向有关方面放映；在国外举办展览会或博览会时放映；提供给国外电视台放映等。纪录片、录像片、幻灯片的主要内容应包括介绍组织情况、宣传组织及产品的形象。切忌商业味太浓，否则会引起国际公众的反感。同时，对于有关专业性的内容，注意深入浅出地讲解，使一般公众也能理解和接受。

社会组织的对外宣传刊物可以帮助国际读者了解企业组织的情况，其内容应该具有信息性、趣味性和权威性的特点。在文字的使用上，最好使用目标公众国家的语言，或者可以中文和外文对照使用。刊物如何分发也应重视，如果能收集到各国的名录，就可以直接寄发，或者是通过驻外使节、博览会、展览会分发。

3. 借助政府及民间的对外交往

国际公共关系活动，不仅可以利用大众传播媒介和公共关系公司来进行，还可以借助政府和民间的对外交往活动来开展。

借助政府及相关管理部门的对外交往。政府及相关管理部门既具有一定的权威性，又掌握着大量信息，这对协助社会组织进行对外交流，能起很大作用。如有些社会组织接受投资的条件已成熟，却一时找不到理想的国际合作伙伴，这就需要通过相关的管理部门来介绍。又如旅游服务行业需要依靠旅游局协助搞好国际旅游公共关系活动，等等。通过地方政府及有关管理部门进行疏通，是涉外社会组织开展国际公共关系活动的重要途径。

利用民间的对外交往。从我国引进国外资金、技术、从事合资的企业组织情况来看，多数这类企业组织是通过民间有关人士的牵头而达到初步沟通。这是因为，国外的商人，尤其是我国的海外华侨商人，通过亲友和乡情关系，更适合于民间的经济贸易合作。这种联系能直接找到有共同经营项目的外商，也能使对方较快地了解具体的投资环境。从外贸机构业务来看，目前许多公司出口的产品，是通过外销人员认识的国外新老客商销售的，国际市场信息也大量地从这些客商中获得。因此，通过民间的交往途径对外沟通，也是我国涉外企业组织开展国际公共关系活动的重要途径。

上述两种交往途径若能与公共关系的各种专题活动如展览会、记者招待会、赞助、参观访问等相配合，更能显示其应有的沟通效果。

4. 国际公共关系应注意的问题

(1) 遵守国际惯例

各行各业都有自己的规范和准则。国际公共关系领域自然也不例外。遵守与公共关系工作有关的国际惯例，是开展国际公共关系活动的基本要求。

国际公共关系协会早在 1961 年就有了《国际公共关系协会行为准则》，1965 年它又在雅典通过了《国际公共关系道德准则》。

这两个文件对国际公共关系从业人员的行为规范提出了一些原则性要求。如注重信息的真实性和充分的交流，尊重和维护人类的尊严，对社会和公众利益负责，等等。这些都要求符合国际公共关系本质和规范，是所有国际公共关系工作者都应共同遵守的准则。

除此之外，国际公共关系领域还有一些不成文的国际惯例。例如，在向社会公众广泛传播信息的过程中，注意保守组织或客户的商业秘密；公共关系职业性服务机构要在公平竞争的基础上，寻求公共关系项目；它不得向自己客户的竞争对手提供服务，等等。这些经过实践证明行之有效的国际惯例，同样必须为国际公共关系工作者所遵守。

（2）信息传播应与外国公众的语言、文化和风俗习惯相符合

国际公共关系不是国内公共关系的简单延伸。因为它是跨国界、跨文化的传播活动，它所针对的是处在不同国家和地区政治、经济和社会文化背景下的公众对象，他们各有不同的语言、风俗习惯和生活方式，因而对于国际公关传递同一信息在不同的国家所作出的反应或选择也就各不相同。所以国际公共关系人员在收集信息进行传播时，务必要注意考虑不同国家公众之间在语言运用方面的差别性，尤其要注意目标公众所在国家特有的政治、文化、宗教、风俗习惯等方面的禁忌，以避免引起当地公众的反感。

（3）注意各类组织国际公共关系的方法差异

国际公共关系的组织类型是多种多样的，它们所面临的国际公众对象也各不相同，因此组织的国际公共关系活动，除了应该采用国际公共关系所运用的一般方法外，针对不同的国际公众，还应具有各不相同的具体方法。譬如，旅游服务部门的国际公共关系活动就不同于工商企业的国际公共关系活动。旅游服务部门的国际公众主要是外国旅游者，其公共关系的目的是通过提高自身的知名度和美誉度，以吸引更多的外国游客。在开展国际公关的操作方面，常常表现为通过各种传播媒介向外界详尽介绍旅游区的情况和特色，举办各种优惠酬宾旅游服务项目，搞好各种旅游设施，在吃住行等

服务上使游客感到舒适、满意、方便等。工商企业的国际公众，主要对象是外商和外销产品的消费公众，其公共关系的目的是通过提高自身的知名度和美誉度，让公众对象信任企业，并接受企业的产品和服务，因而其具体操作方法，常常表现为利用交易会、展销会、新闻发布会等形式介绍企业及其产品，为公众对象提供消费指导和优良的售后服务。公共关系人员只有懂得和掌握了这种差异性，才能使国际公共关系工作做到"对症下药"，取得理想的公关效果。

三、开展国际公共关系的基本技巧

1. 充分利用大众传媒的传播效应

国外的公共关系最早是由新闻工作者在新闻界发起的，在指导思想上始终强调大众传播媒介在公共关系工作中的运用，甚至认为没有新闻媒介就没有公共关系，不仅把大众传播技术作为公共关系工作首要的物质条件，而且把大众传播媒介看做社会组织影响公众、提高组织声誉的基本手段。同时，社会组织还可通过大众传播媒介制造具有"热点"的新闻事件，以赢得关注。

2. 艺术性地开展公共关系活动

国外一般都把创造能力看成公共关系人员的基本素质，要求公共关系人员在遵循公共关系活动规律的同时，要善于进行发散思维，创造性地思考问题，敏感地捕捉灵感，设计出富有新意，充满艺术气息的公共关系方案。科学性是公共关系工作技巧的基础，艺术性是公共关系技巧的集中体现。在这种思想支配下，国际公共关系在做到科学化的前提下，应当十分重视其艺术性要求，并表现出较强的艺术感染力。

3. 注重对公众进行感情投资

为了争取公众的认同，提高公众理解社会组织决策的自觉性，特别要重视公众、尊重公众，力求与公众融为一体，想方设法加强对公众的情感投资，比如关心、体贴公众的日常生活，在生日、节日进行问候等，从而熏陶和感化公众，使公众把社会组织当作自己的团体。

例如，一些大公司会在公众遭受不幸时主动相助，慷慨解囊，捐钱捐物，帮助公众渡过生活难关。这样，既可赢得公众的感激，又可提高公司的知名度和美誉度。

社会组织一方面要尊重公众，把公众真正放在"上帝"的位置上，力求借助"上帝之手"去影响、感化更多的公众，并及时处理公众的意见、建议；另一方面要开展多种活动，让公众知道自己对社会组织的重要性、价值性，激发公众的主人翁意识和责任感，充分调动公众的参与积极性。在西方公共关系界看来，只有相互信任，公众才能自觉地支持社会组织，并对社会组织有依赖感。

4. 讲究诚信，极力提高企业的信誉

国际公共关系高度重视诚实信用原则，从业务上讲，在绝大多数国家公共关系都归于广告管理范畴。因此，公共关系必须遵循广告的真实性要求。关于广告的真实性，发达国家均有相对严格的法律规定。美国《联邦贸易委员会法》规定：任何个人、合伙人、公司传播虚假信息，都是非法的；对于非法广告，由管理机关和法院处以经济处罚、禁止令和永久禁止令等。日本在有关法律中规定，药品和食品宣传中如果出现言过其实、浮夸或者虚假内容，将对传播主体分别处以 3 年以下劳役或者 50 万日元的罚款；滞销商品中隐瞒事实真相而诱导公众购买者，处以 6 个月以下劳役或者 3 万日元罚款。这些规定迫使国外公共关系在传播信息方面力求客观、公正、全面，虚假宣传、片面宣传相对较少。

国际公共关系讲究诚信，在其职业道德要求和实践之中均有较好的表现。国际公共关系协会职业准则要求协会会员"在自己的职业活动中尊重《联合国人权宣言》的道德原则与规定"，"在任何时候任何场合，自己的行为都应赢得有关方面的信赖"，"避免使用含糊或者可能引起误解的语言"，力戒"1. 因某种需要而违背真理；2. 传播没有确切依据的信息；3. 参与冒险行动，或者承接不道德、不忠实、有损于人类尊严与诚实的业务；4. 使用任何操纵性方法与技术来诱导对方无法控制因而也无法负责的潜意识动机"。

在国外，行业协会极具权威性，其制定的职业道德准则极富约束力，因此在诚实信用方面国外公共关系界表现良好。在诚信实践方面，国外公共关系主要表现在以下几个方面：一是尽量深入公众，亲赴现场，收集第一手的客观信息，避免信息源的失真；二是对信息原始内容进行信息加工，客观地整理和分析信息，强调不让自己的利益、爱好等个人主观因素左右对信息的判断，不主张选择性地处理信息，反对添加、篡改信息，避免加工过程中的信息失真；三是尽量全面传播信息内容，能够同时兼顾对自己有利的信息和不利的信息。

5. 尊重公众文化，实行渗透式推进战略

就市场推进而言，西方发达国家在历史上出现过三种推进模式：一是武力推进，凭借武力侵略，打开市场，推销产品，军事侵略与商品侵略并举；二是产品优势推进，即以低廉的价格，优良的质量为后盾，向公众市场推销产品；三是文化渗透推进战略，即直接面对目标公众的文化理念，借助公众文化机制，开展宣传、推销活动。实践证明，前两种模式容易招致公众的抵制，而文化渗透推进战略则恰恰相反，由于它巧妙地借助公众文化包装社会组织和产品，给公众以亲和感，因而具有三个明显的优越性：一是消除民族、历史、情感上的障碍，直接与公众进行沟通，实现跨文化传播；二是便于公众认同和接受，直接进入目标公众的社会生活之中；三是容易获得目标公众的支持，创造良好的发展环境。在国际公共关系活动中，这样的成功事例数不胜数。

当然，在实行文化渗透战略时，并不只是片面地强调"本土化"，也要讲究统一性和国际化，在统一之中弘扬整体特色，在变化之中贴近公众，这样，才能取得良好的国际公共关系效果。

6. 重视公共关系的调查与预测

国际公共关系工作强调时效性、时机性和针对性,所以特别重视对公众市场的调查与预测,讲究公共关系调查与预测的科学化、制度化、规范化和时效性。一般而言,西方公共关系人员都有比较强的市场危机感,对公众市场的任何风吹草动都十分敏感,都会竭尽全力掌握市场环境的变化趋势,调查意识浓厚,信息开发敏锐,方法方式多种多样,其中的思想观念与调查艺术颇值得学习、借鉴。

7. 注重实效,强调公共关系的市场开拓价值

公共关系涉及的面很广,政治、经济、军事、宗教组织等均存在公共关系问题。但是国外学术界的学科定位主要集中在两个方面,一是传播管理,二是经营管理。在企业公共关系方面,国外学术界把公共关系理解为营销策略的一个方面,为市场营销服务。企业的营销决策主要分析如何组合运用营销策略、销售手段,实现预期经营目标和市场目标。在分析营销组合时,美国学者伊·杰·麦卡锡提出了著名的4P模式,认为营销组合策略由产品策略、价格策略、渠道策略和促销策略四方面的内容组成。对于4P模式,美国营销权威学者菲利普·科特勒作了如下的概述:"如果公司生产出适当的产品,定出适当的价格,利用适当的分销渠道,并辅之以适当的促销活动,这个企业就会获得成功。"在4P模式中,公共关系属于促销策略中的一个方面。1984年,菲利普·科特勒在4P模式基础上,又加上两个方面的内容,即政治力量和公共关系,传统的4P营销模式发展为6P模式,公共关系升格为相对独立的营销策略之一。后来,菲利普·科特勒认为营销组合策略只有六个方面还不够全面、完整,便在6P的基础上又从操作的角度增加了4个P,即调查、细分、优先以及定位。10P模式就是营销管理。菲利普·科特勒指出,营销管理就是通过分析、计划、实施和控制,来创造、建立及保持营销者与目标买主之间的交换关系,以实现营销者的市场目标与经营目标。营销管理的主要任务就是刺激、扩大、调节市场需求。如市场上尚未出现某种需求而影响企业的发展战略

时，企业就应该通过公共关系活动等来激发公众产生需求。由于把公共关系理解为营销组合策略中的一个方面，促销向营销理念的转变使企业获得了良好的市场效应。

第四节　国际公共关系的操作程序

国际公共关系的操作程序主要包括国际公共关系的调查研究、国际公关项目的策划与实施、国际公共关系活动的评估。

一、国际公共关系的调查研究

国际公共关系活动中的调查研究是指收集、分析和研究与组织有关的各种国际性信息，为制定科学合理的公共关系活动方案和计划提供依据。它侧重于调查国际公众和国际社会的情况，帮助组织清醒地认识国际环境和种种变化，以便有成效地开展国际公共关系活动。

国际公共关系调查与一般公共关系调查的区别在于，国际公共关系活动中的调查准备工作要求更高，调查内容更复杂、难度更大。由于国际公共关系调查内容广泛，公众类型复杂，费用开支较大，再加上各国不同的政治、经济和文化背景因素的影响，国际公共关系调查工作的进行需要国际公共关系从业人员的精心准备、组织和精密安排。

国际公共关系调查研究和内容是与组织有关的国际性信息，它主要包括：第一，组织的国际社会环境，如国际上直接和间接影响组织所有活动的政治、经济、文化、自然地理、人口等各种因素。第二，组织面对的国际公众的情况，如他们的需求、利益和态度等，并在此基础上，寻找组织与他国公众双方利益的共同点。第三，组织的自身状况，如组织的涉外性质、特点和发展方向，组织的国际形象，在国际上的知名度、信誉度等。

进行国际公共关系调查，应当按一般公共关系调查研究的步骤来进行，但调查手段可以灵活多样，常用的有：文献资料分析法、面谈访问法、问卷调查法、现场调查法等。公共关系人员要学会根据调查工作的需要，有侧重或综合地运用各类调查方法，以达到最佳的调查效果。

进行国际公共关系调查研究，要有足够的人力、物力和财力的支持。国际公共关系调查既需要专业的公共关系人员，也需要国际问题的专家，还需要充足的物质条件，以确保国际公共关系调查研究工作获得圆满成功。

二、国际性项目的策划与实施

国际公共关系的调查研究为国际公共关系活动的开展提供依据，然后需要对整个活动进行周密的策划。

国际公共关系策划指对组织的国际公共关系形象和国际公共关系活动方案进行构思和设计，其实质是为了塑造组织在国际公众中的良好形象。科学的策划方案有利于合理而有计划地安排时间、资金和人力，它直接关系到国际公共关系工作的成败。

国际公共关系项目策划的内容包括：第一，明确国际公共关系活动的具体目标。任何一个国际公共关系活动，目标一定要清晰。目标含糊不清，工作就会无的放矢，并因此浪费人力、财力和物力。另外，一个成功的公共关系策划也源于一个合理、可行、有吸引力的目标设定。第二，制定传播战略。传播是将组织与国际公众连接起来的中介和纽带。组织要想有效地把信息传递给特定的目标公众，就要有战略上的考虑和安排，选择合适的传播媒介，围绕公共关系活动目标有效地开展各项传播活动。第三，进行经费预算。按照确定的目标，将完成目标各个环节所需要支付的费用一一开列出来，编制一个详细的预算表，作到量力而行，注意节约，提高经费的使用效率。第四，做好时间安排，根据战略考虑，列出公共关系活动的时间表，有条不紊，前后衔接，环环相扣地开展各项工作，以求取得最佳活动效果。

国际公共关系活动计划制定的步骤，一般要经过准备、草拟、论证和审定四个环节。前期准备工作，主要是搞好调查研究，掌握国际社会及有关国际目标公众的详细资料，并准备必要的物质条件。草拟书面报告，将酝酿中的计划见诸文字，包括背景概括、目标体系、传播渠道、费用预算、活动的时间安排、人力分配等。计划论证，主要是针对计划的可行性进行论证。计划审定，计划须经过组织领导或高层管理人员的审核和批准，以确保公共关系计划目标与组织及国际公众总体目标一致。

国际公共关系活动计划的实施是指把计划中的目标内容变成现实的过程，它需要着重抓好以下几个环节：正确地选择公众对象和传播媒介，对计划进行必要的补充和调整，采取一定的保证措施，以及时排除计划实施中的障碍。由于国际公共关系人员还要对已获取的信息进行加工，要根据国际公众的特点，努力使信息的表达符合他们的国情和习惯，以便他们理解和接受，同时，在接触国际公众时要努力协调关系，取得国际公众的配合与支持。此外，由于国际环境风云变幻或计划本身的不周全，国际公共关系计划在实施时常会有与实际脱节的情况发生，这就要求公共关系人员能立即分析产生障碍的原因，对症下药，采取措施清除障碍，以保证计划的顺利实施。

三、国际公共关系活动的评估

国际公共关系人员在公共关系活动计划付诸实施之后，必须对活动的结果进行评估检查，对照比较预定目标，综合分析活动中的问题及其形成原因，并据此写出详尽的评估报告。

国际公共关系活动评估的内容很广泛，主要有四个方面：第一，了解活动是否涉及预定的目标公众，是否成功地改变或影响这些公众的态度、观点、行为，是否对实现组织的总目标起到了推动作用。第二，收集各种能鉴定活动效果的定量指标，以便对国际公共关系活动效果进行定量分析。第三，分析各种传播媒介对活动的宣传报道情况，宣传报道是否符合公共关系人员的创意，国际公众接受程度，有无什么副作用。第四，检查调查研究是否完整无误，计划是否合适，经费支出是否在预算之内，国际公共关系人员从活动中积累了哪些成功经验，有过什么合理失误及值得吸取的教训，等等。

　　国际公共关系活动的效果评估可分为三个阶段：第一，重温国际公共关系目标。从目标管理的角度评估活动最终是否实现了原先设想的目标。有时尽管活动取得了一定的效果，但是由于偏离了预期的目标，仍不能被视为成功的国际公共关系活动。第二，收集与分析资料。效果评估是在广泛收集各方面反馈信息资料的基础上进行的，公关人员可以通过各种新闻媒介的评论和报道、公众来信、专家咨询意见及社会调查来全面收集反馈信息，从中分析活动对国际公众的影响，如他们对组织的了解程度和对组织形象的评价的变化。第三，提出书面评估报告，交给组织的决策者或公众对象，为制定下一步国际公共关系工作计划提供依据。

　　常用的国际公共关系活动评估的方法有两种：第一，民意调查法。通过对公众进行民意测验，召开座谈会等方式了解公众态度和行为的变化，并可与开展国际公共关系活动前的情况进行比较，以大致估计活动的成败。第二，公众反馈分析法。根据国际公众来电、来信、访问面谈等各种渠道及新闻报导等反馈情况，评估工作效果。

第五节　国际公共关系的新潮流

　　随着世界经济一体化趋势的加快以及信息高技术的发展，国际公共关系事业的成长十分迅速，不仅活动领域比从前更广泛，而且传播技术越来越先进，使国际公共关系有了新的发展。

一、国际公共关系的新领域

1. 国际环境公共关系

环境公共关系，又称绿色公共关系，指社会组织以保护环境的社会责任而与公众开展的传播、沟通与协调的公共关系工作。目的是避免社会组织在环境问题上的失误，由此赢得公众对组织的支持。开展环境公共关系的基本做法是：在社会组织提供的信息、产品和服务中，重视和突出环保意识；加强承担保护环境的社会责任，以积极的态度参与环保工作；支持和遵守国际上有关环境保护的公约、条约，塑造组织良好的国际环保形象；在组织和产品的宣传上广泛运用环保知识等等。

国际公共关系协会早在 1991 年 11 月的内罗毕理事会上通过《关于环境和发展传播的内罗毕准则》，该准则对从事与环境问题有关的公关工作的公共关系人员提出一系列明确要求。1993 年 1 月，国际公共关系协会又出版了工作指导文件，即第九号金皮书《可持续发展时代的环境传播》。该文件全面论述了环境公共关系在当今人类社会发展中的重要作用，对环境公共关系实务的地位给予了颇高的评价。

2. 国际金融公共关系

金融公共关系与投资者关系是国际公共关系领域里开展的另一新项目，它主要是针对投资者、金融机构、新闻媒介及其相关的金融公众开展的公共关系工作，其目的在于确保企业的金融资产价值如股票的市场价格能准确反映企业现有业绩和发展前景，它从属于企业战略性的市场营销活动。

沟通金融与投资者关系的公共关系工作内容有：企业组织股票的发行与上市；与金融分析家的沟通与联系；参与制作年度与季度的工作执行；维系和发展新闻媒介的良好关系。另外，企业组织股东的分布情况调查、更新组织的信息传播、股东大会的策划和组织、处理与政府金融部门的关系、加强内部股东的交流、了解金融政策、立法的措施，等等。总之，这些是在国外被视作极有发展潜力的投资者关系，由此可见它在公共关系行业里的重要地位。随着我国国有企业经营机制的转换和大量股份制企业的涌现，中国公共关系界急需加强投资者关系这一公共关系实务的研究，并逐步开展这方面的工作。

3. 国际危机公共关系

又称"国际危机管理"，它作为一种专业性公共关系实务，现在已经进入了国际公共关系领域，并正在成为国际公共关系的一项重要内容。由于现代传播业的发展，现在企业所发生的危机能以很快的速度在地区、全国甚至全球范围内传播开来，引起社会和各类公众的极大关注，进而在相当大的范围内对企业的声誉产生影响。如何有效地处理危机，最大限度地减少危机给人类、社会和组织带来的破坏，这就是危机管理所要解决的问题。

4. 网络公共关系

跨国公司或者一个有海外分支机构的公司如果需要在许多国家实施公共关系活动，若由其总部负责公共关系，将很难获得成功，所以了解当地的常识是十分必要的。大公司的海外分支机构可以设立公共关系部，更常见的做法是在一些主要领域聘请专业公共关系顾问公司。世界最大的公共关系顾问公司在许多国家都设有分支机构，因此各大公司可以聘请能够提供"当地"服务而受总部控制的某一公关公司；也可聘请加入国际公关网络的中小公共关系公司。这存在着对不同国际公关网络的选择，它们中的一些可能有财务联系，另一些则保持相当的独立性，但需要时，可以共同为客户提供服务。许多著名国际公共关系公司的高级管理人员是国际公共关系协会的会员，所有从事国际公共关系工作的企业公关人员和公共关系公司经理人员几乎都是国际公共关系协会会员。国际公共关系协会的成长与国际公共关系的迅速发展是一致的，高水准的操作和专业标准的建立应归功于国际公共关系协会多年来的不懈努力及其定期举办世界范围的各种大会、会议和研讨会，正是这些使70

多个国家的公共关系高级人员聚集在一起，并用他们的智慧构筑起形式多样的网络公共关系。

二、国际公共关系的新态势和新走向

1. 国际公共关系的投资重点是知识和技术领域

随着信息业的蓬勃发展，特别是多媒体技术近年来取得的突飞猛进的发展，利用国际互联网开展公共关系逐渐成为一种新潮流，网络公共关系具有信息量大、高度开放、双向互动、低成本等优势。但对公共关系从业人员的技术操作要求比以前更高了，因此国际著名公共关系公司都投注大量资金对公共关系从业人员进行公共关系教育和培训，以适应新技术的发展需要。美国的"微软公司"和"数码公司"都提出了把公共关系人员培育成"数码人"的口号，使他们能够运用高技术与现代传输手段进行公共关系活动，提高竞争力。

2. 国际公共关系传播的双向性日益显著

随着光纤通讯、多媒体技术的发展，特别是信息高速公路的建设，主动选择所需要的信息，甚至可以"足不出户"即可完成许多工作，这种趋势在公共关系行业也正得到体现。如今的美国公共关系公司提倡员工不上班，工作一体化。在办公室可以完成的事情通过手提电脑，可以在喝咖啡时乃至在家里完成。在信息时代，货币走过了金本位制、纸币，达到了如今的电子货币（信用卡）。工作不再是体力付出，而是知识输出。创新也不再是阶段性的，而是持续化的。比如美国不仅在短期内更新了电脑386、486、586，也正在更新686、786、886，电脑技术使市场由集群转变为个体。这种转变要求公共关系广告不能再是单向输出、单向选择，而要求使公众自己"卷入"，以便更好地为广大公众所接受。

3. 信息共享网络使传统的公关活动收费程序改变

信息技术的发展，已经消除了传真的时间差，按时间收费的公共关系惯例必然改变。如第48届美国公共关系协会年会即改变了

传统的做法，大会除了主会场，还设了分会场，每个分会场人数约100人，大会仅用一种语言，即英语。数十个分会在同一时间不同分场地进行。分会按评估技术、公共关系功能管理、大场景、技术学院、特殊兴趣等共五条主线同步进行。当然，如果想同时听取所有报告，必须花费许多倍的钱，但所获取的信息量也同倍增长。

4. 公共关系市场出现"准个人化"趋势

在传统经济模式中，一般实行规模经营成本低，利润相对提高。随着信息技术的发展，信息时代的市场已经由集群变为个体，信息准确到达个人，而不再是仅仅传达到集群。信息市场"准个人化"是公共关系今后发展的重要趋势。

5. 公关、广告、营销逐渐趋向一体化

从第48届美国公共关系协会年会可以看出这一趋势，该次年会不仅设立主会场、分会场，还有特别的"颁奖午餐"会、专题报告会、早餐会、午餐会、晚餐会，多为10人一组，并设一组织者，与会者交35美元，旨在双向交流，信息交换。大会还专为赞助单位提供了报告的机会，称为当场报告会，如微软公司、美国电话电报公司的专场报告会。其中微软公司的专场报告会尤其引人注目，这个报告由该公司Windows95营销总监做生动说明，他在报告过程中回答了与会代表提出的一个问题——"公共关系在Windows95营销中的作用"。他说事实上现在已经分不清哪些是公共关系的利润、哪些是广告的利润，那些是营销的利润。现在的情况是"公关、广告、营销"已经融为一体，无法分离。

企业定位技术不断发展，企业公共关系不在着眼于CI，而是重点分析企业的个性，企业的市场、行业和竞争关系，分析企业的立场。通过信息高技术，可以把这种企业理性化分析规范化、程序化、模式化。因而在公共关系实际操作中，可以建立一整套的定位技术，使得企业需要什么公共关系形象而形成公共关系效果的计划，随手调用有关数据文字，扬长避短，左右逢源，万无一失，至于余下的企业形象的平面设计则交给各类服务性公司，而不必劳力于公共关系公司。

6. 公共关系公司日益重视彼此利益的协调

当前，各公共关系公司的联系与交往日益密切，相互之间的竞争也日趋激烈，为避免彼此利益受损，公共关系公司开始寻求利益代表组织。比如美国已经有 5000 多个不同利益代表协会。一个明显的例子是，在美国，护肤品广告法规不准宣传护肤"效果"，这在很大程度上妨碍了护肤品商家的利益。因此，护肤品商家委托公共关系公司活动，希望修改有关法律，公共关系公司邀请了护肤品方面的专家，召开"学者研讨会"，与会者发表言论认为护肤品的护肤"效果"是可以精确测定的，因而不该限制有关广告。通过"学者研讨会"的活动，就避免了代表政府和公众利益的公共关系公司与代表护肤品商家利益的公共关系公司两者的冲突与损失。

7. 国家领导人日益成为跨国集团开展国际公共关系的主角

随着国际市场竞争日趋激烈，跨国集团为了在竞争中站稳脚跟，进而扩大市场份额，所使用的公共关系手段五花八门。其中一种相当有效的手段是利用国家元首或政府首脑出访的机会开展政治营销。

三、中国逐渐成为国际著名公共关系公司注目的焦点

改革开放以来，中国经济蓬勃发展，特别是 20 世纪 90 年代以来，一直保持着较快的经济增长速度。对外贸易连续上了几个新台阶，日趋扩大的中国市场现在已位居世界十大新兴市场之首。随着世界经济一体化步伐的加快，中国经济也会进一步国际化，对外联系与对外交往将比以前更为频繁，这一切为国际公共关系在中国的发展提供了良好的现实基础与发展前景。

从在华外资公共关系现在的客户来看，95% 以上为外资国际客户，但这并不意味着它忽视中国客户。就对华市场的开拓而言，它们的基本战略是三段式：首先做在中国市场上的外资客户业务；其次，做走向国际市场的中资客户的国际公共关系业务；再次，做中

资客户在中国市场的公共关系业务。

国际著名公共关系公司在中国市场的发展推动了中国公共关系事业的进一步国际化,对宣传我国的改革开放政策、塑造我国组织的国际形象发挥了积极作用,但是更为重要的是我国的公共关系事业应该走出国界、放眼世界,参与国际公共关系市场的竞争,开展国际公共关系业务,是我国公共关系界与国际公共关系接轨的重要一步。

1. 国际公共关系的发展机遇

(1) 公关服务社会化

公共关系是市场经济的产物,市场越是开放,竞争越是激烈,买方市场越成熟,就越需要公共关系。北京申奥成功,上海申办2010 年世博会的成功、2003 年防控"非典"的积极应对,以及第五、第六界中国最佳公共关系案例大赛参赛案例所涉及的 IT、电信、汽车、制药、金融、房地产、交通运输、航空运输、化妆品、家电、食品、能源、化工、网络、酒店、轻工、文化等 20 个行业以及众多非营利机构和政府部门,范围之广,融合之深,充分显示了公共关系服务社会化的趋势和功能。

(2) 公关市场国际化

2001 年 11 月 10 日,多哈会议一锤定音,中国正式加入世界贸易组织,标志着我国经济已经完全融入经济全球化的主潮流。经济全球化是指商品和各种生产要素在全球范围内的大规模流动和配置。跨越国家边界的经济活动日益增加,从而使各国经济在各个层面上相互渗透、融合和依存。经济全球化的主要表现形式是:市场全球化、生产全球化、金融交易全球化、科技全球化。在经济全球化的背景下,任何一个国家的经济都不能不受到全球经济发展的明显影响。加入世界贸易组织对公关市场国际化的影响表现在:

A. 中国公关市场的容量加大

随着我国政府职能的转变和出台一系列改革新措施,调整和完善一系列政策法规,国外众多公司登陆中国市场,对国内企业带来巨大的压力和挑战。同时,中国本土企业也在走出国门,迅速扩展国际市场，一批高科技企业从其成长开始就瞄准了国际市场。在这种国际化的浪潮下，中外企业对公共关系的需求迅速增加。

根据中国国际公共关系协会发布的行业调查报告显示，中国内地公关市场持续保持快速增长，行业年营业额 2001 年达到 20 亿元，与 2000 年相比增长了 33%，其中，国际公司年营业收入平均增长率为 22%，本土公司平均增长率为 40%；2002 年年营业额增长到 25 亿元，比上年相比增长 25%；2003 年虽然遭遇非典影响，但行业营业额增长到 33 亿元，比 2002 年增加 8 亿元，增长率仍保持 30%，这充分反映了中国公关业蓬勃发展的势头。

B. 中国公关市场的重大调整

第一，市场竞争从特定行业的特定方面转向全面的、充分的市场竞争。

根据调查显示，2000 年，公关公司客户的前三位分别是：IT、一般消费品、医疗保健；90% 以上的公关公司涉及 IT 客户服务，有些成为主要服务领域。经过短短一年半时间，IT、一般消费品、医疗保健依旧有较大的市场业务量；而汽车、时尚产品推广、财经传播、政府关系、危机管理成为新的市场亮点。到 2003 年底，IT、通讯、耐用消费品和消费品服务市场进一步巩固，而且医疗保健、房地产、金融、文化体育、公用事业成为市场亮点，政府和非营利机构的专业服务需求日益提高。中国公关市场全面的充分的合作竞争时代已经到来。

第二，市场范围从沿海城市延伸到内陆城市，服务领域得到拓展。

就过去 20 年中国公关市场的发展来看，相对成熟的地区主要集中在北京、上海和广州等沿海省份。但随着"西部大开发"战略的实施和中国加入世界贸易组织，中国公关市场发展的新区域将延伸到更多的内陆省市。同时，新的消费热点，如房地产、教育、旅游、文化、体育等，将具有很大的公关市场潜力。

第三，公关市场主体进一步多元化。

　　中国加入世界贸易组织之后，更多的国际公关公司进入中国市场，一些世界著名的公关公司尝试以独资的形式进入中国，而其他公司通过与中资公司合作的形式进入。2002 年，奥美并购西岸成为中国公关业一大热点。2003 年 7 月，全球最大的科技公关公司之一科闻 100 国际公关公司在京宣告成立其全资子公司——科闻 100 中国有限公司，并在上海设立办事处，而国内公关公司也在重新整合应对变化的新时代。2003 年，嘉利成功并购博能开创本地公司收购之先河，蓝色光标分出蓝色印象和蓝色动力，福莱灵克和帕格索斯结为战略联盟，国际公司和本土公司以及本地公司之间的合作力度加大，专业服务市场出现融合与发展的新局面。

　　第四，市场服务手段进一步多样化，公关的核心价值和作用得以体现。

　　从目前中国公关市场情况来看，处于下游的代理业务竞争激烈，而上游的咨询业务，尤其是涉及战略咨询的业务还有待开展。这说明，如何向客户提供有效的、适宜的、到位的服务，将成为中国公关市场调整的机会。有实力、有能力的公关公司已经努力丰富自己的服务手段，将公关业务延伸到整合市场传播、品牌管理、战略咨询等领域；同时，复杂危机的有效管理、议题管理等公关服务浮出水面。这些努力将从客观上体现公关的核心价值和作用。

　　第五，市场从业人员的需求发生变化，复合型人才成为市场宠儿。

　　中国第一代公关人员专业背景多为外语和新闻，这是因为其服务的对象多为外资企业，而服务的内容偏重于媒介关系。随着公关服务手段的进一步多元化，现在和今后公关人员的背景变得越来越多样化，学习国际政治、国际经济、国际金融、企业管理以及法律、计算机、医药等专业技术人员会越来越多地涉足于公关领域，而具备多重技能的复合型人才将会成为公关人才市场的宠儿。

　　C. 公共关系在应对国际贸易争端，化解反倾销压力上充满机遇和挑战

2004 年 4 月 8 日，"国际贸易纷争与公共关系高层论坛"在京举行，来自国内各主要进出口商会、制造业行业协会的领导和专家聚首论坛，共同探讨用公关手段化解反倾销危机。

中国国际公关协会会长，前驻美大使李道豫在论坛上指出："随着经济合作规模的不断扩大，贸易保护主义在一些国家有明显增长的趋势，频繁的贸易摩擦不断发生，种种情况表明，中国已进入国际贸易摩擦高峰期。这给中国企业的国际化发展造成了不同程度的负面影响，损害了贸易双方和两国人民的利益，也影响到周边地区乃至世界经济的繁荣和发展。为此，正确地认识所出现的分歧和摩擦，坚持发展、平等和互利的基本原则，通过有效的渠道采取积极方法妥善处理所遇到的问题，化解中国企业面对的反倾销压力，是当前急需解决的问题。"

论坛特邀请国际反倾销专家和公共关系专家讲解美欧国家在反倾销方面的决策程序、法律环境及用公共关系手段解决危机的成功案例，为中国企业提供广泛的国际对话平台和解决争端的渠道，以提高中国企业应对反倾销危机的能力。

（3）公关手段现代化。

A. 网络化——公关手段现代化的标志

人类社会已经进入知识经济时代，知识经济是建立在知识和信息的生产、存储、使用、消费之上的时代，是以知识和信息的传播、增值、应用等作为商品的。信息技术和网络的应用不仅直接推动了全球经济一体化，而且为公关运作提供了新的传播方式和手段。

互联网是继报纸、电视后的新兴媒体，其信息传播具有鲜明的特点，在公共关系媒体中有独特的优势。有专家预测，随着网络传播的发展，"公共关系"将变成具有互动功能的"个性化"关系，与成千上万有名有姓的个人来谈心，将成为企业与公众新的对话方式。

B. 网络公关的机遇和挑战

　　历史的车轮已经将中国载入网络时代，并且正以很快的速度发展着。计算机与手机的轻松联网将现代化传播和沟通手段变得更加简单。随着中国企业国际化与经济全球化进程的加快，企业网络化是一个必然趋势。不上网的企业，将面临倒闭的危险！公关工作本质上是一个信息流动的过程，互联网为其提供了绝佳的信息通道。如果不充分利用网络开展公关，公关则失去优势。当然，如何在网上开展有效公关工作还是一个难题。中国公关网和相关职业网站的建立和运用已经做了有益的探索，但是公关网络化是必然趋势，公关要在运用现代化传播手段方面走在前头，要领先一步。要整合所有传播媒体的优势，发挥现代网络传播功能，推动公共关系的发展。

　　2. 欧美国际公关公司在中国成功开展公关实践的十大要诀

　　（1）在进入中国市场前多了解当地的文化和现状；

　　（2）应该选择合适的公关工作人员；

　　（3）运作公关计划应着眼长远，不要急于求成；

　　（4）建立当地的运营机制，不要试图在欧美运营这些分支机构和它们的项目；

　　（5）总部至少有一名高级管理人员参与中国市场的管理；

　　（6）努力理解当地企业与政府的关系，充分了解欧美外交政策与当地国家的关系；

　　（7）开展公关实践，坚持本地化运作，并考虑规模和成本；

　　（8）展开公关实践要慢慢来，欲速则不达；

　　（9）切勿自以为是，将自己的看法强加于对方，要学会尊重当地人的观念；

　　（10）不要假设任何事情，要注重调查研究。

第三部分

三个基本要素

公共关系主体
公共关系客体
公共关系媒体

一般而言，公共关系由三大基本要素构成：公共关系主体、公共关系客体和公共关系媒体。主体有广义与狭义之分，广义的公共关系主体是社会组织，狭义的公共关系主体是公共关系机构和公共关系人员。社会组织、公关机构和公关人员作为公共关系的主体，是公共关系的实施者、操作者和承担者；公共关系公众作为公共关系的客体，是公共关系主体实施公共关系活动的对象和承受者；媒体作为公共关系的实施手段，是在公共关系主体与客体之间进行双向的信息沟通和技术支持的重要中介。三大要素缺一不可，公关机构和公关人员在公共关系中起着主导作用，它（他）们利用各种传播媒体，影响着公共关系公众的态度和行为。

第四章 公共关系主体

公共关系主体一般指社会组织及代表社会组织行使各种公共关系职能的机构和人员。具体地说，它有三个层次，即：社会组织、代表社会组织行使公共关系职能的公共关系机构、代表社会组织具体执行公共关系职能的公共关系人员。在社会组织的公共关系运作过程中，这三个层次是统一的，它们在公共关系中起主导全盘的作用。在协调公众关系、改善公众环境中，在树立自身形象、提高社会信誉中，在内外沟通联络、谋求合作发展中，公共关系主体都是总体的控制者和总体的组织者，处于公共关系的主动地位。当然，社会组织的性质不同，其公共关系的内容、特点和活动方式也不同。

第一节 公关主体之———公关组织

一、社会组织的含义

关于社会组织的概念，人们已经从不同的角度作过界定。法国社会学家孔德认为，社会组织是个人的"共同的社会契合"；英国社会哲学家穆勒认为，社会组织是"社会中经济、政治或其他部分的相互关系"；美国社会学家埃齐奥尼则认为，社会组织是人们有意识地建立起来的追求实现特定目标的社会单位。关于社会组织的这些定义，都有其合理性。

社会组织的概念有广义和狭义之分，广义的社会组织，泛指一切人类共同活动的群体，包括家庭、家族、村社等初级群体，经济组织、政治组织、文化组织、群众组织、宗教组织都属于社会组织；狭义的社会组织，指的是次级社会群体的主要形式，是人们为了有效地达到特定目标而建立起来的一种共同活动群体，它是人们有计划、有组织地建立起来的一种社会机构，它有领导、有目标，成员之间又有明确的分工和职责范围，还有一套严格的工作制度。

二、社会组织的特征

1. 社会组织具有物质性和精神性

任何社会组织的存在都必须以一定的物质基础和精神基础为支撑，物质基础如财力、物力、人力、技术装备等，是实现组织生存与发展的必备条件；精神基础如人员的知识、能力、素质、精神品质、凝聚力等，是组织竞争与协调的文化基础。

2. 社会组织具有系统性和整体性

系统论的观点告诉我们，任何事物都具有系统性，社会组织的系统性和整体性表现得更加明显。从内部结构来讲，组织成员按一定的人事关系形成一定的部门构成一个系统，而且各种分工负责的部门又组成更高一层次的系统。从外部环境来讲，社会也是一个多层次的复杂的大系统，其中包含许多次级系统，次级系统中还有其他的子系统。对于开展公共关系的社会组织来讲，它是处于大系统中某一层次上的小系统，必须注意协调和处理好与邻系统的关系。

3. 社会组织具有协调性和合作性

社会组织不是一般的群体，组织有明确的目的，但目的有层次之分，有主次之分，其活动必须具有协调性和合作性。只有在服从总目标的前提下，组织活动才能成功。为实现组织的目标明确、协调一致和有机配合，内部的协调工作也是必不可少的。公共关系工作是组织管理的重要内容，它要服从并服务于总目标，又要在实现总目标的过程中发挥积极的协调合作作用。

4. 社会组织具有目的性和共同性

任何组织的建立都有明确的社会目的，都有着本身的目的追求，社会组织存在的目的往往就是试图通过自身的努力达到所期望的目标。社会组织存在的目的是确立其宗旨、原则和运行规范的依据，是协调组织人力资源、发挥组织群体效应、实现组织目标的前提和基础，也是区分不同社会组织的类别、性质和职能的基本标志。社会组织存在的目的对组织的生存与发展具有导向作用，对组织成员具有统一认识、规范行为的作用。任何组织都具有一定程度的共同性，如宗旨、信仰等，成为凝聚组织成员的重要力量。

5. 社会组织具有开放性和变动性

任何社会组织系统都存在于一定的社会环境中，它在与环境发生各种联系的过程中，必然存在着物质的、能量的和信息的交换与流通。因此，社会组织是一个开放性的系统，它一方面要有适应性，根据环境输入的物质、能量、信息而调整自己的结构或功能，各方面组织又要发挥自身的能动性，以自己的功能影响或改变与组织发生联系的环境。另一方面，社会组织生存于社会环境中，社会发展及其相应的社会环境的变化对社会组织的生存与发展必然产生一定的影响。组织的新生与消亡，在某种程度上也往往要取决于社会环境的变化，因此可以从两个方面理解和把握社会组织的变动性，一是社会环境是不断变化的，要适应这一变化，社会组织就应适时地进行目标、功能、机构及人员的调整；二是社会组织本身也会要不断发展变化，在不同的发展时期，组织的形象目标也会有所不同。

6. 社会组织具有约束性和专业性

任何一个社会组织都具有一定的约束机制，其中人们既有相互合作的愿望，又受到各种正式关系的约束，以规范组织成员的行为，为组织发展、壮大提供强大的机制动力。也就是说，社会组织在结构上具有约束性部门化的特征。在职能上，社会组织必须以特定的社会职能实现其生存与发展的手段和方式，这就往往要求社会组织表现出专业化的特征。当然，专业化并非只是单一经营方式，而是有针对性的"专业"，是在某些方面显现的专业性。

7. 社会组织具有适应性和多样性

组织的适应性是指组织成员之间、部门之间、成员与部门之间、部门与整体之间必须相互适应，组织与外部环境也必须相互适应，组织才能生存和发展。组织的多样性是指组织与组织之间具有性质、特点、类别、职能、目的、规模、构成方式等多种因素的差别。

三、社会组织的环境

社会组织是在整个社会大系统中运行的小系统，存在于复杂的社会宏观和微观环境之中，而组织本身又是各种要素按系统的方式构建而成的有机体，其存在和发展必然要受到环境的制约和影响。一方面，社会组织的运作方式要同一定的社会环境相适应，组织成员要通过对环境的监测和把握来选择、确定合适的运作方式和管理方法；另一方面，组织成员也必须想方设法创造有利的环境实现组织的目标。社会组织的环境大致分为两个方面：一是组织内部环境，二是组织外部环境，两者构成了社会组织的环境系统。社会环境具有不确定性、可变化性、复杂性等基本特性，正是这些特性的存在使社会组织更加丰富多彩。

1. 社会组织的内部环境

社会组织内部在运行过程中要发生关系的因素很多，概括起来不外乎人的因素和物的因素两个方面。物的因素包括土地、资金、设备和能源等；人的因素包括人力、人情、民意等。公共关系主要解决的是人的关系问题。在现代社会，一个组织要想生存发展，必须具有较强的竞争力，而健全的运行机制、高效的工作业绩以及全体成员的精诚合作乃是一个组织立于不败之地的根本保障。因此，协调组织内部各个部门、各个科室之间的关系，协调各个不同岗位成员之间的关系，使组织内部所有成员都为组织目标的实现出谋划策，是组织内部环境建设的重要任务。

2. 社会组织的外部环境

任何组织都不是孤立的，社会组织的运行也必然是在一定的现实环境中进行的。社会组织的外部环境，一般包括生态环境、社会政治环境、经济环境、文化环境、法律环境和国际环境等。外部环境对社会组织的生存和发展，以及社会组织的目标完成影响很大，因此社会组织必须适应外部环境及其变化，同时，社会组织对外部环境也有能动作用。

生态环境主要是指地域、资源、季节、气候等自然环境。社会政治环境主要指对社会组织的活动有制约作用的社会政治制度、政治结构及政治关系等因素；政治制度和政治结构主要为社会组织提供一个外部的政治环境，它主要通过组织体系的合理化和有效的权利分配状态与机制对社会组织产生影响；政治关系则表明一定社会中的各种社会角色在政治体系运行中所形成的关系，这种关系往往影响着社会组织公共关系目标的选择和实现的程度。经济环境主要指国家的经济发展水平、宏观管理体制和经济发展的趋势等对社会组织产生影响的经济文化因素。文化环境包括影响着社会组织成员的思想、观念和认识方法，同时也决定着对社会组织所开展的公共关系工作的评价。法律环境主要是指国家和政府颁布的法律、法令、法规，以及各种相关的条例和规章等对社会组织产生影响的法律因素。国际环境主要是指国际政治经济形势、国际关系、世界格局、国际组织、国际市场、国际惯例、国际科技文化交流等对社会组织产生影响的国际因素。外部环境具有不确定性、可变化性和复杂性等基本特性。这些因素无论对社会组织的形态特征，还是制度特征、行为特征都有强硬的制约作用。当然对不同性质、不同规模的社会组织而言，环境因素的影响力和制约作用也会有所不同。正因为如此，组织决策者对不同环境因素的重视程度也会有一定的差异。

组织既是环境的产物，受环境的影响和制约，同时又反作用于环境，可以利用和改造甚至超越环境。但是这种利用、改造和超越都必须建立在正确把握环境信息的基础之上，而收集、分析、整理信息的工作主要由公共关系机构及其工作人员来完成。

公共关系工作的科学性和有效性在很大程度上取决于公共关系的管理和策划。公共关系管理过程涉及的相关因素大致有三个系列，即环境因素系列、主体因素系列和传播技术因素系列。这三种因素客观上影响着公共关系工作的效果。所谓环境因素就是对公关主体的决策和行为构成直接或间接影响的外界因素，其中包括时间和空间因素。若公关活动中忽视环境因素即时间与空间对主体因素的影响，使本来很有意义的公关活动变成了一个悲剧。经新闻媒介报道后，其不利影响不堪设想。由此可见，在公共关系活动的管理过程中，环境因素系列、主体因素系列，以及传播技术因素系列是不可忽视的重要因素。

四、社会组织的分类

了解社会组织分类有助于深刻理解社会组织的性质，对于认识不同类型的社会组织所要承担的公共关系任务也有极大帮助，从而可以更好地理解行业公共关系管理的特殊性。

1. 从功能角度划分

（1）政治组织

是一定社会阶级为维护自身利益和实现其意志而组织起来的一种社会集团或社会集团系统。其突出特点是具有各种政治职能，包括政治党派组织、政权组织、司法机关和武装部队等，如政党、政府、公安、监察等政治、行政机关。

（2）经济组织

是人类社会最基本、最普遍的社会组织，担负着向人们提供各种物质生产资料、生活资料和生活保障性服务的任务，履行社会的经济功能。具体包括生产组织、商业组织、金融保险机构、交通运输组织及宾馆、饭店、旅游等其他服务性组织，如生产领域的工厂、农场，流通领域的各种商业组织等。

（3）事业性组织

是非物质生产性而主要从事文化的创造与传承的社会组织，其特点是以文化为其活动的基本内容，以满足人们的各类文化需求为目的，履行的功能主要是文化和教育，包括教育、科学研究、文化艺术、体育、宗教等各类型的社会团体，如文化艺术团体、各级各类学校团体和科研团体。

（4）群众组织

指群众为某一共同目标而自愿组成的社会团体，如工会、个体劳动者协会、妇女联合会等，也有些群众组织是开展专门活动的组织，如有些民间组织的协会或学会等。

2. 从组织的结构模式划分

（1）简单结构

简单组织的部门化程度很低，控制跨度宽，权力集中在一个或少数几个人手中，正规化程度较低。其优势在于简便灵活、反应敏捷、费用低廉、责任明确；不足是权力过分集中，不利于组织民主的发挥和组织的发展，一切都寄托在一个人或少数人身上，风险性极大。白手起家的小企业和家族企业往往采用这种简单结构。

（2）官僚结构

官僚结构的最大特点是依靠标准化的工作程序来进行协调和控制，具体表现在：职务专门化，制定正规的制度和规则；以职能部门划分工作任务；实行集权式决策，控制跨度狭窄；通过命令链来维持组织的日常运营。它盛行于20世纪50年代到60年代，到了90年代，人们普遍认为这种组织形式已经过时，主要是认为它对于变革的反应速度太慢，压抑了员工的积极性和创造性。

（3）矩阵结构

矩阵结构是近年来流行的组织形式，它突破了控制统一性的框架，成员往往有双重或多重任务，因而也接受多重领导，这便于人们横向沟通，协调行动，也使信息的传递比较迅速，减少了官僚主义现象，有利于管理的民主化和调动员工的自主积极性。其不足是可能造成管理混乱，内部增加了权力矛盾和冲突机会。对于员工来说，安全感减少，压力增加。

（4）团队结构

团队结构的特点是打破部门界限，把决策权下放到工作团队员工手中，这种结构形式要求员工既是全才又是专才。优点是有利于决策和管理的民主化进程和员工积极性的发挥，缺点是容易造成"艄公多了打烂船"的现象。

3. 根据社会属性分类

（1）营利性组织

营利性组织即经济组织，是以追求利润最大化为目标的，组织的利益依靠在与其他组织的竞争中提高效率而获得，包括生产企业、商业企业、交通运输企业和旅游服务性企业。其在公共关系中的主要特征是以经济效益为中心开展工作、密切配合市场营销组织公共关系活动、以顾客或服务对象为主要公众进行双向信息沟通、组织形象塑造在公共关系活动中占有越来越重要的地位。由于市场经济的发展，企业的竞争日趋激烈，营利性组织公共关系状态的好坏与企业生存和发展的关系越来越密切，因此，这些组织大都重视公共关系工作，使得公共关系工作在这些行业里取得很大的发展。

（2）服务性组织

服务性组织是以服务对象的利益为目标，是为服务对象谋求利益的，是以提供劳务来满足顾客需要的经济实体，主要有学校、医院、慈善机构、社会公用事业机构等。这类组织开展公共关系的根本目的在于推销服务，服务就是这些组织的产品。只有良好的服务才能给服务对象带来利益，也才能为组织的生存创造优良的条件。可以说，服务质量决定了一个组织的形象，也决定了社会公众对它的认同程度。

（3）互利性组织

互利性组织是以其内部成员的互利互惠为目标的组织，如党派、俱乐部、工会等组织。重视内部凝聚力、重视归属感是这类组织的突出特点。

（4）公益性组织

公益性组织以国家和社会利益为目标，是为国家和社会公众谋求利益的，如政府、军队、治安机关等。其开展公共关系活动是一系列有利于公众利益的新举措新方法和良好的服务承诺，如政府部门的公共关系活动，往往以"全心全意为人民服务"、"做人民公仆"作为服务承诺的标准来接受社会大众的监督，它也通过一系列利国利民的事情来真正使社会大众获得物质和情感的满足。

4. 根据组织的目标划分

（1）公共组织

公共组织是以实现公共利益为目标的组织，它一般拥有公共权力或者经过公共权力的授权，负有公共责任，以提供公共服务为基本职能的组织，如政府、军队、消防队等。

（2）非公共组织

非公共组织，指以独立法人地位存在的有明确利益要求的组织，当然，这类组织也需要维护公共利益。在市场经济条件下，工商企业、学校、银行等是非公共组织。

5. 根据社会组织的性质分类

（1）正式组织

正式组织一般都承担具体的社会职责，有特定的管理目标，具有明确的范围和制度，因此，它带有明确的管理者的意图和价值取向。一般具有专业分工性、明确的层次性、具体的法人地位、强制的规范性、相对的稳定性、职位的可替代性、物质交换性等具体特征。

（2）非正式组织

非正式组织指组织成员在共同的工作和劳动过程中，为了满足特定的心理或情感需要，自发和自然形成的团体，一般具有以下特征：其一，组织形成是基于特定的需要；其二，没有明确的组织目标；其三，组织成员是自发形成的；其四，没有明确的规章制度；其五，对正式组织具有两面性。

五、社会组织的形象

形象指具体形状或姿态，组织形象是指具体社会组织在运行过程中显示的行为特征和精神风貌。不同组织在具体形象上存在较大的差异，这些差异是通过组织的内在精神品质、外观面貌和行为风格三个指标反映出来的。一个组织形象的好坏，取决于它所具有的认知度、美誉度和和谐度的高低。

1. 组织形象的特征

（1）客观性

公众心目中的组织形象不是自然而然形成的，而是公众在对组织各方面有了具体的感知和认识之后才逐渐形成的印象，是组织各方面活动和所有外在表现等一系列客观状况在公众心目中的反映。因此，组织形象具有鲜明的客观性。

（2）主观性

组织形象作为公众对组织的一种综合性认识必然会受到公众的世界观、人生观、价值观、性格差异等主观因素的影响。因此，任何一个组织的形象在不同的公众心目中会有不同程度的差异。为了塑造良好的组织形象，社会组织应该重视自己的每一项活动，力求把每一件小事做好，"群众事情无小事"，以便使自己在公众心目中留下良好的印象。

（3）可塑性

组织形象的可塑性有两层含义：一是组织的形象是可以塑造的，通过改进工作完善组织的内在形象，宣传引导影响公众的认知，组织完全可以在公众中树立良好的形象。二是组织的形象是可以变化的，不好的形象可以经过努力加以改变，成为良好的形象；而现有的好形象也可因为组织的麻痹大意而恶化形象。组织形象的可塑性，使公共关系工作有必要也有可能塑造组织的形象。

（4）相对稳定性

组织形象是组织综合行为的结果，一旦形成，便会在一定的时空条件下在目标公众的心中形成心理定势，不会轻易地随着组织的某些变化而马上改变，因此具有相对的稳定性。

2. 组织形象的构成

市场经济的基本特征之一是竞争，竞争的较高层次就是组织形象的竞争，谁拥有了良好的组织形象，谁就能赢得公众的支持，谁就拥有了市场，并获得了源源不断的利润和效益，且能使产品、服务和组织在激烈的市场竞争中立于不败之地。塑造组织形象具有重要的意义，组织形象是组织无形资产的重要组成部分，组织形象是社会组织生存发展的精神资源，组织形象是社会组织外在扩张的市场铺垫。

（1）组织的总体特征与风格

组织的总体特征是指组织的最为显著的能代表整体情况的一些特点，是公众对组织及其行为的概括性认识，这种认识的形成需要一个对组织由表及里、由不完全到比较完全的认识过程。这种认识一旦形成，便具有较大的稳定性。组织的总体特征可以从其内在总体特征和外在总体特征两方面来看。

组织的内在总体特征包括组织的价值观、经营哲学、组织精神和风格、组织的实力、内部人际关系的吸引力、内聚力、办事效率、领导形象等。例如，日本丰田汽车公司的"优良的产品，优良的思想，世界的丰田"经营理念就体现了该组织的总体特征和风格。

组织的外在总体特征包括组织建筑的布局、组织规模、组织结构、技术设备、环境的净化和美化、员工的仪表、工厂的厂旗、厂徽、厂歌、特有的产品包装等。外在特征容易使公众造成第一印象，外在特征是内在特征的表现；内在特征是外在特征的依据。组织总体特征是其内在特征和外在特征的辩证统一。

（2）组织的内在精神品质、外观面貌、行为风格组织的内在精神品质包括组织的精神风格、组织的经营理念、组织的服务理念、组织的用人理念、员工的道德规范和职业行为准则五个主要部分组成。

组织的外观面貌由组织名称、组织的规模与实力、产品形象、组织环境、服务质量、组织形象标志系统六个主要部分组成。

组织的行为风格由管理模式、服务风格、人才机制、经营作风、科研开发机制、文化仪式六个主要部分组成。

（3）认知度、美誉度与和谐度

组织的形象不仅通过产品形象、职工形象、环境形象等表现出来，还可以用认知度、美誉度与和谐度三方面来评价。所谓"认知"即认识知晓之意。"认知度"是一个组织被社会公众所认识、知晓的程度，它包含被认识的深度、被知晓的广度两个方面。美誉度是指一个社会组织获得公众赞美、称誉的程度，是组织形象受公众给予美丑、好坏评价的舆论倾向性指标。

美誉度与认知度不同的是：认知度是中性的，不存在道德价值的判断；而美誉度则是有褒贬倾向性的统计指标，是对组织道德价值的判断。

和谐度是指社会组织在发展运行过程中，获得目标公众态度认可、情感亲和、言语宣传、行为合作的程度；是组织从目标出发、开展公共关系工作获得回报的指标。这种和谐代表着一种既定的社会地位或经济地位。因此，对一个企业或组织来说，最好在获得和谐度的基础上去争取认知度和更高的美誉度，这不但收效快，而且作用最为明显。

（4）组织形象定位

组织形象定位是组织在公众心目中确定自身形象的特定位置。这种位置往往是与同类组织相比较而定的。因此，组织形象定位不仅要考虑组织自身特点和目标公众情况，还要考虑同类组织情况。

六、组织目标与公关目标

组织目标指的是社会组织的总体目标，组织就是为了实现某种目标而结合起来的社会群体，任何社会组织都具有与整个社会环境和其自身生存发展相适应的特定目标。公关目标指社会组织为了实现组织目标而通过开展公共关系活动所要达到的目的，如树立组织形象、提高组织声誉、协调组织与内外公众的关系、谋求公众的好评与支持等。组织目标与公共关系目标既有联系又有区别，它们的联系表现为：组织目标中包含着公共关系目标，公共关系目标是组织目标的组成部分。它们的区别表现为：组织目标决定公共关系目标，公共关系目标必须服务于组织目标。

第二节 公关主体之二 ——公关机构

一、公共关系部

公共关系部是指设立在企业、政府等社会组织内部的以具体社会组织的公关业务为工作职责的专门职能部门，也叫公共事务部、公共信息部、公关广告部或公关办公室。公共关系部是社会组织的公共关系组织者、策动者和协调者，是组织中的公共关系中枢，也是联系社会组织与公众关系的桥梁和纽带。以美国为例，目前约有85％的企业自己设立公共关系部或外聘公共关系顾问，每年用于公共关系部门的经费开支高达几十亿美元；改革开放以来我国从沿海开放城市到内地省份、从外资企业、股份制企业到国有大中型企业、社会团体纷纷建立了公共关系部。

1. 公共关系部的地位

公关部与组织的人事部、财务部、总务部等一样是重要的职能部门。随着市场经济和国际贸易的迅速发展，公共关系部在组织中的地位将会越来越重要，是其他部门无法替代的。公共关系部的特殊地位体现在内部和外部两个方面：在组织内部管理中，公共关系部的特殊地位介于领导部门与职能部门之间，负责沟通和协调领导决策人员与其他职能部门之间的关系，同时沟通和协调各个职能部门之间的关系，并负责为相关领导部门提供信息并协助分析、判断和决策。在组织外部经营中，公共关系部的特殊地位介于本组织与其公众之间，对外代表组织，对内代表公众，通过传播沟通活动，保持组织与公众之间的双向沟通。

2. 公共关系部的工作职责

弗兰克·詹夫金的《实用公共关系学》一书列举了 26 项公共关系机构的工作，这 26 个项目可以用 A 到 Z 的 26 个英文字母来表示，被称为"公共关系的 A 到 Z"：

A. 写作并向报刊发布新闻、照片和特写，发布前编好报刊的名单

B. 组织记者招待会，接待参观访问

C. 向媒体提供信息

D. 为管理部门安排接见报刊、广播和电视记者的访问

E. 为摄影师作情况介绍，保存照片资料

F. 编辑出版供员工阅读的杂志或报纸，组织其他形式的内部通讯，诸如录像带、幻灯片、墙报等

G. 编辑出版以经销商、用户、顾客为对象的对外刊物

H. 编写并提供各种资料，诸如培训资料、企业的历史、年度报告、新员工须知等

I. 制作视听工具，诸如记录片、同步幻灯片、录像带，包括分发、编目、放映以及维护工作

J. 组织有关公共关系的展览会、陈列品，包括提供交通工具

K. 制造并维护企业识别标志，诸如商标、配色图案、专用印刷品的风格以及车辆的标志等

L. 主办有关公共关系的活动

M. 组织参观工厂等活动，并提供各种方便

N. 参加董事会和生产、市场营销和其他主要负责人的会议

O. 出席销售和经销商品会议

P. 代表企业出席行业顾问活动

Q. 负责同公共关系顾问联系

R. 训练公共关系人员

S. 进行意见调查或其他调研活动

T. 监督广告并和广告专业单位联系

U. 与政治家和公职人员联系

V. 当新厂房或办公楼落成举行开幕仪式时,接待来宾和新闻界人士

W. 安排官员和国外人士的来访、参观

X. 举办纪念活动,如百年纪念或获奖纪念等

Y. 从剪报、广播、电视或其外界的报告中获得反馈,进行组织整理

Z. 分析反馈,评估预定目标的实际结果

3. 公共关系部的作用

公共关系具有沟通信息、建立信誉、协调关系、争取谅解、咨询决策、塑造形象的功能,但这些功能必须通过公共关系活动才能体现,而公共关系部是专门代表组织从事公共关系工作,开展公共关系活动的部门。因此,概括地说,公共关系部的作用就是通过开展有针对性的、各种形式的公共关系活动来贯彻组织的公共关系思想,实现组织的公共关系目标。具体说来,公共关系部在组织中的作用如下:

(1) 监测环境

即感知和预测影响组织目标实现的公众态度及社会环境的变化。社会组织的环境是由其公众及其他影响组织生存和发展的社会政治、经济、文化等因素构成的。组织的环境是不断变化的,要适应这种变化,就必须对此做出迅速反应。公共关系的一个重要作用,就是及时、准确地向组织提供环境变化的信息,帮助组织准确

地分析并预测环境的变化，从而进行适当的行为和目标调整。当然，公共关系这些作用的发挥还必须依靠建立一整套完善的信息网络系统和广泛的信息沟通渠道。

（2）搜集信息

搜集信息是公共关系工作的首要任务，任何涉及组织生存发展的内部、外部信息，公共关系人员都应该注意收集。通过对这些信息的搜集和整理，能够了解分析现状，预测发展趋势，适应情况变化。公共关系部在搜集信息的问题上，应该发挥"耳目"的作用。公共关系部搜集的信息主要有三类：一是组织向社会提供的产品或服务的形象信息；二是关于组织自身总体形象的信息；三是关于社区的民意和舆论情况。这些信息主要来自外部公众，公共关系部要积极搜集来自外部公众的各种信息意见。在所有这些信息中，关于组织自身总体形象的信息最为重要，组织自身总体形象信息主要是公众对组织管理水平的评价信息；公众对组织人员质量的评价信息；公众对组织信誉的评价信息；公众对组织在社会中的地位和作用的评价信息等。在搜集到大量信息之后，要善于进行处理，去粗取精，去伪存真，由此及彼，由表及里，以免被不真实的信息所污染。

（3）参谋决策

公共关系工作直接涉及组织与公众的关系，影响组织的信誉和形象，制约组织战略目标的实现。因此，公共关系部不同于一般的管理部门，而应该成为组织的"智囊团"和"思想库"，也不同于一线指挥部门和最后的决策部门，它的任务只是在搜集、整理、分析信息的基础上，提供可供参考的决策方案，协助决策层做出决策。为了保证公共关系部这一作用的充分发挥，不仅要求组织决策者提高决策的民主化和科学化程度，而且要求组织决策者应亲自主持这一部门的工作，甚至兼任公共关系部的领导职务，在组织上给予充分的保证。

（4）宣传外交

组织为了获得公众的了解、信任、支持与合作，需要由公共关系部门负责与公众建立经常性的联系，不间断地向公众宣传组织的政策，解释组织的行为，报告组织的现状。公共关系部门在这些工作中，应该充当组织的"喉舌"。

（5）协调关系

疏通组织与公众之间的传播渠道，处理组织与公众之间的冲突，化解组织与公众之间的误解，协调组织与内外公众的关系，都是公共关系部门的重要工作。组织内部的气氛是否融洽，部门之间的运转是否协调，直接影响着组织的效率、声誉和形象。公共关系部门在协调员工与领导、部门与部门、内部与外部之间的关系问题时，应该体现出"桥梁"和"中介"的作用。在这方面，公共关系部的重要作用表现在对外赢得公众，对内增强组织的凝聚力，创造一个充满理解信任、团结合作的内部环境。

（6）预测趋势

公共关系部定期分析和预测同组织有关的社会发展趋势，使社会组织能够做到未雨绸缪，立于不败之地。

4. 组建公共关系部的原则

（1）效益最大化原则

企业经营管理的目标就是效益最大化，在市场经济条件下更多地表现为利润最大化，组建公共关系部也必须遵循使企业的效益最大化这一根本原则，这样才能使企业机构的设置不违背或有利于企业的最终目标。

（2）职能统一原则

企业一旦决定设立公共关系部，首先就必须确定它的工作职责和权限。以生产厂家为例，公共关系部既是企业经营管理过程中协调各种公共关系的职能部门，又是经营决策和管理谋划的参谋咨询部。公共关系部门既要搞好日常的接待、新闻报道、处理公共关系事务等琐碎工作，更要在调查研究的基础上，制定公共关系目标，策划专门的公共关系活动。因此，要避免把公共关系部看做企业的

"杂务部"、"不管部"。

（3）协同性原则

公共关系部门在组织内部既不是生产部门、领导部门，也不直接从事经营管理，可以说它是具有服务性质的高层次的管理部门。它的具体工作任务是实现组织的公共关系目标。但是，组织的公共关系目标的实现，不能仅仅依靠公共关系部门，还需要依靠其他各个部门的相互配合。公共关系部门在实现组织公共关系目标的问题上主要应该起到统筹规划、组织安排、协调指导的作用。因此，组织设置公共关系部门时，必须考虑到以上情况，注意公共关系部门与组织其他部门之间的相互协调。

（4）针对性原则

不同性质、不同规模、不同领域、不同行业的社会组织在不同的历史时期、不同的发展阶段，开展不同的工作面临着不同数量、不同类别、不同态度的社会公众。组建公共关系部的目的是更好地开展公共关系工作，因此，应该根据不同的工作任务、不同的公众对象来设置机构，安排人员。

（5）精简性原则

精简的关键是"精"，即投入人力少，工作效率高，应变能力强。精简的主要标准是：配备的人员数量与所承担的任务相适应；机构内部分工明确清晰、职责分明；每个成员都应该有饱满的工作任务。公共关系部的规模一般根据三种情况来决定：一是组织本身的规模，二是最高领导的重视，三是实际工作的需要。

（6）专业性原则

公共关系部是专门开展公共关系工作的组织内部机构，公共关系部门的工作质量、效率以及专业水平和创新程度都对组织的声誉和其他工作具有重要影响，也会直接或间接地影响组织的声誉和形象。因此，在机构设置、人员安排和工作内容方面都要充分考虑其专业特点。公共关系部门的工作人员应该具有强烈的公共关系意识，接受过公共关系专业教育，具有与其工作相适应的专业水准和能力。公共关系部门承担的工作任务应该确实属于公共关系工作范围。

(7) 独立性原则

公共关系工作的性质要求公共关系机构或人员在开展活动的过程中，必须具有相对的独立性。在组建公共关系部的过程中，应该在机构和人员的地位与权力方面体现出独立性的特点，便于公共关系部能够在确定的工作范围内独立自主地履行职责，积极主动地开展工作、处理问题，以适应客观环境的发展变化。

5. 公共关系部的模式

每个社会组织都具有不同于其他组织的特定公共关系目标，每个社会组织都面临着与其他组织不完全相同的公众，因此，以开展公共关系工作作为专门职能的公共关系部门也没有千篇一律的固定模式。比较常见并可供借鉴的类型及其结构模式如下：

(1) 部门隶属型

这种模式中，公关部门附属于组织的某个职能部门，至于隶属于哪个部门，则视具体情况而定，一般来说，公关部门可隶属于传播沟通的业务集中、较繁重的部门：①隶属于办公室。办公室是最接近行政领导的一个部门，这种隶属关系有利于最高领导直接指挥公关工作，但并不偏重于某一方面。这种方式比较灵活，且便于掌握，但由于办公室的工作包罗万象，什么都管又什么都不管，假如组织领导人或办公室负责人公共关系意识不强，当工作繁忙时，很容易忽视公关工作，使公关机构形同虚设，难以充分发挥其作用和职能。②隶属于广告宣传部门。这种部门设置方式侧重于公共关系的对外宣传功能，对外以公共关系机构作为组织的发言人，配合广告等宣传活动，树立组织形象，与广告等功能相互配合。同时，公共关系机构对内承担对职工的教育宣传职能。这种部门设置方式强调了公共关系的宣传功能，但却容易忽视公共关系在组织运行管理方面的咨询、协调、服务等方面的功能。③隶属于销售部门。许多企业领导认为，公共关系活动的最终目的就是促进产品的销售，因此十分重视公共关系的促销功能，把公共关系作为促销策略的一部分。这种部门设置方式将公共关系的功能局限在销售领域，虽然突出了与顾客的联系，却忽视了企业与其他公众的联系及相应的公关功能。④隶属于接待部门。还有些组织领导人认为公共关系活动的本质就是人际关系的协调，其主要功能就是处理好各种人际关系，因此，也有些组织将公共关系部门隶属于接待部门，主要负责日常接待应酬等活动。由于现代组织横向联系广泛，接待应酬等活动日益增多，有一个专门的部门负责这方面的工作自然能把这方面的工作做得更好，此种类型的公共关系部，其地位不很突出，公共关系工作只是当做一种偶然的活动；它常见于公共关系发展还不普及的初级阶段，一般也只为小型的企业或组织所采用。

（2）部门并列型

这种模式中，公关部门与组织的其他部门并列，处于同一个层次。与部门隶属型相比，部门并列型模式里，公关部门在组织中的地位高、权力较大，反映了公共关系工作在组织中的独立性和重要性。在这种结构中，公关部门可以直接参与最高决策，并有足够的职权去调动资源，协调关系，其传播业务也更加完整。但一般地说，只有较大型的组织才需要或可能这样来设置公关部门。中小型组织中，公关部门的规模与其他部门相比，一般要小一些，假如作为二级机构与其他重要部门并列，就显得太不平衡了。有的组织将原来从事类似公共关系活动的一些职能部门，如宣传教育科、广告科、接待科等合并为公关部，作为组织的二级部门，既整合了公共关系工作，又避免了机构重复。当然，任何一个成功的公共关系部门，都必须与组织机构的其他各个部门密切配合，取得各部门的通力合作，这是公共关系部在组织中有效开展公关活动的重要条件。

（3）高层领导直属型

这种模式中，公关部门处于整个组织系统中的第三个层次，但作为一个第三级机构，它并不隶属于哪一个二级机构，而是直接隶属于组织的最高领导，直接向最高决策层和管理层负责。这种类型的部门设置结合了上述两种类型的特点。公关部门既可以较为自由地与其他职能部门沟通，又具有相当的独立性和自主权，直接介入决策，而且机构设置比较灵活精简。这种设置类型综合了以上两种类型的优点，既能使公共关系部随时与各个二级组织沟通信息，又使它具有较大的自主权，有利于公共关系工作的灵活、全面开展，使公共关系能从上到下交流自如。美国许多公司都采用这种形式。

（4）公共关系委员会

这种模式中，由组织的主管领导牵头，各职能部门负责人共同组成公关工作协调委员会，统一指导和协调全局的公共关系活动，下设公共关系办公室，负责日常工作。特别是当组织需要筹办大型的公关活动项目时，可以设立专项的、跨部门的公共关系协调委员会，以策划、统筹、协调专题活动涉及的公共关系事务，发挥公关"总调度"的作用。

总之，各类组织在具体设置公关工作机构的时候，必须根据自身的性质、特点、需要、规模等具体情况来考虑。如果条件不具备或不是管理工作所必需，也不一定要设立专门的公共关系职能部门，而采取指定某个现有职能部门兼管和负责相关事务，使组织的公共关系事务纳入组织的目标体系和管理系统。

6. 公共关系部的工作原则

公关部作为社会组织的特殊职能部门，必须找准自我位置，认真把握工作原则，才能很好地完成职责。

（1）工作职能专业化原则

公关工作是一种特殊的管理职能，公关部门应该首先认清自己的职责范围，并时刻把握公关工作的专业化方向，有能力应用专业的公关技术实现公关目标。坚决防止把公关工作浮泛化，停留在似乎人人都能做的一般性事务水平。

（2）参与决策的服务性原则

公关部通过管理信息，发现问题，预测趋势，制定解决问题或适应变化的组织行动方案，这个方案只是供组织决策层参考的。公关部门通过这种方式参与组织决策只起"智囊"作用、"思想库"作用。公关部只有在决策层的授意下才能直接发挥其非公关性质的管理职能。当然，公关部可以充分发挥它的劝服功能及其他影响技巧，推动其目标的实现。

（3）实现目标的协同性原则

公关部的服务性地位及其为组织整体利益服务的目标，决定了它在开展工作时必须得到组织其他部门的协同配合，才能完成目标。所以，公关部在制定了任何一项目标后，必须首先考虑到内部关系的协调。比如，要想树立组织的优秀形象，必须首先从内部完善行为。这要求每个部门甚至每个员工的协同努力。

（4）开展工作的创新性原则

公关工作特别强调创新，只有创新才能使事业有新进步，社会组织形象才能有新突破。组织的知名度和美誉度才能不断向更高境界发展。因此，公关部在做每一项工作时，都应力争出新意，做出新模样。这样才能积少成多，在内外公众面前树立起组织的新形象，从而增强组织的凝聚力和吸引力。

7. 公共关系部的特点

组织内部设立的公共关系部门，就其开展活动的角度与公共关系公司比较，具有以下特点：

（1）熟悉组织情况

组织内部的公共关系部门对本组织的经营状况、机构人员以及规章制度等方面的情况比较熟悉。因此，开展公共关系活动比较方便并且能够做到有的放矢，切合实际，具有较强的针对性和实用性。

（2）工作成效显著

公共关系部作为组织内部的常设、专门机构，能够遇事召之即来，并且具有处理公共关系问题方面的专业特长，因此具有比较突出的工作成效。在实际工作中，必须在现代公共关系意识的指导下，借助科学的方法和手段，从事名副其实的系统性的各项公共关系业务工作，而不是作为门面的"装饰品"。

（3）强调协调性

内部设立的公共关系部门与本组织具有隶属关系，受本组织上级相关部门的直接领导，能够在相关部门的指导下开展工作，工作任务的临时增减及工作目标与计划的随时调整都比较方便，便于相互协调和配合。它要求组织各部门、各机构、各环节都相互配合，共同努力。

（4）讲究专业性

公共关系部作为处理内外公众关系，实现公共关系工作的最终目标——塑造良好的组织形象的专门机构，不论在人员构成还是在工作内容上，都必须是专业性的，即公共关系部必须是经过专业训练、具有专业技能、有开拓进取精神的专业公共关系人员组成。

（5）投入成本相对较低

这是与由公共关系公司来开展活动相比较而表现出来的特点。由公共关系部门开展活动便于控制经费预算和节约开支。

（6）难以做到客观公正

开展工作受到组织内部人际关系、群体利益、从众行为、心理定势等各方面因素的制约和影响，难以做到实事求是、客观公正。为了弥补这一缺点，组织内部的公共关系工作往往需要求助于专家的协助，如聘请公共关系顾问或公共关系公司。

（7）知识和经验有限

公共关系部及其人员年复一年地在一个组织之中，知识和经验相对单一，缺乏专门的经常性的公共关系训练，因而遇到重大的、复杂的和难度大的公共关系问题时往往思想、实践准备不足，这就要加强公关人员的培训。

（8）公共关系职能有可能被滥用

由于公共关系的广泛性和短时期内的不易察觉性，有可能使公共关系部滥用公共关系职能，这就要加强对公共关系部的内部监督和外部监督。

处于理想地位的公共关系部应该具有以下特点：其一，能够与组织最高领导层的主管人员直接联系并对其负责；其二，能够与各个部门保持密切联系但不存在命令与指挥关系；其三，能够迅速向最高领导层或其他相关部门传递和反馈信息；其四，能够成为领导决策层的智囊并参与公共关系问题的决策。

二、公共关系公司

1. 公共关系公司的含义

公关公司是公共关系公司的简称，又称公共关系咨询公司、公共关系顾问公司、公共关系服务公司，它是由各个具有专长的公共关系专家组成，运用专门知识、技能和经验，受客户委托，专门从事公共关系活动和咨询并收取相应服务费的专业性社会服务机构。1903年艾维·李创办第一家公关公司，公关公司自20世纪初在美国成为一种专门的职业机构以来，在社会生活中特别是在工商企业界被广泛应用，其专业地位和职能不断得到巩固和发展。目前，已经形成了一大批国际著名的跨国公关公司，比如，美国的博雅公关公司、伟达公关公司、爱德曼公关公司、奥美公关公司、福莱公关公司、罗德公关公司，英国的宣伟公关公司等，这些公司在全球建立业务网络，在中国也设立了分支机构。根据统计，"在美国，大约有2 000家公共关系公司。在英国，有600多个公共关系咨询机构。在我国香港地区，有20余家公共关系公司"。公共关系公司的业务范围很广，它能参与任何方面的公共关系事务并提出建议，提供服务。公共关系公司的基本职能是对委托人的一切影响公众利益的活动予以指导、建议和监督，帮助委托人沟通与社会公众之间的双向信息交流，为委托人建立良好的声誉和形象。公共关系公司实际上是公共关系部工作的社会化。

2. 公共关系公司的特征

（1）社会性

公共关系公司是一个职业化的机构，不同于比较松散的公共关系社团，是一个社会经济实体，它要求有明确的组织目标，严格的组织机构，受过专业训练的专门人才，有共同遵守的规章制度，有周密的发展规划，能够向客户提供高质量、高效率的服务。

（2）服务性

公共关系公司是服务性行业。它通过具有较高知识素质、专业素质的从业人员所掌握的知识和途径，以现代化的技术手段，为客户提供市场、形象、信誉等多功能的服务。

（3）营利性

公共关系公司是营利性的经济组织，它以提供信息、咨询策划以及中介服务为主要经营范围，按照一定的标准取得报酬或利润。

（4）客观性

公关公司以专业的眼光从外部公众的角度去处理客户的公关问题，不受客户内部主观因素的干扰，容易做到客观、公正。

（5）灵活性

公关公司可以根据需要随时提供不同的公关服务，不必增加客户的正式人员编制即可应付意外的公关事务，具有时间和空间的机动性和适应性。

公共关系公司与社会上的广告公司、市场调查公司、市场拓展公司既有联系，又有区别，公共关系公司、广告公司、市场调研公司的服务对象都是社会组织，服务范围不同。公共关系公司的服务范围是提供信息咨询服务、中介服务、活动策划；广告公司的服务范围是广告创意、广告设计、广告制作、广告代理；市场调研公司的服务范围是采集市场信息、分析市场行情、调查顾客心理、营销等。

3. 公共关系公司的类型

根据不同的标准可以将公共关系公司划分为不同的种类。常见的划分标准有工作性质、经营方式和人员多少。

（1）按工作性质划分

根据工作性质的区别可将公共关系公司划分为综合性服务的公

共关系公司和专门性服务的公共关系公司。综合性服务的公共关系公司即为客户提供综合性服务，这类公共关系公司一般拥有先进的信息采集系统和信息储存与分析系统，公司以专门公共关系专家和公共关系技术专家为主体组成；该类型公司业务范围广泛，经济实力雄厚，集中的人力齐全，能够满足各类企业的各种业务方面的服务需要。

专门性服务的公共关系公司，其服务包括三个方面内容：一为顾客提供公共关系专门服务，如为顾客制定和实施公共关系计划，策划公共关系形象广告，提供厂标、商标、招牌、门面设计，制作公共关系录像片等；二为顾客提供单方面服务，如专门为客户提供进行民意测验、形象调查、信息反馈方面的业务服务；三为特定行业或企业提供专项服务，如专门为工商企业筹措资金，从资金来源、形式、成本、风险、渠道等多方面，为企业提供咨询服务。这类公司较之综合服务性公共关系公司的经营规模和业务范围要小得多。

（2）按经营方式划分

以经营方式作为划分标准，可以将公共关系公司分为中外合资、中外合作、民办、私营公共关系公司等类型。中外合资的公共关系公司往往实力雄厚，主要客户是国外企业，多从事外向型、国际性的公关策划。民间组织、社会团体主办的公共关系公司，目前分布广泛，在我国公共关系市场上占据主导地位。私营的公共关系公司一般规模较小，但经营方式灵活，已显示出旺盛的生命力，对中国公共关系职业化的发展起到了积极的促进作用。

（3）按人员多少划分

按组成人员多少划分，则有大小型公共关系公司的区别。据美国 20 世纪 70 年代的调查，平均为 7～25 人的公共关系公司为小型；25 人以上的为大型。至于像美国的伟达公司、纳得芬公司、海尔-诺顿公司、博雅公司等，拥有工作人员数百名乃至数千名，这样的公司为国际性的大型公共关系公司。

4. 公共关系公司的业务

概括地讲，公关公司的业务主要分为两个方面：一是咨询业务，即根据客户要求提供专家式的咨询；二是代理业务，即根据客户的要求，帮助客户开展具体的公关活动。具体的经营范围包括：

（1）调查研究，咨询诊断

公关公司在与客户达成协议之后，就着手系统地研究和分析客户所处公共关系状态的各种因素，其中包括它的经营政策、竞争地位、与各界公众的关系，以及未来的发展趋势等，并合理确定近期和远期的公共关系工作目标，写出调查报告。咨询诊断即总体的公共关系顾问咨询。如，提供对各种公关问题的调查研究，帮助客户分析各种公关问题，确定公关目标，预测发展趋势，设计形象，制定公关计划，设计实施各种具体公关项目方案，编制程序等。

（2）联络沟通，收集信息

联络沟通即协助客户与有关的公众联络沟通，制定并实施企业对内、对外沟通、交流的战略性计划等。收集新闻剪报、市场信息、民意资料，以及各种政治、经济、金融、文化、科技等方面的资料。

（3）新闻代理，广告代理

为客户策划新闻传播，包括为客户撰写新闻稿件，选择新闻媒介，联系新闻界，组织新闻发布会等。通过企业广告、实力广告、公益广告、观念广告等形式向大众传递公关信息，树立、维持、改变或强化组织的公众形象，从而建立起公众和组织之间的良好关系。

（4）推广产品，策划活动

不同于一般的产品销售广告，而侧重于推广产品的创意、形象、声誉，以及能为客户带来的价值等信息。例如组织各种形式的媒体与企业的座谈会、交流会，促进媒体对企业及其产品的了解。协助客户策划实施展览会、展销会、研讨会、产品推介会、大型晚宴、酒会，以及各种文化、体育、公益活动等。

（5）反馈信息，评估效果

当计划、方案被执行后，对方案、计划效果的信息反馈与评估就成为公共关系公司及其工作人员的工作了。公关人员对计划、方案实施的效果，要及时评估，与公共关系目标进行比较分析，考察其实现的程度如何，是部分实现还是全部实现。

（6）礼宾服务，培训服务

如安排迎送、会见与会谈、宴请、签字仪式、出席文娱活动、参观访问等。举办公共关系和传播人员的培训班，传授公共关系的相关理念、原理、技术、实务等知识，提高培训人员的职业素质和能力。

（7）印刷设计，形象设计

为客户设计、编制、印刷各种文字的宣传材料或纪念品、制作影片、音像制品、宣传网页等，如宣传册、活页、公共关系杂志、带有客户单位标识的徽记、招牌、礼品等。

5. 公关公司的服务特点

公关公司作为专门的经营公关业务的机构，之所以能够在世界范围内蓬勃发展，就在于有它自身的优势。国外许多企业不仅内部设置公共关系部，还聘用公关公司的专家或公关公司作为顾问。在美国，三分之一工商企业的公关活动由公关公司代理。公关公司从事或代理公关业务有以下一些特点：

（1）观察分析问题具有客观性

由于公关公司与委托办理业务的组织没有隶属关系，公关人员能够从局外人的角度冷静客观地考察具体问题，并作出客观评价。

（2）公共关系活动整体规划性

这一点主要是对中小企业单位而言的。组织内部设置公共关系部，必然会增加人员，加重了组织的负担，从规模经济角度考虑，公共关系公司具有公共关系活动整体规划的经济性，针对公共关系公司的这一特点，那些中小企业事业单位如果开展专业性强、规模较大的公共关系活动，也可以委托公共关系公司代理。

（3）有成熟、广泛的信息网络，沟通渠道畅通

公关公司长期专门从事公关业务，已经建立起一套较为完善的信息网络，同政府部门、新闻媒介、社会各种服务团体等有密切联系，信息来源广泛，渠道畅通，客户可以充分利用这方面的优势，确保在大量占有信息的基础上进行科学决策。有些公共关系公司还广泛招收编外信息员，与高等院校、科研单位和信息中心建立业务协作关系。它们利用各种渠道搜集政治、经济、文化、法律、政策信息情报，一旦需要之时，便可以迅速而准确地提供给客户。

（4）咨询建议具有权威性

公关公司不仅拥有成熟、广泛的信息网络，还拥有各具专长的公关专家，这些专家具有深厚的理论素养和丰富的实践经验，分析问题较为全面深刻，解决问题视野开阔。这些优越条件使公关公司的咨询建议服务具有较高权威性，容易受到决策者的高度重视，从而有助于具体公关项目的实施。

（5）运作成本较高

聘用公共关系公司的成本一般比自己处理公共关系事务要高。但从长期来看，如果能建立良好的合作关系，能得到高水平的策划和服务，使公共关系的资源投入更为合理和有效，对于客户来说还是值得的。

（6）不能马上对客户情况有深刻了解

一般需要与客户有一个较长时间的沟通了解过程，而客户往往是遇到问题了才聘请公关公司，这可能会给公关公司的代理工作带来一些障碍。因此，社会组织应及早聘用长期公关顾问，最好是以内设公关部门为主，聘用公关公司为辅。

（7）没有连续性

公共关系是一项需要长期坚持不懈的工作，而公共关系公司只能提供不完全的服务，无法连续下去。

6. 选择公关公司的标准

客户在决定聘请公共关系公司代理其业务之后，一般都要根据

一定的标准对公共关系公司进行评估，在此基础上决定是否选聘。客户选择公共关系公司的主要标准是：

（1）能力与信誉情况

公司能力主要包括：其一，服务年龄；其二，公司大小；其三，全面或专业化程度；其四，地理分布的广泛度；其五，工作样本。公司的信誉体现在几个方面：公司成立时间的长短，规模大小，在同行中是否具有权威性，能够提供哪些项目服务，组织开展了哪些成功的公关活动以及公司的影响或者知名度等。

（2）顾客情况

接受选择的公共关系公司曾经为哪些客户服务，这些客户的社会地位如何，客户对该公司服务的满意程度如何等。主要包括：其一，顾客名单；其二，顾客关系年龄（时长）；其三，平均关系年龄（时长）；其四，有哪些大客户。

（3）人力情况

公共关系公司的工作人员的素质决定着公司的服务水准。客户选择公共关系公司时必须考虑公司中从业人员接受过什么程度的专门训练，专业技术水平如何，从业人员是否具有良好的道德修养，能否满足客户的业务要求，能否积极投身客户所需要完成的工作中去等。主要包括：其一，全职人数；其二，资历；其三，兼职人数；其四，分派何人负责；其五，花费时间。

（4）成绩与评估

主要包括：其一，是否明白雇主的要求；其二，是否了解雇主的目的；其三，如何做工作进度报告；其四，如何评估成绩；其五，如何收费。任何一个组织都希望能花最少的钱办更多有益的事并取得良好的效果，客户当然首选服务质量高、收费合理的公司。公共关系公司的收费形式主要有：项目收费、计时收费、综合收费、按项目需要分别收费、按项目成果分成等。公关公司的收费没有固定统一的标准。客户应该根据公司声誉、服务质量、具体业务的难易程度以及供求关系的变化等情况酌情考虑。

三、公共关系社团

公共关系社团泛指社会上自发组织的、非营利性的、从事公共关系理论和实务活动的各种群众性团体。它既是广大公共关系专家、学者及公共关系学爱好者组成的民间团体，同时也是公关界与政府、工商企业及其他组织相互联系的纽带和桥梁，主要包括公共关系协会、公共关系学会、公共关系研究会、公共关系专业委员会、公共关系联谊会和公共关系俱乐部。其目标主要在于：促进公共关系事业的发展；提高公共关系的职业标准；使工商企业、社会团体、政府机构的实际工作获得好处；通过一系列的教育活动、信息交流方案和研究项目，为公共关系人员提供良好的意见交流机会和自我改进的机会。其主要活动有：召开各种公共关系会议；开展公共关系学术研究；组织公共关系专题活动；进行公共关系专业培训；建立公共关系业内联络系统；出版公共关系专业刊物；宣传普及公共关系业务知识；开展公共关系咨询活动；受托为社会组织代理有关的公共关系职能。

1. 公共关系社团的类型

（1）综合性社团

综合性社团主要指不同地域范围的协会类组织，它一般是民办官助，肩负着区域性公关行业的管理职能，如制定公关行业职业道德规范、规划区域性行业发展纲要、举办或承办各种公关活动，其职能主要是服务、指导、协调、监督。如 1986 年 12 月成立的我国大陆第一家公共关系协会——上海市公共关系协会，中国公共关系协会，中国国际公共关系协会，北京、上海、天津、湖北、广东、武汉、南京等省市或地区性的公共关系协会。

（2）媒介型社团

以公共关系专业性报纸、杂志等媒介为依托组建的公关社团。这种社团直接利用媒介，探讨公共关系理论，普及公共关系知识，交流公关活动经验，举办各种形式的公关人才培训班，是一种社会影响力较大的公关社团。

(3) 学术性社团

学术性社团包括公共关系学会、研究会等纯学术性的团体，其中心工作是研究公共关系的动态和理论问题，总结公共关系的经验，进而把握公共关系发展的趋势，为从事公共关系工作的人员进行理论指导。这类社团通过举办理论研讨会、学术交流会的形式开展活动，以探讨基础理论、总结实践经验、分析学术动态、把握发展趋势、引导发展方向为主要活动内容。

(4) 行业型社团

这是一种行业内的公共关系社团。由于各行各业开展公共关系工作各有不同的特点，公共关系活动和公共关系社团的行业化在国际上已经成为一种趋势。如美国公立学校的公共关系协会（NS-PRA），图书馆公共关系理事会（LPRC）等行业性社团；目前我国也有一些部门、行业成立了类似的社团，如中国煤炭公共关系专业委员会、安徽省商业公共关系协会、浙江省新闻界公共关系学会等。

(5) 联谊型社团

联谊型社团一般包括公共关系俱乐部、公共关系沙龙、公共关系联谊会等。它一般没有固定的活动方式，没有严格的会员条例，组织名称各异。其作用主要在成员之间沟通信息、联络感情、建立良好的人际关系。

2. 公共关系社团的特征

(1) 松散性

公共关系社团与公共关系部、公共关系公司相比，具有松散性的特点。因为它没有严格的组织结构，会员入会和离会手续较简单，基本上没有强制性，多是在成员自愿的基础上联合形成的，只有松散的组织结构，管理的基础是全体成员的自觉参与性。

(2) 非营利性

公共关系社团不是一个经济实体，故它不是以营利为目的的。所以，在市场经济大潮的冲击下，为了维护自身的信誉和形象，公共关系社团实际运行中应特别注意这点。

（3）权威性

公共关系社团的参加者往往是社会上从事公共关系工作和热爱公共关系事业的团体和个人，其中凝聚了一批有理论有实践的公共关系专家、学者和实际工作者，他们通过理论研究和优质高效的服务，不仅可满足社会对公共关系的需求，而且也提高了所在社团的权威性和信誉。

（4）群众性

公共关系社团是社会群众团体，它在很大程度上成为一种各行各业从事公共关系工作和热爱公共关系事业的团体和个人参加的联谊性团体。这说明公共关系社团具有广泛的群众基础。其成员主要来自社会各阶层，包括企业、新闻、科研、文教和党政军机关等各行业各方面的人士，且在地区分布上一般也较广泛。公共关系社团的这种广泛性使成员可以广结良缘，互通信息、共同受益。

3. 公关社团的工作内容

（1）宣传普及公共关系知识

这应该是公共关系社团的一项经常性的工作。通过坚持不懈地向社会公众宣传、普及公共关系知识，来匡正社会公众对公共关系的误解，以提高全民的公共关系意识。

（2）交流公共关系信息，开展公共关系咨询服务

公关社团应建立起公关信息网络，将国内外的公关信息、市场信息等通报给社团成员，以便各方结合自己的实际，为当地社会组织提供咨询服务，如招商引资、内引外联、帮助困难企业出谋划策等。

（3）发展和联络会员

为了公共关系事业的发展，公共关系社团应把社会上各行各业

的公共关系爱好者和实际工作者，不断地吸收到社团中，并定期组织学术和经验交流，研究我国公共关系理论和实践，以更好地促进我国公共关系事业。

（4）制定公共关系职业道德

事实上，每一行业都有各自的职业道德，作为职业化的公共关系也不例外。

（5）组织公共关系专业人员的培训工作

公共关系社团通过举办培训班、讲习班等形式来培训公关专业人才，以进一步提高他们的素质。在中国公关协会和中国国际公关协会的共同努力下，1995年5月，公关员资格认定获得国家劳动和社会保障部的正式批准，"公关员"作为一门新职业正式列入《国家职业分类大典》。2000年11月，首次公关员职业资格统一考试在全国范围内进行。这将大大推动我国公关行业的健康发展。公共关系社团特别是公关协会有责任组织公关人员参加职业资格考试的培训工作。

第三节　公关主体之三——公关人员

公共关系人员的定义有广义与狭义之分。狭义的公关人员是指那些专门从事公共关系工作的职业人员，而广义的公关人员，除了包括狭义的公关人员外，还包括那些从事公关教学和相关理论研究的人员，以及公共关系社团的从业人员。我国劳动与社会保障部对公共关系人员的定义是：专门从事组织机构公众信息传播、关系协调与形象管理事务的调查、咨询、策划和实施的人员。公共关系人员是从事公关职业的专业人员，是公共关系活动的策划者、组织者和执行者，俗称公关先生、公关小姐。由于公共关系职业的特殊性，公共关系人员应该具备科学的职业观念、良好的职业道德和合理的能力结构。

一、公共关系人员的基本素质和能力要求

1. 生理素质

生理素质主要指人的身高、体形、仪态仪表等。公共关系活动的谋略，并不是"美人计"，重要的是吸引公众，树立良好的组织形象。公关人员的外在容貌与体形，取决于组织的性质、公关活动的目标与任务。一般说来，公关人员并不一定要容貌娇好、仪态万千。有的学者甚至断言：让外在条件太好的人搞公关，有时容易引起公众的非分之想，结果只能与组织活动的愿望相反。公关人员的最佳人选的共同要求是身体健康、长相端正、仪表得体。

2. 心理素质

良好的心理素质是一个人事业成功的必备要素，公共关系人员的心理素质，主要是指公共关系人员应该具有的个性品质类型。许多心理学的研究分析表明，具有创新精神、能够打开工作局面的开拓型的公共关系人员，他们在气质、意志、性格等方面，都有一些相近的特点，主要表现在：

（1）富于热情的气质

气质是一个人比较稳定的个性特征。心理学将人的气质分为多血质、胆汁质、黏液质、抑郁质四种类型，公共关系人员，应该热情、活泼，从这个要求来看，多血质和胆汁质的气质较为理想，黏液质和抑郁质的气质则有许多不能胜任之处。在现实中，高度典型地表现出一种气质特征的人并不多见，大多数都是介于各种气质类型之间的混合型或者中间型，因此不能机械地套用固定的模式把人定型化。气质类型没有好坏之分，气质类型对公共关系人员来说是重要因素，但非惟一因素。

（2）具有开放的性格

性格，是一个人对人、对事的稳定态度以及与之相适应的习惯行为方式。瑞士心理学家莱格将人的性格分为内向型和外向型两种类型。外向型性格的人，其注意和兴趣等心理活动倾向于外界，性

格开朗活泼、心理健康、热情直爽、善于交际，对外界事物关心；内向型的人，其注意和兴趣等心理活动倾向于内部世界，不爱讲话、不善交际、情绪稳定、富于幻想、沉静、反应迟缓，有自己独特的信念和行为方式。公共关系人员一般要求具有开放的竞争性格。凡不能迅速适应客观环境和外界变化的社会组织和公共关系人员，都不可避免地要被淘汰。公共关系人员必然要与各种人打交道，并且随时介入到各种矛盾中去。从这个要求看，公共关系人员一般都应具备外向型的性格，或侧重于外向型的性格。

（3）具备坚韧的意志

意志是人所独具的一种心理现象，即自觉地确定目的，并且根据目的来支配和调节自己的行为，克服重重困难，进而实现目的的心理过程。现代社会的复杂特性，使公共关系人员在制定方案和实施方案的过程中所遇到的困难和障碍也空前地增加了。因此，公共关系人员的意志素质也变得格外重要。公共关系人员必须锻炼自己坚韧不拔、百折不挠的意志，才有可能将理想付诸行动并达到成功的彼岸。

3. 公关意识

公共关系意识是公共关系人员应该具备的基本素质的核心。这是因为公共关系意识作为一种深层次的思想，它能够引导一切公共关系行为。没有公共关系意识的人，即使他有再好的心理条件，有很好的公共关系知识和能力结构，他也不可能是一名合格的公共关系人员。所以，只有具有公共关系意识的公共关系人员才是真正的公共关系人员。

（1）塑造形象的意识

塑造形象的意识是公共关系意识的核心，在公共关系思想中，最重要的是珍惜信誉、重视形象的思想。现代组织都十分重视组织形象。具有塑造形象意识的人，清醒地懂得知名度和美誉度对自己组织生存和发展的价值，因此他们会时时处处维护自己组织的形象。

（2）服务公众的意识

形象是为组织的特定对象所塑造的，这些特定对象就是组织的公众。离开或忽视了公众，组织的生存和发展就会受到威胁。因此，任何组织的公共关系工作都必须着眼于公众。具有服务公众意识的人，能时刻为公众利益着想，为公众服务。

（3）信誉意识

公关人员的信誉意识指社会组织在公众中高度重视和珍惜自己的信誉，努力维护公众对自己信任的强烈信念。信誉意识强调言必信、行必果，强调诚实的行为取向，强调自我完善，强调公众的信任对主体发展的生命价值。信誉意识既是组织生存的根基，也是公共关系协调的基础，没有信誉就等于扼杀公共关系和扼杀组织自身。

（4）真诚互惠的意识

在当今这种竞争的社会中，任何组织都想塑造自己的良好形象，但这种形象的塑造，必须建立在诚实、透明的基础上。任何组织也都应通过公共关系工作，追求自身经济效益的最佳统一。但这种追求，必须建立在彼此尊重、平等互利的基础上，所以身在组织中的公关人员也必须有这种真诚互惠的意识。2000 年美国出版的《百万富翁的智慧》中披露，美国的 1300 名接受调查的百万富翁认为，经营成功的因素依次是诚实、具有自我约束力、善于与人相处、勤奋。诚实被这些富翁认为是首要因素。而我国有些公共关系策划人员则明显缺乏诚实，在宣传和营销中信口开河，随心所欲，夸大其词，经常误导公众；这种蔑视公众智慧、对社会极端不负责任的做法，损害了公众的利益，企业最终必然自食其果，严重伤害企业形象甚至毁掉企业前途。

（5）责任意识

公关人员的责任意识指社会组织自觉对公众、对社会负责的一种社会责任感。责任意识强调社会组织要积极服务于社会，强调社会组织要严格自律，强调社会组织行为对社会、对公众的影响，强调社会组织对社会、对公众有益的义务。

（6）沟通交流的意识

沟通交流的意识属于现代社会的民主意识，公共关系活动是一种具有民主性的经营和管理活动。组织为了塑造、提高良好的自身形象，提高自身的知名度和美誉度，就必然要求公关人员具有一定的沟通交流的意识和技巧，以争取公众的理解、支持与合作。

（7）角色行为的意识

角色意识是某个个体对自己所扮演角色的认识、情感、态度以及个性的心理结构。有无很强的角色意识及具备怎样的角色意识，直接影响到人们的行为和行动效果。所以公关人员要做好公共关系工作，首先必须具有很强的角色意识，其次应该意识到自己应扮演怎样的角色和采取怎样的行为才能符合组织和社会公众对自己的期望，从而促进良好公共关系的形成。公关人员一般要扮演的角色有：组织的联系者，信息的收集者，组织的传播者，组织的内外关系协调者等。

（8）勇于创新的意识

塑造组织良好形象的过程是一个组织不断创新审美的过程。我们说公共关系是一门科学，指的是它有客观规律可循，有相对稳定的操作程序。而我们又说它是一门艺术，指的是它有突破固定程式、追求创新的特点。惟有创新，才能塑造出有个性的组织形象，才能使组织在竞争激烈的社会中，永远立于不败之地。

（9）立足长远的意识

塑造组织的良好形象，不是一朝一夕的事，而是一个需要长期努力、不断积累的过程。公共关系活动与广告或推销不同，如果说后者更多地着眼于眼前，注重较为直接的效益的话，那么，前者从根本上来说，是立足长远的，追求长期的效益。任何急功近利、只注重短期效益的做法，都是与公共关系思想不相符的。

（10）危机意识

公关人员的危机意识指社会组织时刻对公共关系协调与否保持

高度的忧患意识，它强调防患于未然，强调居安思危，强调社会组织慎重对待公众，强调对变化的敏感性认识。

4. 经济意识

任何公共关系活动的进行都有赖于一定的物质条件作基础，也相应地受一定的物质条件尤其是经济条件的制约，因此公共关系人员的一个必备素质就是经济意识。只有具有强烈的经济意识，才会合理、有效、恰当地运用花在公共关系上的每一分钱，才能使公共关系的效用最大化，没有经济意识或经济意识淡薄，是不能将公共关系工作做好的。

5. 知识结构

公共关系在性质和类型上十分复杂，在实践操作中也错综复杂，作为一门应用科学，它涉及众多的领域，需要用到各种学科的知识，甚至需要一种"百科全书"式的知识结构。当然，知识并非要求样样精通，而是根据公共关系工作的需要突出重点，开展公共关系工作，实际上是知识和才能综合性的发挥。具备了相应的知识结构，且发挥得当，公共关系工作就可以顺利地进行，也容易获得理想的工作结果。公共关系人员的知识结构一般由三个部分组成：

（1）公共关系的基本理论和实务知识

公关的实践需要有理论的指导，公共关系的基本理论知识包括：公共关系的概念、公共关系的起源和发展、公共关系的三大要素、公共关系的职能、公共关系工作的基本程序等。公共关系具有应用性、实务性的特点，公关人员除了要精通公共关系基本理论知识外，还需要熟悉公共关系的基本实务知识，公共关系的实务知识包括：公共关系案例分析、市场调查与预测、传播效果的评估、应用文的写作、危机公关处理、公共关系技巧、商业谈判、采访编辑、演讲技巧、会议组织、公关礼仪知识等。

（2）与公共关系密切相关的学科知识

公共关系作为一门新兴的学科，具有多学科交叉的特点，与公共关系联系最密切、交叉最多的学科包括：社会学、心理学、广告学、管理学、营销学、经济学、人际关系理论、大众传播学、新闻学、企业文化、国际关系学等学科知识。

（3）有关组织的知识和开展特定公共关系工作所需要的知识

公关人员必须对自己所处的组织工作做到"知彼知己"，组织情况包括：组织的性质、特点、任务、目标、发展史、面临的环境、现有的竞争对手、员工的精神面貌和未来发展前景等。此外，公共关系人员也会根据特定的需要，开展某些特定的公共关系工作，例如，加入世界贸易组织使得中国的经济进一步融入世界，经济全球化必然要求人才国际化，这时，公关人员就有必要了解世界贸易组织的基本规则、国际关系、国际市场营销、国际公共关系等方面的知识和有关国家的政治、经济、文化、法律、习俗等方面的情况，以适应各社会组织开展国际间经济文化交流与合作的需要。

当然，公共关系人员的知识结构应是一种动态的过程、开放的结构。它要求公共关系人员不断吸收新的知识，做到"与时俱进"，以"艺多不压身"的精神，不断丰富和发展自己，以适应新形势、新环境的工作需要。

6. 能力结构

公关人员必须具备多种能力，具体包括：

（1）组织能力

公关人员经常组织各种公关活动，要使这些活动能够有条不紊地进行，达到预期的目的，使每个或大多数参与者都满意，必须具有较强的组织能力和应变能力。公关人员的组织能力具体表现在三个方面：一是计划能力，即对公关活动能事前做出合理、周详而不失灵活的计划，做到项目安排合理，程序有条不紊，时间紧凑，内容丰富，预算节约。二是能够有效地调度活动所需的资源，使其井井有条。三是在活动中能够熟练地调动和控制现场气氛，而且能够随机应变。

（2）信息处理能力

公共关系人员必须善于发现和挖掘与本组织有关的一切信息，

并加以处理，作为组织决策的依据。公共关系人员应该学会运用现代科学技术给我们提供的各种传播工具，及时准确地向公众传播组织的信息。使自己和本单位做到"不聋"、"不哑"、"不瞎"。

（3）交际能力

交际就是人们之间相互交流信息、相互作用的过程，它是公共关系中最基本的技能和主要手段。公关人员必须具备相应的交际能力，具体包括：一是学会自我推销，即在人际交往中，能够让对方承认赞同其个人的价值观念、行为方式、知识、能力、水平，这点需要相应的实力做基础；另一方面要有相关交际技巧，特别要注意控制自己的弱点与不足。二是寻找双方的共同语言，使沟通能够发生并顺利地进行。三是进行换位思考，能够站在对方的角度来考虑问题。四是学会聆听。这既体现了对对方的尊重，也能更好地了解对方的想法，在许多情况下，仅仅是倾听就足够了，对方的需求就已经得到了满足。五是真诚地赞赏，这将大大有助于建立良好的人际关系。六是要有随机应变的能力，这是因为任何人都不可能准确地预测将要发生的事情。公共关系人员不但要建立亲密的人际关系，而且还必须懂得各种社交礼仪；在大量的公共关系实践中，往往有些问题在正式谈判场合不能解决，而在社交场合却能得到解决。

（4）较强的写作能力

写作是将信息组织起来并通过书面形式表现出来，进而传递出去的最重要技能之一。但很不幸，写作也恰恰是大多数刚出校门的毕业生基本能力中最薄弱的环节之一。无论是公共关系的入门者，还是有着长期职业经历的老手，都应当具备这种能力——为出版和讲演写作出语法正确的、格式规范的、通俗易懂的、吸引人的、信息量大的、有说服力的甚至是震撼人心的稿件。

（5）较强的口语表达能力

口语表达是信息传递的另一种极重要的方式，在公共关系活动中，特别是在双向交流活动中有着其他表达方式难以取代的独特作用。良好的口语表达能力往往需要经过长期的训练得到，它要求口齿清晰，发音标准流畅，语音大小适中，语调自信而沉着，意思表达清晰、完整、明确、严谨、通俗易懂，而且还能根据"听众"特点相应地调整具体的表达方式。

(6) 创造能力

从本质上说，每一次成功的公关活动都是一次创造性的劳动，包括 CI 策划、形象定位和宣传、危机公关等。公共关系人员不仅要有广博而坚实的基础知识，还要有敏锐的判断力、丰富的想像力、深刻的洞察力，并且有创造性的灵感。只有这样，公关人员才能成为决策者的足智多谋的参谋和助手，才能胜任公共关系策划的工作。

(7) 装饰审美才能

精美而独特的装饰可以使公共关系活动的媒介产生强大的吸引力和冲击力，标新立异的活动可以迅速地抓住人们的注意力。一个优秀的公关人员是一个善于将自己的装饰审美才能发挥到极致的人。

7. 创新意识

公共关系主体的创新意识是指社会组织在公共关系活动中不断创造崭新的活动模式的一种自觉和能动的倾向。创新意识来源于社会及公众环境的不断变化，而公共关系每遇到一个问题都是前所未有的认识。因此，只有创新意识，才能不断地创造性地解决不断涌现的新问题；只有不断创新，运用新颖的方法、奇特的方式，才能不断满足公众求新、求异、求变的心理需要，取得公众的注意和支持。创新意识强调计划的创造性品质，强调公共关系活动的与众不同的新意，强调突破常规，强调出奇制胜。因此，这就要求公共关系人员解放思想、敢于创新，想他人不敢想、做他人不敢做，永不满足现状，敢于创新地开展公共关系活动。

二、公共关系人员的职业道德规范

1. 职业准则

(1)《国际公共关系道德准则》

第一条 为建设应有的道德、文化条件，保证人类得以享受《联合国人权宣言》所规定的诸种不可剥夺的权利作贡献。

第二条 建立各种传播网络和渠道，以促进基本信息的自由流通，使社会的每一成员都有被告知感，从而产生归属感、责任感与社会合一感。

第三条 牢记由于职业与公众的密切联系。个人的行为即使是私人方面的，也会对事业的声誉产生影响。

第四条 在自己的职业活动中尊重《联合国人权宣言》的道德原则与规定。

第五条 尊重并维护人类的尊严，确认个人均有自己作判断的权利。

第六条 促成为真正进行思想交流所必需的道德、心理、智能条件，确认参与的各方面都有申述情况与表达意见的权利。

第七条 在任何时候、任何场合，自己的行为都应赢得有关方面的信赖。

第八条 在任何场合，自己均应在行动中表现出对自己所服务的机构和公众的正当权益的尊重。

第九条 忠于职守，避免使用含糊或可能引起误解的语言，对目前以及以往的客户或雇主都始终忠诚如一。

第十条 不因某种需要而违背真理。

第十一条 不传播没有确凿依据的信息。

第十二条 不参与任何冒险行动或承揽不道德、不忠实、有损于人类尊严与诚实的业务。

第十三条 不使用任何操纵性方法与技术来引发对方无法以其意志控制因而也无法对之负责的潜意识动机。

（2）英国公共关系协会职业行为道德

第一条 职业行为标准

各会员在其职业活动中应尊重公众利益和个人尊严。在任何时候都应忠诚、公正地对待目前以往的客户与雇主、其他会员、传播媒介与公众。

第二条　信息传播

各会员不得有意不顾后果地散布虚假的信息，而且应注意避免不慎犯此错误。应以保证真实与准确为己任。

第三条　传播媒介

各会员不得参与任何意在败坏传播媒介诚实性的活动。

第四条　秘密利益

各会员不得参与任何为不可告人的利益服务但又掩盖其真实目的的欺骗性活动，应保证他所参与的任何组织都公开其真正利益。

第五条　信息保密

各会员在未得到对方同意之前，不得为个人目的而公开（除非因法庭裁判）或利用从他目前以及以往的雇主或客户获悉的信息。

第六条　利益冲突

各会员不得在公开事实并征得各方同意之前为互相冲突的利益工作。

第七条　报酬来源

各会员在为其雇主或客户服务时，在未得到他们同意之前，不得因此项服务与他人有关，而接受他人付给的报酬（包括现钞和实物）。

第八条　公开财政利益

各会员如在某机构有财政利益，在未公开此关系之前，不得代表客户或雇主推荐使用这个组织的成员或采用其他服务。

第九条　因成绩定报酬

各会员不得在与某预期雇主或客户签订协议或合同时订立因公关工作成绩特殊而特殊收费的条款。

第十条　给在公职者报酬

各会员不得有悖公众利益而为其私人利益（或其客户、雇主的利益）给在公职者以报酬。

第十一条　雇用议员

会员中如有雇用国会议员、上下议院议员作为顾问或理事者，均应向本协会、总书记报告此一情况并说明其目的，请他代为登记注册。协会会员如果本人是国会议员，应亲自向总书记报告有关本人的确切情况（在协会办公处的办公时间内，此类注册材料应公开接受公众核查）。

第十二条　中伤他人

各会员不得恶意中伤其他会员的职业声誉或其活动。

第十三条　影响他人

如果会员有意影响或允许他人或其他组织采取违背此准则的行为，或者他本人也参与此种行为，都应视为该会员对准则的破坏。

第十四条　职业声誉

各会员的行为不得在任何方面有损于本协会或公共关系职业的声誉。

第十五条　各会员均应维护准则，并团结其他会员在国际中加以贯彻。如果某会员发现另一会员参与破坏准则的行为，应向协会报告。全体会员都应自觉支持协会推行此一准则，协会应支持会员在这方面所作出的努力和表现。

第十六条　其他职业

各会员在为其他职业的客户或雇主服务时，应该尊重职业的行为准则，不应有意参与任何破坏其准则的活动。

（3）《美国公共关系协会职业标准准则》

一、各会员都应对其目前以及以往的客户、雇主、其他会员和公众持公正态度。

二、各会员的职业行为都应符合公众利益。

三、各会员都应坚守社会公认的准确、真实与品位高尚的标准。

四、除非在充分说明真相后取得有关各方面同意，各会员不得为互相冲突或竞争的利益工作。

五、各会员应维护目前及以往所有客户或雇主的信赖，不接受任何利用此种信赖或含有泄密因而可能危及这些客户或雇主的业务。

六、各会员不能参与有意败坏公众传播渠道诚实性的活动。

七、各会员不得故意散播虚假或欺骗性信息，并有责任努力防止这种信息的散播。

八、各会员不得利用任何组织，声称为某已知的事业服务而实际上却为某不可告人的目的或某会员、客户、雇主的私人利益服务。

九、各会员不得故意损害其他会员的职业信誉和活动。但如果某会员掌握其他会员不道德的、不法的或不公正的、包括违背本规则的行为的证据，应据章程前言第八条向本会提供情况。

十、各会员不得采用任何损害其他会员的客户、雇主或其产品、事业、服务声誉的伎俩。

十一、在向客户或雇主提供服务时，各会员在未充分说明情况取得有关方面同意的情况下，不得因这种服务与其他方面有关而接受任何其他人的服务费、佣金或其他报酬。

十二、各会员不得向预期的客户或雇主提出按特殊情况收取费用或报酬，也不能签订这种性质的收费合同。

十三、各会员不得侵夺任何其他成员的受雇机会，除非双方都认为两人同时受雇并不存在冲突，而且都考虑双方的协约。

十四、如果发现继续受雇于某组织会造成违背这个规则的行为，会员就应尽快与该组织脱离关系。

十五、除非经陪审员同意，如因实行本规则需要某会员出庭作证，必须出庭。

十六、各会员应通力合作以维护实行本准则。

(4)《中国公共关系职业道德准则》

总　　则

中国公共关系事业的发展，是改革开放的必然趋势，它以新型的管理科学协调社会各方面的关系，密切党和广大人民群众的联系，调动各种积极因素，维护安定团结，促进社会主义建设。因此，公共关系工作者肩负着时代的使命，公共关系工作者必须具有高尚的职业道德作为完善自身形象的行为准则。

条　　款

第一条　公共关系工作者应当坚持社会主义方向，自觉地遵守我国的宪法、法律和社会主义道德规范。

第二条　公共关系工作者开展公关活动首先要注重社会效益，努力维护公关职业的整体形象。

第三条　公共关系工作者在公共关系活动中，应当力求真实、准确、公正和对公众负责。

第四条　公共关系工作者应当努力提高自己的政治水平、文化修养和公关的专业技能。

第五条　公共关系工作者应当将公关理论联系中国的实际，以严肃认真、诚实的态度来从事公共关系学教育。

第六条　公共关系工作者应当注意传播信息的真实性和准确性，防止和避免使人误解的信息。

第七条　公共关系工作者不能有意损害其他公关工作者的信誉和公关实务。对不道德、不守法的公关组织及个人予以制止并通过有关组织采取相应的措施。

第八条　公共关系工作者不得借用公关名义从事任何有损公关信誉的活动。

第九条　公共关系工作者应当对公关事业具有高度的责任感。不得利用贿赂或其他不正当手段影响传播媒介人员真实、客观的报道。

第十条 公共关系工作者在国内外公共关系实务中应该严守国家和各自组织的有关机密。

附 则

本准则将根据实际情况予以调整和修改。其解释、修改、终止权属全国省、市公关组织联席会议。

2. 职业道德

作为公共关系人员，首先要使自己有一个良好的形象，在公众中建立起信誉，公关人员的职业道德标准具体包括：

（1）遵纪守法

公共关系人员作为社会一分子，他的一切活动都置于一定的法律规范之内。这就要求公共关系人员具有强烈的法制观念，自觉遵纪守法，一切依法办事，真正做到知法、懂法、守法、护法。很难想象，一个对法律法规一窍不通的人能够成为出色的公共关系人员。公共关系人员不仅自己要严格遵纪守法，在发现违法乱纪行为时，还应当挺身而出，予以坚决抵制和揭露，以维护公共关系工作的良好信誉。

（2）平等公正

公共关系本质是人际关系的协调，而要做好协调工作，就必须持有公正的立场。态度的偏向是协调成功的最大障碍，公共关系人员对于自己所服务的客户、同行、媒体，都应该一视同仁、公平对待。

（3）宽容正派

要诚实可靠，作风正派，行为良好，不谋私利。不能搞不正之风，不能从事腐蚀新闻界或政府机构的活动，不能为了谋取自身利益而违背法律法规和职业道德。当社会组织与公众之间产生非原则性矛盾时，作为社会组织的公关人员，应该本着求同存异的原则，得理让人，始终保持谦和的态度。只有这样，才能缓和双方的矛盾，协调双方的关系，为组织争取公众的谅解，赢得对方的信任。

（4）对社会负责

要使自己的活动不仅符合客户的利益，而且符合公众的利益，对于客户提出的那些有损于社会公德和公众利益的要求，要坚决予以拒绝，并以恰当的方式加以解释和说服。

（5）真实诚信

在沟通信息时，必须真实准确，实事求是。公共关系活动的基础是信息的传播，而当信息失去了真实性时，信息的传播者的信誉也开始丧失。因此公共关系人员在公关活动的各个环节都要确保信息的真实可靠，虚报、瞒报、假报，甚至故意歪曲事实、提供虚假信息的做法，迟早要被人揭穿，不仅达不到目的，更会使组织的形象和声誉受损，有关人员也必然要为其行为负责。

（6）顾全大局，严守秘密

公共关系人员应该具有顾全大局的职业道德，正确处理国家与组织、个人、公众与社会组织、社会组织内部各部门之间的关系。同时，公关人员为了更好地开展工作，必然要接触一些客户的机密，无论何时，他都必须严守机密，即使不再为这一客户工作，也应该如此。

三、公共关系人员的层次和日常工作

公关人员总体来说，他们的工作是以传播为手段，以塑造组织形象为目的的工作。但组织不同、岗位不同，具体的工作原则有所差别。通常情况下，我们可以把公共关系人员分为两大层次：策划层和执行层。

1. 公共关系人员的层次

（1）策划层

策划层公共关系人员是指公共关系决策的主要人员，如公共关系总监、公共关系部经理、公共关系顾问等。他们决定着企业公共关系工作的总体态势和发展方向，对公共关系总体工作和具体活动作纲领性指导。公共关系计划和公共关系策划是公共关系工作的统领和核心，企业公共关系水平的高低直接取决于策划层公共关系工作的状态和水平。

（2）执行层

执行层公共关系人员包括公共关系业务人员和礼仪事务人员两类。他们担负着执行公共关系决策、实施公共关系措施、确保公共关系阶段目标和战略目标实现的重任，他们的工作是公共关系战略和公共关系策划意图得以实现的重要保证，是整个公共关系的坚强支撑。

2. 公共关系人员的日常工作

公共关系人员的日常工作主要包括以下内容：

（1）日常文书工作

包括撰写新闻稿件、公共关系策划书、广告用语、宣传手册、简报、通告、技术信息、雇员读物、各种公共关系函件等。

（2）设计与创作

包括小型宣传品、海报、广告、摄影、制作视听宣传资料、企业标识、场地布置等。

（3）调查研究

包括抽样设计、制作问卷、实施调查、统计分析。

（4）信息处理

包括报刊资料的剪辑、网络信息的检索、其他形式信息的处理等。

（5）咨询与规划

为具体项目和任务提供咨询和计划，进行人、财、物等方面的预算与规划。

（6）演讲与主持

包括新闻发布会、庆典仪式、大型活动上的演讲与主持。

（7）策划与组织活动

包括各类会议、专题活动、应急事件、展览活动。

（8）新闻界联络

保持与各类新闻媒介的日常接触和沟通。

（9）公众交往

对社会名流、社区公众、目标公众等的访问、接待、游说和联系等。

（10）管理与培训

监督、管理公共关系活动的实施过程，训练有关人员的公共关系能力。

第五章 公共关系客体

组织、公众、媒体是公共关系的三大要素，其中公众是公共关系的最基本的要素之一，没有公众不能构成公共关系。公众是公共关系工作中主体作用的对象。公共关系旨在使本组织的各项政策和活动符合广大公众的要求，在公众中树立组织的良好形象，以谋求公众对本组织的了解、信任与合作，并实现组织与公众的共同利益。

第一节 公众的含义和特征

一、公众的含义

公共关系学首先在西方国家兴起，"公众"是"Public"一词翻译而来。Public 有泛指公众、民众的含义，也有特指某一方面的公众、群众的含义。在公共关系学中，"公众"则更有其特定的含义。公共关系学中所讨论的公众，并不同于"人民"、"群众"、"受众"等概念，人民（People）属于政治哲学和社会历史的范畴，泛指居民中的大多数；群众（Mass），从本质上讲很大程度与人民的含义是一致的，从范围上看，群众包含在人民之中，但群众的内涵更稳定、更具体，是指人民中从事物质资料和精神资料生产的劳动者；而受众（Audience）是传播学的概念，是指信息的接收者，是被动的和消极的。这就是说：第一，组织的公众必须是与组织有关系的；第二，公众可以是若干独立的个人；第三，公众可以是若干的由人所组成的社会实体。这些社会实体实际上也是一些组织，如企业、学校、政府机关、医院、慈善团体、宗教团体等。总之，公众就是指与一个组织机构直接或间接相关的个人、群体和组织，这些个人、群体和组织对该组织机构的目标、生存和发展具有实际的或潜在的利益关系和影响力。

二、公众的特征

1. 整体性

公众不是单一的群体，而是与某一组织运行有关的整体环境，任何组织的生存和发展都离不开一定的公众环境。公众环境与自然环境、地理环境不同，是指组织运行过程中必须面对的社会关系和社会舆论的总和。这些社会关系和社会舆论范围很广，涉及组织的内部和外部，社会的方方面面，而且相互关联，构成复杂。如一家超市，它所面对的公众，除了顾客之外，还有上级主管部门、政府机构、新闻媒介、业务往来单位、社区以及其他超市等。公共关系工作不可只注意其中某一类公众，而忽视其他公众。对其中任何一类公众的疏忽，都可能导致整个公众环境的恶化。公众环境的恶化必然影响组织的生存和发展。可口可乐的一位总裁曾自信地说："如果哪一天一场大火将可口可乐烧毁，第二天，银行、机械厂、销售商、政府……会主动为我们提供一切的帮助。"公众的整体性强调公众对象不是单一的，而是与某一组织运行有关的整体环境。任何组织的生存发展都离不开一定的公众整体环境；而要达到与公众环境的某一种动态平衡，必须将其公众对象视为一个完整的环境，用全面、系统的观点来分析自己面临的公众，注意组织与各类公众之间的整体平衡与协调。

2. 多元性

公众是一种社会群体，社会群体具有层次性和多元性，那么公众也就有层次性和多元性。因此，公众既可以是与社会组织有关的个人，也可以是一些社会团体和社会组织机构，如媒介公众，可以表现为前来采访的记者，也可以是报社、电台、电视台的领导和编辑，还可以是记者协会或新闻协会等，消费者公众可以是松散的个体，也可以是特殊的利益团体，还可以是一个严密的组织等。这就决定了公共关系必然是一种立体的、多维的、全方位的社会关系。公众对象具体形式的多样性，决定了公共关系沟通方式和传播媒介的多样性。既然公众具有多元性的特性，策划公共关系活动时应该运用"公众细分理论"，通过设置科学的细分标准，把公众区分为若干类，从中找出需要重点影响的目标公众，针对目标公众的特殊要求，开展相应的宣传活动，增强公共关系活动的影响力。

3. 共同性

公众不是一盘散沙，而是具有某种共同性的群体。当某一群人、某一社会阶层、某些社会团体因为某种共同性而发生内在联系时，便成为一类公众。这种共同性即相互之间的某些共同点，比如共同的利益、共同的需求、共同的目的、共同的问题、共同的意向等。这些共同点，使一群人或一些团体和组织具有相同或类似的态度和行为，构成组织所面临的一类公众。比如，在某歌星演唱会上，为歌星欢呼或疯狂的观众；在足球体育比赛中，不同队伍球迷之间的互相诋毁等。因此，了解和分析自己的公众，找出其内在的联系和内在的共同性，在实际的公共关系活动中，才可以在大的公众群体中区分出这次活动的具体对象，即具体公众。策划和组织公共关系活动时，应该准确了解各种公众的共同需要，尽量满足公众的共同需要，以便吸引众多的公众，从而扩大公共关系活动的影响范围。

4. 相关性

抽象地看，社会上任何一个人都有可能成为一个组织的公众，但在实践上，一个组织的公众是具体的因而也是有限的。凡不与组织发生关系的，都不应是这个组织的公众。一个社会组织的公众，总是与这个组织存在着某种利益关系。公众的意见、观点、态度和行为对该组织具有实际的或潜在的影响力和制约力，甚至决定组织的成败。同样，该组织的决策和行为也对这些公众具有实际的或潜在的影响力和作用力，制约着他们利益的实现、需求的满足等。找出这些相关性，就能确定自己的目标公众，也才能制定正确的公关策略。

5. 能动性

公众不只是被动地作为公共关系的客体，而是从自身利益和需求出发，积极主动地影响某一社会组织的决策和行为。这就是公众的能动性。组织内部公众的认识水平、工作态度、文化修养等对社会组织有着至关重要的作用；组织的外部公众也能通过各种渠道对组织施加影响，迫使组织改变其计划、决策、工作内容和工作方法。一个社会组织对公众的能动性是不能忽视的。社会组织必须及时了解和分析公众的态度，满足公众的需求，以争取公众对组织的支持与合作，并善加引导，调动公众的能动性向有利于组织的方向发展，确保组织目标的顺利实现。

6. 多变性

公众不是封闭僵化、一成不变的对象，而是一个开放的系统，处于不断变化发展的过程中。任何组织面临的公众，其性质、形式、数量、范围等均会随着主体条件、客观环境的变化而变化：有的关系产生了，有的关系消失了；有的关系不断扩大，有的关系又不断缩小；有的关系甚至发生性质上的变化——竞争关系转化为协作关系、友好关系转化为敌对关系等。反过来，这种变化的结果又可能对组织产生影响、制约作用，公众环境的变化，必将导致公共关系工作目标、方针、策略、手段的变化。进而，组织自身的变化又会导致公众环境的变化，如组织的政策、行为、产品的变化，使得公众的意见、评价、态度或行为也会发生相应的变化，循环往复以至无穷。可口可乐公司曾经决定生产新型的带甜味的可乐，结果在公众中引起了强烈不满，这种公众舆论立即迫使可口可乐公司慎重考虑其决策，以免导致公众环境的变化。既然公众是不断变化的，策划公共关系活动时就需要强化创新意识、预测意识和战略设计意识，使公共关系活动能"与时俱进、与众俱进"，呈现出鲜明的时代特性。

7. 心理性

公众都是有心态、情绪、情感生活的人，其心理状态经常影响公众的判断与行为，使之表现出强烈的心理色彩。公众心理是公众社会经历、需要、动机、态度、情感、兴趣、个性的综合反映，直接从根本上支配着公众的行为。公众的心理性特点，要求我们策划公共关系活动时，必须着眼于公众的心理活动过程。公共关系工作，就是要争取公众的认知，联络公众的情感，改变公众的印象，促发公众的行为。这对于公众而言，实质上是一个前后衔接、上下贯通的心理活动过程。公共关系工作要想使公众产生符合社会组织期望的行为，必须善于运用心理策略，在适应公众心理特性、适合公众需要的基础上，创造性地改变公众的心理倾向，诱发积极、愉快的心理联想，使之发展成为社会组织所期待的顺意公众环境。

8. 层次性

即广泛而多样的公众可以划分出不同层次。根据不同的标准可以对公众进行不同的分类，认真区分公众的层次，才能有重点、有针对性地开展公共关系工作。

第二节　公众的分类

从公众的含义和特征可知，公众是一个集合概念，有着广泛的含义和极其复杂的结构，为了把握其复杂的结构，对公众进行分类是十分必要的。对公众进行类别划分是研究和认识公众的有效方法，也是开展公关工作的前提和条件，划分公众类别合乎公关工作中合理安排时间、人力、资金投放重点和工作优先顺序的要求，是正确地选择有针对性的工作方法的需要，是传播沟通过程中媒介选择的需要，可以为公共关系的调查研究和组织形象评估确定范围，可以为制定公共关系政策、设计公共关系方案明确目标和方向，可以为公共关系活动的组织和实施打下良好的基础，可以为科学评审公共关系工作的效果提供依据。根据不同的标准，可以将公众分为不同的类型：

一、根据组织公关活动的内外对象来分

1. 内部公众

指组织内部的成员，如管理人员、生产人员、销售人员、技术人员、辅助人员及股东公众等。内部公众对组织的公共关系来说是一种最重要、最基本的公众。因为公共关系要树立社会组织的良好印象，而内部公众对自己组织的评价有着特殊的意义和作用，因此，同内部公众协调关系，是公共关系工作中最重要的环节之一。

2. 外部公众

指对组织生存发展有影响的组织，它（他）们在某些方面直接影响着组织的正常运行，依组织主体性质不同，其所包含的范围有一定的差异性，一般而言主要有：社区公众、消费者公众、政府公众、同业公众、媒体公众及其他公众，如消费者、协作者、记者、竞争者、社会名流、政府官员、社区居民，等等。

公共关系的政策需要内外有别。公共关系传播的信息是经过选择、整理有序的信息资料，哪些在内部传播，哪些在外部传播，内部传播和外部传播在形式、尺度、时间等方面都有区别，组织内部的情况不能毫无控制和调节地宣传出去，必要的保密也是一种重要的传播政策。在对外传播之前，内部传播必须统一口径，否则就会造成整体形象的混乱。

二、根据公众对组织的态度来分

1. 顺意公众

顺意公众是指意见和态度与组织的行为保持一致的公众,这类公众与组织关系良好,能够相互理解和支持,其意向、意识、观念、态度、行为、利益和需求等,在较大的程度上与组织保持一致。他们是组织

生存和发展的积极的社会环境。对其应采取维持性公共关系活动。

2. 逆意公众

逆意公众是指对组织的政策与行为持否定意见或反对态度的公众。这类公众的数量少，但是产生的消极作用却可能很大，对其应采取矫正性公共关系活动。对逆意公众，与之对立和斗争是不可取的，要诚挚地与其交流，不计较一时一事的得失，在条件允许时，尽可能协调关系。要始终保持较高的姿态，争取对方的理解，促进逆意的转化。

3. 独立公众

这类公众的态度较为中立，或者不很明朗。他们大多有自己独立的需要，其行为方式也有独立性，较少依赖于组织，在某些方面对组织可能还存在保留态度。这类公众数量较大，对其应采取进攻性公共关系活动，组织要下工夫增进与他们的交流，促进了解、建立友谊、谋求支持。在一些不一致的地方，要相互谅解和尊重。

公众的态度是制定和传播政策的一大依据。对待公众的一项基本原则是"多交友，少树敌"。因此应尽可能争取支持、减少敌意。首先，应该将顺意公众当作组织的财富，悉心维护和"保养"这种关系。其次，要注意做好逆意公众的转化工作，改变其敌对的态度，即使不能将其转化为顺意公众也应促其成为边缘公众。再次，耐心细致地做好争取独立公众这个"大多数"工作，引导他们成为顺意公众，防止他们成为逆意公众。独立公众的态度倾向往往成为公关竞争中的决定因素，因此常常是公关工作的"必争之地"。

三、根据公众与组织关系的重要程度来分

1. 首要公众

首要公众是指关系到组织生死存亡、决定组织成败的那部分公众，如到酒店、宾馆入住就餐的知名人士、员工纠纷中的领袖、VIP 等。对于这些重要人物必须置于重要位置，接待、安排稍有差错便会造成重要影响。首要公众与组织息息相关，是组织正常运行

发展的重要动力，是构成组织结构与功能的基础，因此，也是组织公共关系活动的首要对象。

2. 次要公众

次要公众是指虽然对组织的生存和发展有一定影响，但没有决定性意义的公众，如到商场购物的一般消费者、医院正常就诊的病人等。次要公众与组织的根本利益没有直接的联系，但对组织的生存和发展有相当重要的作用。因此，组织对次要公众应给予适当足够的重视，时刻注意他们的行动动向，并及时采取必要的行动。此外，次要公众也可能转化为首要公众。所以要求组织投入一定的人力、物力、财力和时间，维持和改善与次要公众的关系，争取他们的支持与合作。

3. 边缘公众

即指与组织的生存和发展关系不十分密切的公众，如对企业来讲，慈善机构、宗教团体、学术团体、学校、医院等社会组织则属于边缘公众。对于这些公众，通常不需要投入很大的精力。但不能忘记它们可能转化为次要公众甚至首要公众。因此，公共关系部门要做好思想及物质上的准备工作，时刻注意这种转化的可能性，在情况有变化时，能够迅速及时地争取这些公众的理解和支持。

18 世纪银行家帕累托在研究银行存款时发现一种现象，即不到 20% 的客户，其存款额竟占到全部银行存款的 80% 以上，于是主要重点管理好那 20% 的重点客户，并由此提出"关键的少数"的公众问题。在公共关系管理中这种现象被称为"二八法则"，一般来说，首要公众占组织公众群体的 20% 左右，但他们对组织的影响力在 80% 以上，因此，从投入产出的角度来看，必须要保证首要公众、兼顾次要公众，同时也不能忽视边缘公众。

四、根据在发展过程中不同阶段的公众特点来分

1. 非公众（Non Public）

指这样一些团体和个人，在特定的时空条件下，处于组织主体

的影响范围之中，但却与组织无直接利益关系，既不受组织行为的影响，也不会对组织产生任何后果。提出"非公众"的概念是要帮助公共关系工作人员减少盲目性，避免把力量过多地用到不太需要用的地方去，从而提高公共关系活动的效率。但是从社会组织运行角度来讲，公众都是从非公众发展而来的，也就是说，非公众不是绝对不变的，而是随时变化的，非公众在条件具备或接触到相关信息后，也有可能变为潜在公众。因此，社会组织要有"公众的超前意识"，针对"非公众"实施有效的策略。如可口可乐在未被人知晓、认可和习惯之前，经常在美国大学校园的广场中央，支起帐篷，摆上桌椅，免费发放午餐，有热狗、土豆片和可乐等，以提高产品的知名度，培养年轻人对可口可乐的偏爱与嗜好。

2. 潜在公众（Latent Public）

指由于面临着潜在的共同问题而形成的隐性公众，一般包括两种情况：一指现在还没有同社会组织发生关系和影响，但将来会与社会组织发生关系和影响的公众。二是事实上已经与社会组织发生关系但尚未意识到的公众。在公共关系中，能否发现潜在公众关系到公共关系的预见性。公共关系活动"着眼于长远，着手于平时"的宗旨，已说明潜在公众是公共关系活动的重点，正所谓"防患于未然"。尤其是就危机管理而言，及早采取有效措施，将问题解决在萌芽状态，促使潜在公众按组织主体的要求转化，就显得非常关键。

3. 知晓公众（Aware Public）

指那些已经意识到问题的存在，但还没有付诸实际行动的公众；它是潜在公众逻辑发展的结果。知晓公众是组织不能回避的沟通对象，对任何一个组织来说，采取积极、主动、诚实、信用的公关姿态，及时与知晓公众保持畅通的信息沟通渠道，才能让知晓公众逐步从误解到了解，再转向理解。任何的信息封锁、互相推诿，甚至临阵脱逃的"鸵鸟"行为都无异于"自杀"。一旦信息沟通失灵，谣传四起，知晓公众就会迅速采取对组织更为不利的行为。在公共关系工作中，能否以积极的态度、正确的方法，把握适当的时机对知晓公众开展公共关系工作，关系到公共关系工作成功的关键。

4. 行动公众（Active Public）

指那些不仅意识到问题的存在，而且准备（或已经）自行采取行动，对组织构成相当大的压力，甚至迫使组织被动地采取相应补救行动的公众；它是由知晓公众发展而来的。由于行动公众所寻求的"解决办法"往往带有自发性和盲目性，一旦补救措施不够及时、有效，很可能给组织带来极大的伤害，导致危机的出现。面对着行动公众，除了尽快采取相应措施，寻求组织与公众的相互理解，对组织而言，已经别无选择，当然所采取的措施是否得当，对事件结果影响作用是截然不同的。

当然，从非公众到行动公众是一个连续发展的过程。一个组织的公共关系部门或人员，应时刻注意公众的变化。首先应把工作重点放在知晓公众和行动公众上，因为知晓公众特别是行动公众与组织有着密切的利害关系，不协调好这部分公众的关系将会直接危及组织的生存和发展。其次，也应该考虑到潜在公众，做到未雨绸缪，防患于未然。

五、根据与组织关系的稳定程度来分

1. 临时公众

是因某一临时因素、偶发事件或特别活动而形成的公众对象，如因飞机航班误点而滞留机场的旅客等；临时公众具体包括流散性公众、聚散性公众两大类。

2. 周期公众

是指按一定规律和周期出现的公众对象，如逢节假日出现的旅客高峰、招生时的考生和家长等。

3. 稳定公众

是指具有稳定结构和稳定关系的公众对象，如老主顾、社区居民等；公共关系工作首先要抓住稳定性公众，让他们全面、深入地了解组织的情况，使他们对组织产生良好的印象，努力维持一种密切合作的关系状态。

划分临时公众、周期公众和稳定公众，是制定公共关系临时对策、周期性政策和稳定策略的依据。每个组织都难以事先完全预测到某些突发事件的产生，往往会面对一些临时公众构成的额外压力，需要公共关系部门进行应急处理，因此需要有应变对策。周期公众的出现则是有规律的，可以预测的，能够事先制定公关计划，做好必要的准备工作，按照一定的程序来处理。而稳定的公众对象作为组织的基本公众，需要采取特殊的措施和政策，以示关系的密切性。

六、根据组织的价值判断来分

1. 受欢迎公众

指组织期望与其发展关系而对方也有相同要求，并主动对组织表示关心的公众群体。如前来进行新闻采访报道的记者，学校里学习非常自觉努力的学生，饭店里慕名前来的顾客。受欢迎公众应该是与组织的目标和利益一致的公众，他们对组织表示感兴趣，接近组织并支持组织，公关工作的任务是维持和加强与受欢迎公众的合作关系。

2. 不受欢迎公众

指违背组织的利益和意愿，并对组织构成某种威胁的公众群体，如强拉赞助者、追踪报道负面新闻者等。

3. 被追求公众

指行为与组织目标相吻合，但其对组织本身并不感兴趣，缺乏交往意愿的公众群体。如对学校来说，被追求公众可能是光临社区的知名学者；对企业来说，被追求公众可以是各类知名人物。组织希望通过与他们建立关系来扩大影响，但这类人不易沟通，存在着较大的传播障碍，需要组织制定较为特殊的传播对策。

第三节　目标公众的层次

一、领导管理层——最关键的公众

1. 领导管理层及其内部关系的主要影响因素

领导管理层是指组织的中高层领导及其主要的管理人员。

领导管理层内部关系是影响组织内部公共关系的主导因素，也是组织内部公共关系的重要组成部分。搞好内部公共关系首先要从领导管理层做起，进而在领导管理层内部良好关系的推动下，形成整个组织良好的内部环境。组织领导管理层内部关系的目标是：加强凝聚力、使组织领导团结一致，形成强有力的领导集团；在组织内部成为良好风范的楷模，在组织成员和内部其他团体中树立起组织的良好形象。

影响组织领导管理层内部关系的主要因素有两个：一是内部的交流与沟通。组织领导管理层内部一般都有较为密切的接触，但是他们相互之间的交流与沟通却可能存在不足。领导管理人员忙于各自的事务，履行职责并行使权力，他们会面临一些不同的问题，并关联到不同的局部利益和需要，这些都可能使领导管理层虽然有较为密切的接触，但并没有真正地交流与沟通，达到情感上的理解与协调。二是管理风格。管理风格与组织的传统、机构、组织模式、组织领导班子的思想观念、工作作风、高级管理人员的个人品质、态度和行为、习惯和偏好都有关系。这些也会影响管理层内部的关系。在机构臃肿的组织中，办事的环节繁多，领导管理层内部的矛盾也多，办事效率低下；而办事效率低，又会导致新的矛盾。保守的领导班子缺乏创新、不思改进；有的高级管理人员以自我为中心，不愿考虑他人的意见和建议，民主作风差，独断专横，这些都可能导致不良的管理作风。

2. 处理领导管理层关系的基本方法

领导管理层内部的关系不仅是内部融洽、协调共事的问题，还直接关系到整个组织的内部公共关系、影响组织的发展。因此，协调好领导管理层内部的关系至关重要。协调关系要从以下几个方面着手：

一是交流沟通。在领导管理层内部可以有各种交流沟通的方式。文件资料、专门的信息通报的交流是最一般的形式。但是，文件资料的交流有时会造成冗文成堆，令人反感，不能达到预期的效果。因而好的文风、简要的信息通报值得提倡。交流沟通还可以以专门的会议进行。会议应不拘形式，目的在于相互通气，达到理解、协调和信任的目的。此外，领导管理层成员之间随时的、日常的、非正式的交流沟通，也有积极的作用。

二是民主协商。领导管理层中，民主协商的工作作风是协调关系的重要条件。在日常的工作及组织的决策过程中，民主的办法、协调的态度表现出对人的尊重，适应了人的本能的心理需要，因而有利于化解矛盾、调动人的积极因素。民主决策集思广益，更具有科学性，也有利于促进关系的协调。民主协商作风要求组织的决策首脑应经常征询各部门主管人以及其他人员的意见和建议，坦诚地与之探讨，完善组织的决策，以促成民主协商首先在组织的领导管理层中蔚然成风。

三是求同存异。由于观念意识、知识能力、兴趣爱好以及所处的环境和所面临的利益不尽相同，在领导管理层中会形成不同的管理和决策方面的意见，通过交流沟通、民主协商，一些意见会取得一致，但是，希望在所有方面都取得一致并不现实。不一致的方面很可能导致矛盾，损害内部关系的协调。因而，在领导管理人员中，各种意见还应该求大同存小异。要倡导识大体、顾大局、局部利益服从全局利益。所有的领导管理人员都要认识到：团结一致、齐心协力符合组织的根本的长远利益。求同存异是协调组织内部的行为、协调领导管理人员关系的重要原则。

二、员工公众——最基础的公众

1. 员工公众的定义和作用

员工又称为职工或雇员，员工作为社会组织的内部成员，既是公共关系的主体，又是公共关系的客体。其具体对象包括全体职员、工人等。员工关系，即社会组织同所有员工之间的一种关系，包括自最高领导至最基层的劳动者等一切员工关系之总和。员工在组织的生存和发展中具有十分重要的地位，首先，员工公众是组织的主体，是组织赖以生存和发展的细胞，他们的思想和情绪无时无刻不影响着组织机制的运行；其次，员工公众是组织形象的设计师和创造人，是组织与外部接触的触角，其言行举止都是组织形象的体现和象征。员工关系的协调在公共关系工作中占有十分重要的地位，应引起公共关系部门和公共关系人员的高度重视。建立良好员工关系的目的，是培养组织成员的认同感和归属感，形成向心力和凝聚力，并且通过全员公共关系，有助于增强组织的外张力。建立良好的员工关系，有利于增强组织的凝聚力，有利于调动职工的积极性，有助于获得更多的信息，有助于培养员工的归属感，有助于树立良好的形象，有助于提高组织的声誉，是组织"外求发展"的基础。

2. 处理员工公众关系的基本方法

协调员工关系应该遵循及时、公开、平等、理解与尊重的原则。第一，协调员工关系的首要任务是承认和尊重员工的个人价值。公共关系活动是树立组织整体形象的手段，它追求的是组织"整体存在的价值"，而组织的整体价值是与员工的个人价值密切相关、相互依赖的；它以个人价值为基础，并通过个人价值的实现而实现。第二，要重视内部信息的传播，将员工视为公共关系沟通的首要对象。尊重员工分享获得信息的优先权，使员工在分享信息中与组织融为一体，形成信任与和谐的内部气氛。第三，要关注员工的物质利益。切实解决员工工作、生活中的困难；对员工各方面问题和困难的关心是增强员工归属感、调动员工积极性的最有效的途径之一。第四，要重视员工的精神需要，帮助员工实现自我的精神需求。第五，建设组织文化，增强组织内聚力。组织文化是指一个组织及其员工所具有的一整套价值观念体系，它包括相互联系、相互依存的两个方面：就"软"的方面来看，就是员工的思想意识、精神风貌和价值观念；就"硬"的方面来看，就是指决定组织价值观念的各种具体活动，如技术活动、福利活动和娱乐活动等。组织文化是一种无形的管理方式，它可以使人们改变原来只从个人角度建立的思想意识，树立一种以组织为中心的共同的价值观念，从而在潜意识中对组织产生一种强烈的向心力，培养良好的集体意识。具有强烈集体意识的员工会对组织所承担的社会责任和组织目标有深刻的理解，从而自觉约束个人行为，使自己的言行与组织整体联系在一起。第六，努力协调与非正式组织的关系。在社会组织内部一般存在一些非正式组织，如同乡会、同学会、兴趣团体等，非正式组织是一些自由、松散的人际活动圈子，是以感情为纽带，以共同的追求为目的而自发组织起来的，因此，比起自上而下正规化的组织系统来说，其联系交往更亲密、更有效、更富有弹性。非正式组织在组织管理和公关工作中一方面具有积极作用，可以发挥沟通意见、稳定情绪、互帮互学的效应；另一方面，也有不可忽视的副作用，容易传播流言蜚语，产生"哥们义气"，削弱正式组织的控制力和影响力。因此，要发挥非正式组织积极的作用，避免消极的影响，就要靠公关人员的引导、协调和沟通。最后，要加强对员工的思想政治教育工作，将以思想政治教育为主要内容的公共关系活动与组织管理、党团活动、组织文化建设结合起来。

三、股东公众——最重要的公众

1. 股东公众的定义与作用

股东公众，是指一个组织的投资者，包括个别投资者、股票持有者、股票交易商、股票经纪人、银行家、投资公司、投资俱乐部等。良好的股东关系是组织的生命线，因为这种关系直接涉及组织的"财源"和"权源"。建立良好的股东关系，加强组织与股东之间的沟通，能够争取已有股东与潜在投资者的了解和信任，能够创造良好的投资气氛，稳定股东队伍，吸引新的投资者，筹集资金，有利于组织搜集信息，有利于组织科学决策，有利于组织最大限度地扩大社会财源。

2. 处理股东公众关系的基本方法

要保持组织与股东的良好关系，首先应该保持与股东的信息交流。组织必须与股东特别是大股东保持随时的交流，交流包括提供组织的经营报告、各种情况的资料，调查了解股东的意见和建议，收集信息等，也可以赠送一些表示情谊的小礼品，或致以贺信、贺卡等，以表示对股东的感谢。对重要的股东，需要登门拜访，或者邀请其到组织进行指导，要注意保持与之日常的电话上的联系交流。其次，应该视股东为顾客和伙伴。组织开展公共关系活动时应该充分考虑股东具有的"双重身份"的特点，充分利用股东广泛的社会关系扩大组织产品的销售网络。将股东当作第一顾客群体和推销伙伴不仅能够保证财源，而且可以扩大市场，增强组织竞争能力。再次，要争取股东对组织决策的参与和支持。主动争取股东参与组织决策，是协调股东关系的有效办法。组织如果能主动争取他们参与决策，不仅能保证决策的科学化，也能够在组织与股东之间建立起信任、亲善的关系，在社会上产生广泛的良好影响，从而使组织决策赢得股东公众的普遍支持。最后，要切实维护股东权益。股东主要的权利有：分享股息、红利的权利、要求召开股东大会的权利、对破产组织要求清理资产、偿还资金的权利等。股东的这些权利直接涉及股东的利益，组织必须认真加以维护，以保持股东对组织的热情和信心。组织不得干涉股东出售股票的权利，而应协助股东进行正常的股票交易。

四、顾客公众——最主要的公众

1. 顾客公众的定义和作用

顾客公众是指购买、使用本组织提供的产品或服务的个人、团体或组织，顾客公众是占社会组织中绝大多数的营利性组织的共有公共关系对象，是重要的外部公众之一。建立良好的顾客关系的目的，是促使顾客形成对组织及产品的良好的印象和评价，提高组织及其产品的知名度和美誉度，为组织争取顾客、开拓和稳定市场关系。组织与顾客公众关系的好坏直接关系着组织经济效益的高低，是决定组织形象好坏的重要因素之一；良好的组织和顾客公众关系能够为组织带来直接的利益，能够帮助组织树立正确的经营理念。

2. 处理顾客公众关系的基本方法

处理顾客公众与社会组织的关系必须遵循全员参与、个性化管理、平衡长期关系与短期利益、实现共赢、加强风险控制的基本原则。处理顾客公众与社会组织的关系首先要认真研究顾客的需求。不但要研究顾客的现实需求，还要研究顾客的潜在需求，要能够生产市场认可、顾客需求和喜欢的产品，同时还要善于引导消费，创造需求。其次，组织要提供物美价廉的产品和优质服务。提供优质的产品和服务，是搞好顾客关系的基础，组织在面向市场时，必须首先抓好产品质量或所经营的服务的质量。因为这是消费者与组织建立联系的真正纽带，组织要能够创造满足社会某方面需要的产品和服务项目，并努力将其经营为最具有竞争力的优秀品牌，有了优秀的产品和服务项目，组织的优秀形象才有了坚实的基础。再次，组织要做好与顾客的信息交流、沟通工作。组织应该有计划、持续不断地通过广告新闻宣传等形式把产品、经营、参与公益活动等信息传输给消费者，努力提高组织的知名度和美誉度。组织有了良好的形象，就会吸引来顾客，当顾客在这里得到了良好的服务和产品时，就会产生喜爱之情。这样，组织与顾客之间的良好关系就得到了巩固与发展。最后，组织要恰当处理顾客投诉。再好的顾客关系也不可能保证不发生任何差错与纠纷，在处理顾客投诉时，一要牢固树立"顾客就是上帝"、"顾客永远是对的"的思想，而不能将顾客的投诉看成是故意"挑刺"，更不能视为"无理取闹"，而应站在顾客角度，设身处地地为其着想，千方百计解决问题；二要把顾客的投诉看成一种重要的信息——反映产品优劣、服务质量好坏的一种信息；三不能忽视投诉者义务宣传的作用，顾客带着怒气与不满而来，如果处理不当，就会带着不满与怒气而去，其不满与怒气总要发泄，其结果必然是"坏事传千里"。

五、媒介公众——最敏感的公众

1. 媒介公众的定义和作用

媒介公众也称新闻关系，即组织与新闻机构以及新闻界人士的关系。新闻界公众是公共关系工作对象中最敏感、最重要的一部分。媒介公众具有两重性：一方面新闻媒介是组织与公众沟通的中介；另一方面，它又是组织需要争取的外部公众，这种中介与公众合一的性质，决定了组织与媒介关系的特殊重要性。新闻媒介具有双重身份、可以影响舆论、具有独特的价值观念、信息传播的主动性等特征。它对组织的生存和发展具有举足轻重的作用，首先，新闻媒介是塑造组织形象的"把关人"。新闻媒介常常利用宣传工具，利用舆论的力量维护着公众的利益，左右着社会舆论，进而对组织产生巨大影响；其次，它是组织与外界沟通的中介，现代化大众传媒形式的多样化，足以使公共关系活动的宗旨通过不同方式传递给公众，加之新闻传播已经成为现代生活的主要信息渠道，人们通过它们来理解、支持社会组织时会更自然、更便捷；最后，它对组织具有反馈信息的功能。新闻媒介可以帮助和监督组织的经营，对组织内部的管理人员、销售人员以及广大员工都起着鼓舞士气和教育警戒的作用。

2. 处理媒介公众关系的基本方法

公共关系工作要恰当处理与媒介公众的关系可以从以下几个方

面着手：

（1）尊重新闻界的特点，尊重新闻工作者的劳动和权利

公共关系工作要尊重新闻报道的客观性、及时性、公正性和不受其他势力所左右的特点。尊重新闻界的职业特点，就必须尊重新闻记者地位的独立性，而不能把新闻媒介纯粹看成是宣传组织的工具，诱使或迫使他们报道有利于本组织的消息，而拒绝其采访和报道不利于本组织的消息。公关人员在与新闻界人士合作时，要尊重他们的劳动和权利，尽可能地帮助他们掌握真实、准确的情况，不能干涉他们的调查采访活动，也不能试图左右报道角度和报道时机，要充分尊重他们的个人见解和风格。如果涉及不便于公开的组织机密，应明确说明原因，请新闻工作者谅解。任何社会组织不可采用不正当手段要求记者撰写有利于本组织或不利于别的组织的报道。

（2）有计划地与新闻界广泛联系，建立起可靠的新闻界"关系户"网络

组织的公关管理部门应制定切实可行的计划，与不同层次和性质的报社、广播电台、电视台建立联系，一般应有专人负责这种联系，从而形成一个可靠的新闻界"关系户"网络。一般来说，社会组织可通过三种途径与媒介建立关系：一是派出公关人员直接拜访新闻单位，主动要求建立联系；二是通过与组织有关联的社会名流、其他友好单位及组织内部与媒介有关系的人员，在他们的引荐下，与媒介建立联系；三是通过社会组织已有的新闻"关系户"，介绍结识新的新闻单位。与新闻媒介建立起联系后，应高度重视，经常与其保持联系。最好由公关人员分工负责，与新闻界人士发展良好的个人关系，增加信任感，避免多头联系可能造成的误会和不必要的障碍。

（3）坚持"四要四不要"原则

"四要"原则：要以礼相待，组织应该以主动热情的态度对待各新闻媒体，积极配合，为采访或报道提供方便。要以诚相待，应

主动与传媒建立和维护相互尊重和信任的关系，严格遵守公共关系基本准则，将事实真相告诉给公众，以真诚对待朋友，以真诚赢得朋友，既不掩盖事实，也不夸大新闻，确有难言之隐也应向传媒作出说明，争取谅解。要平等相待，有三层含义：一是对不同级别、不同层次的传媒应一视同仁，不厚此薄彼；二是对传媒人员不论资深记者还是见习记者都要平等对待；三是不管是对组织业绩的正面报道，还是负面报道也要一样平等相待。要正确对待，即正确对待新闻媒介传播的不利于组织的信息。若组织确有错误，应向新闻媒介表示感谢，对已造成的损失进行必要的挽救，赔偿必要的损失；若新闻媒介报道错误，则应真诚地与媒介沟通，请其改正，若是有意诬陷，则应拿起法律武器维护自己的正当权利。

"四不要"原则：不要"一厢情愿"，不能向媒体提出不切实际的要求，更不能强迫记者按照组织意愿撰写新闻。不要威逼利诱，不要对新闻媒体及记者采取贿赂或其他不正当手段，以期望或要求他们作出不符合事实的报道。不要"曲线救国"，有的组织以广告投入换取新闻媒体的正面报道，也不可取，要知道，这种利益制约关系是不可能换来新闻媒体对组织的全面了解与全力支持的。不要"临渴掘井"，与媒体要保持一种君子之交并逐步积累起来，不能"平时不烧香，临时抱佛脚"。

（4）组织要善于"制造新闻"

所谓制造新闻是指社会组织为提高自身的知名度与美誉度，通过有计划的策划与组织而将某种事件典型化、新闻化的公共关系行为。在制造新闻时，一定要实事求是，以"新奇、独特"为标准制造有新闻价值的新闻，这样才能制造出引起大众注意而不招致政府干预和社会舆论谴责的新闻。

六、政府公众——最权威的公众

1. 政府公众的定义和作用

政府公众是指由政府及各职能机构、政府官员所构成的公众。

政府是国家权力的执行者，是对社会进行统一、有序管理的权力机构。任何社会组织都必须无条件地遵守政府法律法规，服从政府及其各职能部门的管理，需要与政府的各种管理职能部门打交道，比如工商、人事、财政、税收、审计、市政、交通、治安、法院、海关、商检、卫检、环保等行政机构。政府关系是任何组织都无法回避、不能选择的关系，政府的法律、法规和管理政策具有不可抗拒的权威性，政府发展社会的方针、政策直接影响组织的发展，政府是组织外部信息的重要来源，是组织人才资源的重要保障，是组织财源的重要支持者，是组织产品的重要购买者，是组织关系的重要协调者，所以公共关系必须正确处理与政府公众的关系。

2. 处理政府公众关系的基本原则

(1) 局部利益服从整体利益

政府站在社会整体利益的立场上行使职权，组织利益既是社会整体利益的组成部分，有时又会与社会整体利益存在矛盾，比如，为了保护环境，有些有严重污染源的企业会被强令停产整顿或关闭转产，这时，企业应自觉从大局出发，局部利益服从整体利益，争取在政府的指导和扶持下获得新生。在处理国家利益与本组织利益的关系问题上，应该以国家利益为重，以大局为重。不能只顾眼前利益，不顾长远利益；只顾局部利益，不顾整体利益。

(2) 遵纪守法，主动为政府分忧

组织的经营、管理必须遵纪守法，在法律、法规范围内进行，任何违纪犯法的事情，组织都不能做。组织要想与政府建立良好关系，得到政府的支持与扶植，就应主动为政府分忧，包括积极参与政府倡导的公益活动，自觉维护社会整体利益，帮助社会安置就业人员，自觉资助社会福利事业，帮助政府抵御各种自然灾害等。组织的这些行动将赢得社会广泛赞誉并引起政府的感激与关注，这样，组织就会成为政府制定政策或规划社会发展纲要的一个重要参考。

3. 处理政府公众关系的基本方法

(1) 合法经营、依法纳税、接受监督

组织的经营业务、经营方法和手段，必须符合国家的法律、法规和政策的规定。组织的局部利益要符合社会的全局利益，要接受政府的宏观调控，不得承揽不道德、有损于社会的业务；纳税是组织对国家的贡献，也是组织的责任和义务，主动依法纳税，重视社会的利益，会给政府留下好的印象；监督是政府的职能之一，组织要在多方面诚恳接受政府监督，协助政府做好监督工作。

（2）加强组织与政府的信息沟通

组织应及时、准确、全面地收集有关国家和地方政府的政策法令信息，注意研究政府管理社会的动向及其对组织可能产生的影响，把这些信息及时提供给组织的各个部门，使组织的一切活动受到法律和政策的约束，同时也确保组织行为能够得到法律、政策的保护。另外，公关人员应及时将组织的发展动态通报政府主管部门，协助发现及纠正政策执行中的出现的偏差和失误，同时争取政府的指导和帮助，如果政府的政策与组织的实际情况不相符，应及时反映，以求融通。

（3）建立与政府官员的正当联系

组织应配专人负责与政府部门的沟通联系工作，以便随着时间的推延，形成良好的人际关系，组织要熟悉政府机构的内部层次、工作范围和办事程序，还应与各主管部门的工作人员增进友谊，保持良好关系。组织还应利用有利时机邀请政府领导或相关人员到组织内部视察和指导工作，以便及时反映本组织的情况和要求，通过邀请政府领导的方式有助于联络感情，增进政府官员对本组织的了解。

（4）扩大组织在政府部门中的信誉和影响

组织要赢得政府的支持就必须不断巩固、扩大自己在政府部门中的信誉和影响，要争取政府有关部门领导人对本组织的重视，使政府了解组织对社会、国家的贡献和成就，可以采取各种方式扩大自己对政府的影响，如邀请政府相关人员对组织工作进行视察和指导，利用重大典礼请政府领导参加主持奠基仪式或剪彩仪式，自觉接受政府的监督和管理等。

七、社区公众——最复杂的公众

1. 社区公众的概念和作用

社区公众指组织所在地的区域关系对象，包括当地的管理部门、地方团体组织、左邻右舍的居民百姓。社区关系即具体社会组织与所在地的社会管理部门、群众团体、居民及左邻右舍、其他社会组织的相互关系。社区关系也称为区域关系、地方关系、睦邻关系。社区公众与组织有着共同的生存背景，与组织有着千丝万缕的联系。发展良好的社区关系是为了争取社区公众对组织的了解、理解和支持，为组织创造一个稳定的生存环境；同时体现组织对社区的责任与义务，通过社区关系扩大组织的区域性影响。社区是组织职工的主要来源，社区的繁荣和衰退都影响到组织的职工，也影响到组织本身。有良好形象、与社区有良好关系的组织，能吸引高素质的社区公民就业，形成高素质的职工队伍。通过向社区公众提供商品和服务，一方面可以更快地获得经济效益，另一方面还可以获得社区公众对组织的义务宣传；组织还必须依赖社区提供各种服务，例如能源供应、某些原材料的供应、交通管理、邮政电信、文化教育、医疗卫生、娱乐消遣、环境卫生、治安保卫等。有良好社区关系的组织，能够在多方面得到好的服务，使组织的生存和发展处在良好的环境之中。

2. 处理社区公众关系的基本方法

（1）实行积极的开放和交往政策

组织应以开放、大气的心态加强与社区公众的交往，让社区公众了解组织、信任组织，而不能采取"闭关自守"的政策和固步自封的心态，要采取各种方法加强与社区公众的交往，如邀请相关单位的负责人、有影响力的居民代表到本单位参观，参加联谊活动、庆祝活动；主动利用各种机会，加强与社区居民的联系，以表明组织与社区公众友好相处的愿望。

（2）创办和扶持社区公益事业

组织应积极参与社区建设，促进社区繁荣与发展，与所在社区形成"共存共荣"的关系，尤其要不遗余力地支持社区的公益活动，如兴办教育、投资科技、赞助社区文体活动、安置老弱病残、支持社区绿化等。组织通过提供资金和劳务等形式来创办和支持各种公益事业和活动，以博得社区公众的好感和支持，与社区公众真正融为一体，被社区公众视为"一家人"。

（3）加强信息沟通和情感交流

组织要主动为促进信息交流采取行动，要让社区及时了解组织的政策、业务状况、主要的经营活动、能提供的产品和服务、用于社区公益事业的开支、组织自己的实际困难、所需要的帮助等。沟通的方式可以多样，如邀请地方政府官员或各企业、商店、居民区中的领导人一起聚会，增进了解，赢得合作与支持；放映电影、录像、举办音乐会、舞会以及体育活动等，丰富社区的文化生活，同时扩大组织在社区的影响。

（4）服从社区管理，承担社会责任

遵守社区的各项规章制度，遵守社区的风俗习惯；承担相应的社会责任，如在力所能及的条件下资助社区的学校等公益事业单位开展活动；资助社区道路、桥梁、水暖管道、电力通信设施、商业网点的建设；合理地向社区公众开放组织的浴池、游泳池、球场、舞厅、俱乐部等服务和娱乐设施；当社区出现特殊情况，如火灾、车祸、传染病时，组织应该急人所急，承担社会责任，帮助社区排忧解难；帮助社区其他企事业单位解决资金短缺、技术力量不足、物资缺乏等燃眉之急。

（5）妥善处理与社区公众发生的各种矛盾

组织在社区生活中，不可避免地要与社区公众发生一些矛盾，如在生产经营中与其他组织发生一些利益冲突或误会，员工也可能与当地居民发生一些民事纠纷等，这些矛盾，都非对抗性的矛盾，但也不能掉以轻心，组织应将其视为公共关系管理中的危机事件，要高度重视，认真对待，及时组织力量排除化解。通过化解矛盾，平息事态，使组织与社区公众相互谅解，和睦相处。

（6）大力促进社区的物质文明和精神文明建设

两个文明建设是社区建设的重中之重，工商企业或社会事业机构及其他各类社区组织，在社区中应找准自己的位置，真正把社区作为自己的家园，为社区的两个文明建设贡献自己的点滴力量，如通过赞助社区教育和文化事业，投资建设各种文化、娱乐设施、举办各种文化活动，建设各种职业培训基地等，推动社区的精神文明建设和发展。

八、竞争者公众——最广泛的公众

1. 竞争者公众的概念和作用

竞争者公众即指与组织处于竞争地位的公众。竞争者公众实际上是一种同行关系，因为一般来讲，同一行业所面临的原料、市场、技术、设备、信息等情况基本是一致的，彼此之间有着密切相关的利害关系，相互间很自然会产生一种竞争关系，"同行是冤家"就是典型的说法。竞争者对组织来说有双重的作用，一方面，竞争者极大地威胁着组织的生存和发展，竞争如逆水行舟不进则退，尤其是在市场经济的今天，你不前进就会被竞争对手超过进而将你淘汰出局，所以竞争者公众对组织的发展造成巨大威胁；另一方面，正是竞争者公众的存在才使得组织不断地开拓创新、与时俱进，孟子云"无敌国外患者，国恒亡"，组织也是一样，正是竞争才使得组织不断地发展和完善，进而推动社会福利的增加，文明的进步。

2. 处理竞争者公众关系的原则

从公共关系的立场出发，对于任何公众应当与其尽量搞好关系，竞争对手也不例外。但既然是竞争对手，就不免冲突与对抗，甚至形成尖锐的矛盾冲突，鉴于此，要遵循正确的原则，主要有以下几条原则：

（1）合法合理合情竞争

　　竞争必须合法进行，竞争的手段和方法不能违背政府的法律、法规和政策，不能采取尔虞我诈、损人利己、挖墙角的伎俩。竞争必须合理进行，竞争要适度、合乎道理，使得虽然是竞争对手但不令人反感；不要企图置人于死地，像对待仇敌一样对竞争对手进行残酷无情的打击；不要倾销，这样既会损害自己的形象，也会损害自己的经济效益。竞争必须合乎基本的伦理常情，不能违背基本的伦理纲常，只重实用而不顾伦理道德，这样从短期来看可能给组织带来一定利益，但从长远来说并不利于组织的发展。

　　（2）珍视友谊，利用对手

　　同行虽然是竞争对手，但也是伙伴关系，双方完全可以在共同目的的基础上，既竞争又合作。具体来讲，如相互交流技术成果与经验，支援人力和物力、共同研究解决专业难题等。如肯德基和麦当劳表面看起来两者水火不容，竞争得难解难分，但在扼杀其他连锁食品企业时两者又默契地合作，始终保持两者在世界食品行业的主导地位。

　　3. 建立新型竞争对手关系

　　传统的竞争所形成的观念有的偏于狭隘，认为竞争就是"你死我活"式的残酷斗争，有的则认为竞争就是"哄抢一个蛋糕"，你多了我就少了。这类竞争观念，在竞争者之间筑起了无形的高墙，使竞争缺少友好合作。随着科学技术、现代化大生产的发展，以及社会文明的进步，对竞争的认识也在改变。人们逐渐认识到，竞争应该是理智的、友好的，竞争的双方既需要竞争，又需要合作。包含友好与合作的竞争不仅能够实现，而且能够促进双方共同的更大的利益的实现。竞争在很大程度上是联合协作，争取把"蛋糕做得更大"。现今，进行专业化的现代化大生产和科技开发的企业集团、跨国公司，实际上大多数都是由原来的相互竞争的企业所组成的联合体。它们从竞争走向联合，利用联合的力量开发更好的产品、引导新的社会需求、扩展新的市场、创造更大的收益。既要竞争进取，又要友好合作，调和矛盾冲突，谋求共同利益，这就是新型的竞争对手关系。

九、国际公众——最神秘的公众

1. 国际公众的概念和作用

国际公众指一个组织的产品、人员及其活动进入国际范围，对别国的公众产生的影响，并需要了解和适应对象国的公众环境的时候，该组织所面对的不同国家、地区的公众对象，包括别国的政府、媒介、消费者等。国际公众是一种跨文化传播与沟通的对象，涉及公共关系主体所在国不同的语言、文字、历史、风俗、社会制度和公众心理。任何跨国组织的公共关系，都具有这种跨文化的特征。发展良好的国际公共关系是为了争取国际公众和国际舆论的了解、理解和支持，为组织的国际活动创造良好的国际声誉和国际环境。组织处理好与国际公众的关系具有重要的作用，它可以发展与国际公众的关系，为组织对外开放和争取更大的生存空间服务，它有利于组织应用跨文化传播促进组织的形象国际化。

2. 处理国际公众关系的基本方法

国际公众关系是跨国度的公众关系。国际公众属于不同的国家和民族，他们有自己的政治制度、经济制度、文化传统和风俗习惯。因此，要与不同国家和民族的国际公众融洽关系，有效地树立自己组织的良好形象，就必须遵循处理国际公众关系的基本方法。

（1）相互尊重

相互尊重是最起码的公共关系的原则，只有相互尊重，才有可能形成良好的关系，尊重首先要尊重对方的礼仪，与国际公众交往的礼仪很重要，要保持国际公认的礼仪行为，特别是要尊重对方特有的礼仪习惯，通过礼仪上的尊重，直观地给对方以良好的心理感受，从而造成良好的交流氛围。其次，要尊重对方的政治思想观念，对不同的政治思想观念，不能有意无意地给予褒贬，不能企图采取宣传手段把自己的政治观念强加于人，以至于损害双方的关系；相反应该表现出对不同政治思想观念的尊重，重视双方的共同点，致力于双方的共同利益，使大家友好相待、和平相处。再次，要尊重对方的风俗习惯，国际公众风俗习惯各异，有些风俗习惯是他们自己所珍视的，对各种不同的风俗习惯，都不能妄加指责。最后，要尊重对方的生活方式，国际公众有各自的生活方式，对于在我国境内的外宾，只要其生活方式不违背我国的法律，都应该予以尊重或者不予干涉。

（2）互惠互利

与国际公众交往，通常都要涉及各种利益，其中更多的涉及经济利益。三资企业在我国的兴起，根本的原因就在于经济原因。我们既要反对急于求成的盲目让利，以求迎合对方，又要反对无视对方合理合法的利益。真正的互惠互利，才能保持长期的卓有成效的合作。互惠互利的方式和恰当的标准，宜于遵从国际交往的准则和惯例。

（3）加强信息的交流与沟通

信息交流始终是公共关系的重要内容，国际公共关系同样如此。了解国际公众的各种信息，同时又向其传达社会组织自己的信息，发展国际公共关系，信息交流是前提。尤其需要了解的是国际公众对本国的观感和评价，对本组织的印象和态度，以及他们的需要和意图，还有其政治、经济、文化、风俗、宗教等方面的特点。社会组织自己各方面的信息，如果需要，也要与国际公众交流，以增进国际公众对本组织的了解和信任。

（4）大力塑造组织的信誉和责任感

信誉和责任感是国际公众十分重视的两个方面，组织必须努力在国际公众面前树立良好的信誉和负责任的良好形象，才能赢得国际公众的信任和赞赏。社会组织与国际公众的交往，必须严格履行合同和承诺，承担法律上的责任和义务，社会组织的任何行为，都必须要体现法律和道德上的责任感，要经得起法律和国际公德的检验。

十、名流公众——最独特的公众

1. 名流公众的概念和作用

名流公众是指对社会舆论和社会生活具有较大影响力和号召力的有名望的人士,如政界、工商界、金融界的首脑人物,科学界、教育界、学术界的权威人士,文化、艺术、影视、体育等方面的明星,新闻出版界的领袖等。这类公众的数量有限,但对传播的作用很大,能在舆论中迅速"聚焦",影响力很强。通过社会名流去影响公众和舆论,往往具有事半功倍的效果。与社会名流建立良好关系的目的在于借助社会名流的社会知名度,扩大本组织对公众的影响力和号召力,强化组织的良好形象。

2. 处理名流公众关系的基本方法

建立良好的名流关系的目的,是借助名流的知名度扩大组织的公共关系网络,扩大组织的公众影响力,从而增强组织在公众中的影响力。要实现这一目的,组织可以从以下三个方面着手:

(1) 借助社会名流的知识和专长

社会名流见多识广,或是某一方面的权威,组织如能与他们交往,就在交往中获得了广泛的社会信息或宝贵的专业信息,就能在无形中使组织增添一笔知识财富和信息财富。

(2) 借助社会名流的关系网络

有些名流虽然不能为本组织直接提供所需要的专业知识和管理信息,但由于他们与社会各界有着广泛的联系,或对某一方面的关系有特别重大的影响,组织与社会名流建立良好的关系,就能够通过他们良好的社会关系网络为组织广结良缘,扩大组织社会交往的范围。

(3) 借助社会名流的社会威望

由于名流有较高的社会地位,或具有某方面的权威性,或由于他们对社会的特殊贡献、突出成就等,因而具有较高的知名度。而一般公众普遍存在"英雄情结"、"迷信权威"的社会心理。组织与社会名流建立良好的关系，就能将本组织的名字与社会名流的威望联系在一起，利用公众崇拜名流的心理，提高本组织在公众心目中的地位。

第四节 公众心理分析

所谓心理，泛指人的思想、感情等内心活动，是人的头脑反映客观现实的过程，包括感觉、知觉、思维、情绪、意志等。公众心理是一种群体心理现象，是个体心理现象在社会人群关系中的共性表现和集中表现，公众心理即公众心理现象，是公共关系管理学研究的重要内容，主要包括公众心理特征、公众心理倾向、公众心理定势三个方面。当然，这三个方面与个性心理特征、个性心理倾向和个性心理定势是紧密相连的。公共关系管理从社会个体的角度认识公众群体心理特征，主要还是因为在社会生活中，群体心理既是个体心理的综合体现，同时又对群体中每个个体的心理活动有制约作用，存在着实际的群体心理氛围。

一、公众的心理特征

人的心理是不能直观的，它要通过人的外部行为来表现。通过行为表现出来的心理特点即为心理特征。公众心理特征即特定关系状态下人群通过行为表现出来的心理特点。公众心理特征主要包括两点：

1. 公众的角色心理特征

角色，原意指戏剧舞台的人物，20世纪20年代，由美国社会心理学家米德首先引入社会心理学理论，研究自我意识的发展，称为社会角色。自20世纪60年代以来，用社会角色分析个体心理、行为与群体心理、行为及社会规范之间的相互关系，受到东西方社会心理学的一致重视，使角色理论成为社会心理学理论中的一个重要组成部分。所谓社会角色，主要指社会对于占有某一社会地位的人提出的行为模式和行为规范，它的结果是社会群体被类型化。公共关系学在认识公众时，可以从社会角色的角度划分出不同的公众角色类型，并研究它们的心理特征。因此，公众心理特征就是一定社会组织的公众在性别、年龄、社会地位和职业等方面形成的人群类型的心理特点。具体包括：一、性别心理特征，男子和女子的心理特征是有明显差别的；二、年龄心理特征，儿童、少年、青年、中年、老年的心理特征是不同的；三、职业心理特征，不同的社会职业对人有规范性，如工人、知识分子、农民、军人、商人等，总结他们的心理特征也是各有差异。

2. 公众的群体心理特征

公众都是不同利益的群体，这种群体或集体一旦因利益关系聚集后，会形成一种群体氛围，如在向心力、凝聚力等作用下，不同精神品质的群体或组织会表现出不同的心理特征。一般来说，公众的群体心理特征主要表现为：认同意识、归属意识、整体意识、排外意识。

二、影响公众行为的个体心理

影响公众行为的个体心理因素有很多，一般来讲，包括以下八个方面：知觉、价值观、态度、需要、性格、气质、兴趣和能力。我们选择其中几个方面加以分析说明。

1. 知觉和公众行为

知觉是人脑对直接作用于它的客观事物的整体反应。知觉分为视觉、听觉、嗅觉、味觉、触觉五种感觉。所谓社会知觉，是指人们对社会环境中有关个人和团体特征的知觉，从公共关系角度来看，要想建立良好的人际关系和公共关系，必须先具有正确的社会知觉。社会知觉主要包括人际知觉和自我知觉。人际知觉就是对人与人之间关系的认识，有着明显的感情参与因素。通过观察人的表情、动作、语言等完成对他人的认识并形成相关的态度。自我知觉则是指一个人通过对自己行为的观察而对自己心理状态的认识。在现实社会生活中，人们往往容易受到各种偏见的影响而造成歪曲的社会知觉，常见的心理定势有：

（1）首因效应

首因效应即第一印象。公众第一次进入一个新环境，第一次接触某一新事物所留下的深刻印象，发展成一种心理定势，以至于难以改变。第一次进入一家商场，或第一次购买某厂商的产品都会给公众留下较为深刻的印象，成为一种心理定势而影响他今后的行为。如果以后还有机会接触，第一印象先入为主，实际上已经戴上了"有色眼镜"，所以总会有意无意地把以后的印象同第一印象相联系，把以后的印象当作第一印象的补充。第一印象具有层次性、广泛性、推延性。第一印象不仅来自于直接接触，而且来自于传播媒介的间接接触，所以第一印象不一定是第一次直接接触的印象，而是指第一次形成的对某个事物的印象。因为间接接触也可让公众产生第一印象，所以就有了近代才开始的、愈演愈烈的"广告战"。

在公共关系中，一方面，公共关系人员在观察公众时应尽量避免受首因效应的影响，对公众失去正确的认识和判断；另一方面，公共关系人员应巧妙地利用这种心理定势在公众的心目中树立起公关主体的社会形象。

（2）近因效应

近因效应是指事物最后给公众留下的印象，对首因效应有强化或削弱的作用。近因效应对首因效应起到补充和完善的作用，而对公众行为起决定性作用的仍旧是首因效应。近因效应只能对公众已经形成的与之相同的首因效应起到强化的作用，而对与之相反的首因效应起到削弱的作用。

（3）晕轮效应

晕轮效应指主体将认知对象的某种特征推及对象的总体特征，从而美化或丑化认知对象的基本过程。其特征是认知主体是在信息不完全的条件下作出判断。它与首因效应一样普遍，同首因效应一样，它也带有强烈的主观色彩，往往导致一叶障目、只见树木不见森林。晕轮效应与首因效应的主要区别在于：首因效应是从时间上来说的，由于前面的印象深刻，后面的印象往往成为前面印象的补充；而晕轮效应是从内容上讲的，由于对对象的部分特征印象深刻，这部分印象泛化为全部印象。所以这两种心理定势是不一样的，不能混同的。但是有些情况下，晕轮效应与首因效应也会相互交叉、交织在一起。因为这两种心理定势尽管表现的方式不一样，但其实质是相同的，都是以主观代替客观、以树木代替森林。首因效应妨碍人们以后正确地认识该事物，产生一种固执的认识上的偏见和情感上的偏心，必然连带地产生"晕轮效应"，所以首因效应往往是晕轮效应的前奏；但晕轮效应本身不等于首因效应，它也不一定以首因效应为前提，甚至有时还是首因效应的"前效应"。

晕轮效应既是无意识的，又是固执的。所以近年来随着商品经济的发展，公共关系意识的提示以及相互攀比等不良意识的增长，一些企业、商店纷纷装修门面，讲究包装，以期利用晕轮效应扩大企业的影响，提高产品的知名度。在公共关系人际交往中，名片越印越精致，出现了所谓的"名片效应"等。公共关系活动是主动开展的活动，利用晕轮效应来进行自我宣传是对这一心理定势的充分利用，但要特别注意，必须是实事求是的自我宣传。

（4）经验效应

经验效应是公众个体凭借以往的经验进行认识、判断和决策。经验既是财富，也是包袱，经验越丰富，做事越老练，为人处世往往越是得心应手；但是如果不顾时间和地点的照搬套用经验，有时也会为经验所误。尤其是在现代社会里，科技发展日新月异，封闭状态日益被打破，人们的思想观念在不断更新，靠老经验行事在某种程度并非绝对有效。在公共关系领域中，经验效应的典型形式是怀疑。有些企业和商家花了大量的人力、物力和财力开展公共关系活动，但是公众反应却很冷淡，达不到预期的效果，原因往往在于事前没有做好消除公众疑虑的工作。由此可见，忽视公众的经验效应，光凭良好的愿望是达不到公共关系的目的的。

（5）移情效应

心理学中把那种对特定对象的情感迁移到与该对象有关的人或事物上的现象称为"移情效应"。在公共关系中，社会组织自觉地利用"移情效应"的心理规律进行公关活动的例子不胜枚举，请明星作代言人就是最典型的例子，让公众对某明星的喜爱迁移到对某个物品或者社会组织身上，提高知名度和美誉度，这是公共关系活动中最常用的手段。

2. 价值观与公众行为

所谓价值观，指人对事物的是非、善恶及其重要性的判断、评价以及行为取向。公众价值观倾向即特定社会群体在价值观方面的倾向性。美国的行为学家格雷夫思曾把不同人的价值取向分为七种类型：反应型，价值趋向顺从于生理反应，实际上没有自己的价值评价、形同婴儿；依赖型，价值趋向服从与传统习惯或多数人的意志和权力，个体的自主能动性很小，缺乏主见、容易受骗；自私型，价值趋向是冷酷的个人主义，一切从个人的利益出发，不惜以牺牲他人利益和公共利益为代价，难以合作共事；固执型，价值趋向具有恒常性，不受或很少受周围的人影响，反过来又以自己的价值观念要求别人，思想比较僵化；权术型，价值趋向以权力、地位为目的，手段比较隐蔽，善于玩弄权术，踩着别人的肩膀上升；社交型，价值趋向以取悦、讨好别人为特征，缺乏恒常性，但具有灵活性，易受暗示，往往被固执型和权术型的人所鄙视；现实型，价值趋向一般比较理智，既不伤害别人，又有独立的见解，善于在现实环境中发挥自己的主观能动作用。

格雷夫思的概括具有一定的合理性，但失之简单。我国学者张云在由复旦大学出版社1992年出版的《公关心理学》第86至88页中，把价值趋向分为六种类型：

（1）功名型

价值趋向以获取功名为特征。具有这种价值趋向的人，往往沉涵于精神世界中，为功名而割舍其他的兴趣爱好。这些人时间观念较强，总怀着紧迫感而忙忙碌碌，不太会因挫折和失败而屈服，对金钱、享受、爱情、家庭、健康等关心较少。功名型价值趋向往往转化为事业型价值趋向，即逐渐把获得个人的名誉、地位、成功和自己所从事的事业结合起来，转化为为事业献身的动力。

（2）安稳型

价值取向以维持安稳太平的生活为特征。具有这类价值趋向的人往往要求不高也不多，无忧无虑，平衡性较好。

（3）享乐型

享乐型价值趋向以追求物质享受或精神享受为特征。具有这类价值趋向的人工作上不大有进取心，精力主要放在个人享乐方面。他们或者比较热衷于经营自己的小安乐窝，或者衣食较讲究，或者热恋于某种感兴趣的活动，或者兼而有之。因为消费水平高，所以对金钱的需求量大，往往对自己的工作不满意，这山望着那山高，有时敢于铤而走险。

（4）储蓄型

价值趋向以迷恋和积敛金钱为特征。具有这类价值趋向的人比较保守和固执，既不像功名型那样忘我地谋取功名，也不像享乐型那样积极享受人生，而是把金钱视为生命，为金钱而奋斗，甚至可以为之"牺牲"。他们对分外事和无报酬的劳动无积极性，讲究"投入—产出"的效益，克制消费欲望，以聚敛金钱为最大乐事。

（5）事业型

价值趋向以献身事业为特征。具有这种价值趋向的人对个人利益考虑较少，一心扑在工作上，一般来说，品德高尚、不逾规矩、受人敬重。他们在精神上有支柱，事业上有追求，因而往往成为生产、科研方面的骨干，发挥榜样和带头作用，深得领导的赏识。

（6）模糊型

模糊型价值趋向以综合和多变为特征。具有这类价值趋向的人见风使舵，受外部环境的支配，自己也不清楚自己到底追求的是什么。他们什么都想获取，又缺乏动力和毅力，常常在困难和挫折面前抽身却步，情绪不稳定，无信仰，无理想。

在公共关系的实际活动中，价值观是影响人们动机和行为的一个主要因素，不同国家和民族，因为社会制度、社会风气、风俗习惯等的不同，社会价值观往往也不同，而价值观不同，往往会使人们的行为发生很大的差别。因此，只有了解人们的价值观后，才能解释其行为，并以此作为开展公共关系工作的依据。对于社会组织来说，其活动宗旨要体现合理而有意义的价值观；对于公共关系从业人员来说，在处理与公众的关系时，要善于识别不同价值趋向的公众，争取达到更好的公关效果。

3. 需要与公众行为

需要是指人在缺少某种东西或受到某种刺激时，产生的一种主观状态。美国著名学者马斯洛认为，人的需要虽然多种多样，但是有重要性差别和实现的先后差别，根据需要对个体的重要性程度，马斯洛把需要分为五个层次。从强至弱依次为：生理需要，安全需要，归属与爱的需要，尊重需要，自我实现需要。生理需要，指的是人对食物、水、空气、性等用于维持个体生存及种族延续的物质需要。安全需要，表现为人们要求稳定，安全，受到保护，有秩序，能免除恐惧及焦虑，如医疗和退休保险等。归属与爱的需要，表现为人们要求与其他人建立感情联系或关系，如交朋友，追求爱情，得到所在团体的承认等。尊重需要，包括自尊和受到他人的尊重。自我实现需要，是指人们力求发展并施展自己的能力或潜能，以达到完美境界的成长需要。

需要层次理论又被称为金字塔理论。人总是从低层次需求转到高层次需求，塔顶的自我实现需要是最高级的需要，越是低级的需要，对个体的重要性越强，获得满足的力量越大，同时，低一级的要求被满足时，人们的需要会向高一级要求转化。与此同时，需求并不是不可逾越的，有时，会越过较低级需要层次而向高级层次跃进。这个需求层次，可以让我们更深地去了解人类的本质，也包括自身的本质。

在公共关系中，公关人员分析公众的需要，了解不同公众的不同需要，可以为顺利开展公共关系活动创造条件。比如一个社会组织在处理与员工的关系时，既要满足员工物质层面的需要，又要满足员工自我发展的精神需要，才能最大限度地调动员工的积极性。

4. 性格、气质、能力与公众行为

性格、气质、能力与公众行为的关系极为密切，对一个人性格、气质、能力的了解，不仅可以说明他现在的行为，而且也能预测他未来的行为。

性格作为个性心理特征，是人的个性中最详细、最重要的心理特征，是在不同的生活环境中逐步形成的，并且有一定的稳定性。一个组织的公共关系人员对待公众，特别是对待内部公众，不能仅仅满足于了解他们的性格，而且应该积极创造条件，让他们的性格向着积极、健康的方向发展，努力在组织内部营造一个良好的有利于其成长的公关环境。

一个人的气质体现了显著的个人色彩，有的人开朗刚强、工作积极，但是脾气暴躁，遇到不如意的事就要发火；有的人沉着冷静、工作有条不紊，但灵活性较差，容易萎靡不振。不同气质类型的人，对待事物的态度和处理问题的方法迥然不同。在公关活动中，对不同气质的人运用的方式、方法要因人而异。

人们的能力存在各种各样的差异，因此这种差异就会在公关公众的行为过程中，显示其不同的意识、看法、评价和决断能力，从而产生不同的行为模式；公关活动应该针对不同公众的能力差异，采取灵活多变的公关手段，区别对待。例如对公关人员工作能力的培养和提高，使他们处理和解决问题的质量越来越高、种类越来越多、代价越来越小、速度越来越快，无疑对机构实现公关目标是大有益处的。

三、影响公众行为的角色心理

公众的角色揭示了公众与社会的关系。人在社会化的过程中，形成的角色将决定个人的行为模式，因此研究公众的角色心理有助于组织开展公共关系时更深刻地认识和把握公众。公众在社会中担当的角色很多，在单位是职工角色，在孩子面前是父母角色，在父母面前是孩子角色，在超市购物是顾客角色，在影院看电影就是观众角色，如此种种，不一而足。公众的角色是复合的，但是无论充当哪类角色，都有年龄、性别、职业和文化方面的基本心理特征。公共关系从业人员必须准确把握公众的角色心理，在开展活动时要设计、实施符合某一类公众心理的活动，这样才能取得良好的效果。

四、影响公众行为的群体心理

群体心理是公众在工作和生活中逐渐形成的与其他群体成员相似的带有普遍性的心理特征。公众的群体心理特征决定了公众一致行为的产生。所以社会组织有必要科学地分析和研究群体心理对公众的影响，以指导公共关系工作的进行。研究群体心理可以从有组织的群体心理和无组织的群体心理两个方面着手。

1. 影响公众行为的有组织群体心理

在有一定行动目标和组织的群体里，公众容易形成认同、归属意识和排外的意识。在这些意识的影响下，公众较容易产生从众心理和逆反心理。

（1）从众心理

从众心理是在社会团体的压力下，个人不愿意因为与众不同而感到孤立，从而放弃自己的意见，采取与大多数人一致的行为，以获得安全感、归属感和认同感。形成从众心理的团体压力一般有两方面原因：一是团体的意见比较一致，具有足够的同一性、凝聚力和吸引力；二是个体的素质和能力较低，缺乏自信心和独立性，过于依赖他人，或者顾虑较多，对团体有较强的依赖性和归属感。

（2）逆反心理

逆反心理相对于从众心理，是一种背离群体心理产生的个体心理。由于逆反心理所引起的社会现象在现实生活中比比皆是，公共关系人员经常在工作中会碰到这样的状况，所以有必要对这种心理进行具体分析。了解和掌握公众的逆反心理，对于一个组织的公共关系有很重要的意义。公共关系是要与各类公众处理好关系，引导各类公众向有利于组织的生存和发展的方向进行，防止并纠正公众不利于组织的行为和行为趋势。因而，任何一个组织必须分析并掌握公众的逆反心理。

2. 影响公众行为的无组织群体心理

无组织群体心理最典型的表现形式是模仿与流行、舆论与流言、暗示与好胜等。因为无论是时尚还是流言或舆论，都会在短期内感染你，而过一段时期不经意又会自然痊愈，像瘟疫一样，它们又被称为"流行心理"。下面对此作具体分析。

（1）流行与模仿

流行是指社会上相当多的人在较短的时间内，由于追求某种行为方式，而使之在社会上到处可见的竞相模仿的连锁性感染。心理学把流行解释为："以某种目的开始的社会行动，使社会集团的一部分人，在一定时期内能够一起行动的心理强制。"其具体形式有两种：一是时髦，即人们对新奇物质的追求；二是时尚，即人们对行为方式或观念的追求，两者可同时进行，也可各自单独进行。流行的兴起，从速度上看常常表现为一种具有强制性的爆发式的扩展和向外延伸；从持续的时间看，一般表现为较短的流行寿命周期，不能在长时间内留存；它不像伦理道德那样具有社会压力感，它依靠心理作用和吸引力来传播，表现为一种自我追求的自觉行为；流行如果起始于社会名流、社会权威，则流行的速度更快、范围更广；流行对不同消费者具有一定的选择性；在流行中，一般最初接受者往往是青年人，好奇心、好胜心较强者及外向型性格的消费者，而较为保守的人往往是流行的滞后接受者。公共关系人员对流行应给予足够的重视，一要有目的地创造流行，成为健康时尚的倡导者；二要敏锐地分析流行的发展趋势，及时顺应流行的趋势，抓住机遇，开展工作；三是对流行不能简单地盲从，对一些不健康的时尚应给予抵制，保证组织朝着正确的方向发展。

模仿指个人、组织和群体受非强制性的社会刺激所形成的一种心理行为，其行为特征是再现他人行为方式或姿势。社会心理学和社会学家的研究表明，人类在社会行为上有模仿的本能。模仿的发出者，大多对该活动有广泛的兴趣，喜欢追随时尚和潮流，经常被别人的生活方式所吸引，并力求按他人的方式改变自己的行为与习惯；模仿是一种非强制性行为，即引起模仿的心理冲动不是通过社会或群体的命令强制发生的，而是公众自愿将他人的行为视为榜样，并主动、努力加以学习和模仿，模仿的结果会给公众带来愉悦、满足的心理体验；模仿可以是社会公众理性思考的行为表现，也可以是感性驱使的行为结果，成熟度较高、行为意识明确的社会公众，对模仿的对象选择通常经过深思熟虑，相反，观念模糊、缺乏明确目标的社会公众，其模仿行为往往带有较大的盲目性；模仿行为通常以个体或少数人的形式出现，因而一般规模较小，当模仿规模扩大，成为多数人的共同行为时，就发展为从众行为或爆发为流行了。在这一心理现象中，关键是榜样力量的大小，对社会公众是否有吸引力，能否刺激公众采取相应的行为。所以，在利用这种心理现象时，公关人员应该有目的的、有计划地树立和宣传一种榜样行为。

（2）舆论与流言

在社会中生活的每个人，对于遇到的社会现象，必然会产生不同的主观反应。起先，这些反应是零散的、不系统的、不一致的，但经过汇集以后，最后形成一种相同看法，这就是舆论。舆论是社会公众的意见和看法，是社会大多数人的共同观念。它作为一种社会现象，具有公开性、评价性、煽动性三个基本特点。公共关系首先应该制造有利于组织的公众舆论，公共关系主体要通过设计和制造舆论，制造能引起公众广泛议论的事件，来提高知名度和美誉度，并持续不断地加以完善，给公众留下良好的印象；其次要引导非对抗性舆论矛盾。在特定情况下，公众会形成与组织目标矛盾的非对抗性舆论，公共关系应该针对舆论的不同性质和不同舆论主体，通过大众传播手段，引导舆论，化解矛盾，使其向有利于组织的方向发展。最后要控制转化对抗性舆论的形成和发展。对于不良舆论，最好是将其消除于萌芽状态，一旦不良舆论发生，公共关系人员应及时控制，揭露错误舆论，澄清事实，限制其扩散流传，同时，应该认识到，当组织成为公众舆论指责的对象时，既要看到它使组织陷入困境，也要看到它可以给组织带来机遇，因为舆论扩大了组织的知名度，如果能力争把舆论指责变为舆论赞扬，就能产生未受公众舆论指责时很难产生的轰动效应。

流言即无根据之言，是缺乏确切依据又在人们中间相互传播的一种特定消息。流言传播的内容大致可分为三类：一是和人们切身利益直接相关的问题，如物价、房改、工资改革、地震、瘟疫等；二是和人们有间接关系的问题，如国家政局、国际关系、周围的人事等；三是和人们没有直接关系的趣闻轶事，如明星丑闻、名人隐私等。流言与舆论相似，但是流言更多的是指在公众中流传的不确切的、带有煽动性的消息，这种信息往往是消极的，有很大的破坏力，中国自古以来就有"流言伤人，流言杀人"之说。在公共关系工作中，公关人员必须避免流言的产生，并且要对已经产生的流言采取某些措施处理，对于流言的这种心理定势，公关人员应做到以下几点：一是对流言及时进行澄清，澄清事实的责任主要由大众传播媒介来担负；二是寻找意见领袖、借助权威机构引导流言，使其向有利于组织的方向发展；三是大量进行反宣传，从另一角度来陈述针对某一特定的事件或人的相关态度，引导公众从另一个角度来分析问题，从而引发公众对该问题的理性思考；四是针对流言的兴起，及时向公众如实传播信息。

（3）暗示与好胜

暗示又称提示，是指以含蓄、间接的方式向公众传播思想、观念、意见、情感等广义信息，使公众在理解和无对抗状态下自然接受其影响的一种现象及其影响公众心理的一种方法。俄国著名学者赫捷列夫认为，暗示性是每一个人所固有的一种普遍的心理现象，是人类精神方面的正常特性。暗示分为自我暗示和他人暗示两种。自我暗示指自己把某种观念暗示给自己，并使之转化为行为或动作；他人暗示指从别人那里接受了某种观念，这种观念在他的意识或无意识里发生作用，并实现于行动或行为之中。暗示的关键是要使公众在理解和无敌对状态下自然受其影响，所以暗示技巧的关键是公共关系人员是否能取得暗示对象的理解、认同，能否遵循公众的感知规律。

好胜是存在于公众内心的一种不甘落后的心理。其特点在于这种心理定势是在社会公众总是相互比较的状态下存在的。在公共关系中运用好胜这种心理可以激发公众的某种特定的行为，但在具体实施时公关人员选择比较的对象一定要适当，即要与目标公众有可比性。

第五节 处理与公关公众关系的原则

正确认识与确定组织的公共关系公众，目的是为了有针对性地实施公共关系。由于在组织的具体运行过程中，面临的公共关系公众极其复杂多变，所以对不同的公共关系公众需要采取不同的方法与手段。即使是同类公共关系公众，也会有各种不同的情况发生，也需要有相应的针对性措施。事实上，很难把每一种具体公众关系的处理都罗列细述。但是只要掌握了处理公共关系的基本原则，就能以不变应万变，有效地运用成功的公共关系达到组织的预期目标。

一、处理与公众的关系时，坚持以事实为基础的原则

从 1903 年艾维·李创办了世界上第一家公关事务所开始，公共关系强调的就是真实。当时由于存在不少组织需要运用新闻媒介争取舆论、树立良好形象的事实，公共关系才应运而生。1905 年艾维·李协助解决美国无烟煤工人大罢工，发表了著名的《原则宣言》，宣称："我们的计划，是代表企业单位及公众组织，对与公众有影响，且为公众乐闻的课题，向报界和公众提供迅速而准确的消息。"这一宣言，进一步确立了公共关系以事实为基础的基本原则。

1. 全面、客观地掌握相关的事实

事实是指既有的客观性。公共关系作为一种进行传播管理和信息管理的特殊职能，虽然它离不开艺术和宣传技巧，然而这种技巧和艺术决不能超脱有关的事实，没有客观事实，就没有与之相关的信息，以传播与宣传信息为手段的公共关系，就失去了开展工作的根本基础。因此，能否全面、客观地掌握有关事实，不但在根本上决定了公共关系的存在是否合乎实际，而且决定了公共关系工作的成败。

2. 真实、全面、公正地传播相关的信息

坚持以事实为基础的原则，除了包括公共关系只有在掌握足够多的事实后才能实施行动计划以外，还必须注意在公关活动过程中，真实、全面、公正地传播有关信息。不能隐瞒真相，对于事实的报道应既不夸大，也不缩小。不管是好是坏，都应该让公众了解整个事件和事物的真相，不能真情假报，更不能报喜不报忧，这是公共关系起码的职业道德。

在信息传播的具体过程中，如果信息的效用对传播信息的信源和接收信息的信宿双方都有益处的话，那么如实又及时地将信息进行广泛的传播，似乎并不是一件难事。但是，在现实中，由于信息是大千世界中各种事物存在方式和运行状态的反映，所以内容就显

得极其错综复杂，很可能会出现由于某种信息的传递，而造成对组织运作所需环境不利的情况。面对这种现实，传播者很自然就会权衡利弊、考虑取舍，甚至会出现为了达到目的而弄虚作假，人为地编制自己所需要的信息并进行传播的不良行为。当然，我们强调信息传播要遵循实事求是的原则，并不是要求组织机械呆板地进行信息传播，而是可以灵活地、辩证地去掌握和贯彻这条原则。因为机构在信息传播活动中，完全可以在不违反事实的原则基础上，采用不同方法，充分发挥传播艺术和传播技巧的特殊魅力。信息的传播，其前提不是看这种活动是否符合人们的利益，而是看其是否有助于人们真正了解事实的真相。

二、处理与公众的关系时，坚持持之以恒的原则

俗话说："路遥知马力，日久见人心。"一次出色的大规模公共关系专题活动，往往可以产生巨大的社会影响，迅速提高组织的知名度，或者在一定程度上改变公关公众的态度等。然而，筑在沙滩上的高楼的基础是不牢固的，要使组织有长远的发展，必须致力于长期的公共关系努力。

1. 公共关系活动忌"有事时有人，无事时无人"

"有事时有人，无事时无人"是公关活动中最要不得的方法。它会使组织的社会关系面变得十分狭窄，到真有事情时，往往就会由于彼此之间的距离，而难以进行情感的沟通，直至陷于"四面楚歌"的尴尬境地。组织的发展离不开社会各界的广泛支持，人是有感情的动物，公共关系归根结底是与人打交道，持之以恒的公关努力能为组织广结良缘，从而创造一个组织发展的和谐环境。

2. 公共关系活动是组织全体人员共同的努力

组织形象从某种意义上说，是全体成员各自形象的总和，必须通过一种集体表现来体现。只要组织中有一个成员的言行出现偏差，都可能造成组织总体形象受损。因此，这种持之以恒的公共关系，不是光靠几个人的奋斗能实现的，而必须是组织集体同心同德的努力，坚持"全员 P. R."才能达到预期的公关目标。

三、处理与公众的关系时，坚持对社会负责的原则

社会是一个系统工程，组织作为利益群体存在于其中，必须具备满足社会发展某种需要的能力、具备满足公众合理需求的能力。公共关系活动的目的，就是促使组织这种适应能力的发挥，促使组织与公众相互了解、相互合作，从而保证组织的运行与社会的发展保持同步。而要实现这种目标，组织的公共关系必须强调对社会负责。

1. 避免形成"关系人格化"的倾向

一般来说，公关公众问题的产生，往往是由于组织运行的结果。公共关系状态的变化，也是由于组织本身的协调能力引起的。在公共关系活动中，通常都是由组织作为行为的主体，公众往往处于被动地位。也就是说，公共关系活动的策划准备、组织和开展等一切事宜，按常规都由组织来承担，公众只是进行配合。在这种情况下，组织对公共关系状态的判断、对公共关系目标的限定等，就会带有很大的主观随意性，从而使组织的公共关系行为带有一定程度的"个人色彩"，而成为一种强调对组织负责的片面结果。这种"关系人格化"倾向，是公关活动成功的障碍，必须加以避免和克服。公共关系专家一贯强调：公共关系 90% 是要靠自己做得好，10% 才靠宣传。每个组织在自己的运行过程中，都有既定的目标和任务，只有实现组织的既定目标，完成各项具体任务，才是组织完成使命的表现；而这种目标和任务又必须是符合社会需要的，否则组织也就没有存在的必要了。

2. 为公共关系公众、为社会发展做出尽可能多的贡献

组织发展所需的良好环境，不是自然就有的，也不是靠权术能换来的。这种环境创造的基础是组织对自身目标的完成程度，不仅包括自身发展，还有对目标公众的责任、对社会的责任。作为社会

的组成部分，只有注意与社会整体发展保持同步，为社会发展贡献尽可能多的力量，这样的组织才是有生命力的强者。

任何性质的组织在整个社会系统中，都会有各自不同的位置，承担着满足整个社会的日益增长的物质与文化生活的需要的任务，这也是组织经营活动的目标。组织的公关活动，除了要加强组织全体成员的思想与情感沟通，形成并增强向心力和凝聚力，让整体呈现出团队性，真正做到"心往一处想，劲往一处使"以外，还必须注意与外界各部分公关公众的联系。在组织的经营活动中，处处都有公关工作，以帮助组织完成满足目标公众需求的任务。以企业为例，公共关系就应考虑如何帮助企业，顺应消费者的需求，通过各种手段，把顾客的需求信息及企业的营销情况，及时地在他们中间进行双向沟通。同时，通过积极的宣传和主动优质的有针对性的服务，使社会公众在思想与情感上与企业发生沟通，为企业争取尽可能广泛的协作与支持创造条件。

四、处理与公众的关系时，坚持以真情沟通的原则

整个社会是由政治、军事、经济、宗教、地缘、血缘等各种各样的关系构成的。如此复杂多变的社会关系间的动态平衡，往往是以应用弹性较小，带有一定强制性作用的政治、法律、行政等刚性手段和伸缩余地比较大的道德、心理、礼仪等柔性手段的调节达到的。刚性手段和柔性手段，都是社会系统正常运行的不可缺少的调剂手段。前者具有威慑性，能强制性地将社会运行机制纳入一定的轨道；后者在相当程度上发挥无形的精神作用。公共关系作为调节组织与公众之间关系的特殊职能，一般使用的都是柔性手段。

在社会大系统的正常运行中，政治、法律、经济、行政等强硬的刚性手段是不可缺少的。但更多的时候，如果只凭刚性手段，极易产生抵触情绪而欲速则不达。任何组织的运行都包括内外一致的运作沟通；而且同时作为社会大系统中的每个组织，彼此拥有相辅

相成的互动关系。组织彼此既要公平竞争，又要互相合作，并要承担相应的社会责任。公共关系这种特殊的管理职能，在与组织创造协调发展环境的过程中，通过自身运行规律及操作原则的指导，产生了巨大的调节作用和公关效应。

第六章　公共关系媒体

公共关系媒体有两层含义，首先它是指公共关系赖以实施的手段与工具，是传递信息的手段、方式或载体，如文字、语言、报纸、电视、广播、电话、网络等；其次是指从事信息采集、加工、制作和传播的社会组织或传媒机构，如报社、出版社、电台、电视台、网站等。

第一节　公关媒体的类型

一、大众传播媒体

1. 大众传播媒体

大众传播的产生是人类传播技术和社会发展的结果。印刷技术和电子传播技术的进步、高速轮转机的发明，使报刊等印刷物的大量出版成为现实；电子通信技术使广播、电视成为远距离大量传输信息的媒介；激光排版、电脑编程、卫星通信、数字多媒体技术等，更进一步扩大和提高了大众传播的规模、速度和效率。大众传播是指职业的传播者（如新闻出版单位）借助现代化的大众传播媒介（如报刊、杂志、广播、电视、书籍、电影、网络等），以社会一般大众为对象，将大量的信息传播给极其广泛，但很难预知的公众的活动和过程。大众传播媒体，指利用现代化的传播技术，面向社会广大民众进行传播活动的传播方式和职业传播机构。包括报纸、杂志、书籍、传单等印刷媒体和电视、广播、电脑网络等电子媒体。大众传播是有组织的传播活动，是在特定的机构目标和方针指导下的传播活动；是以满足社会上大多数人的信息需求为目的的大面积传播活动；属于单向性很强的传播活动；它既具有商品属性，又具有文化属性。

大众传播媒体的主要特点是信息传播媒介的现代化和信息传播者的专业化、传播方式的多样化和传播手段的多能化、传播内容的极大化和传播对象的大众化、传播活动的普及化和传播效果的高效化；传播信息缺乏反馈机制；信息传播过程中受到社会监督与控制的程度加强；其主要功能是环境监测、社会协调、文化传递、娱乐四种。

科学调查表明：大众传播对某些议题的着重强调和这些议题在受传中受重视的程度构成强烈的正比关系。当大众传媒热情介绍某个新闻事件时，也就意味着这个新闻事件可能成为公众关注的"议题"。同时，公众需要有人出面对复杂的信息加以整理，为他们选出那些值得关心和注意的事件。媒体就扮演了这一角色。

2. 主要大众传播媒体及其传播特点

（1）报纸及其传播特点

报纸通过印刷文字将大量的信息和意见传递给公众，属于印刷类大众传播媒体，是以刊登新闻为主的定期出版物。报纸在社会信息传播方面发挥着重要作用，阅读报纸是许多人日常生活中不可缺少的部分。人们通过阅读报纸获取各种信息，各种社会组织和个人也可利用报纸发布信息。

报纸在传播信息方面的优点：

一是接受对象广泛，报纸的制作成本比较低，可以大批量生产，内容包罗万象，这就决定了它可以走进千家万户，成为大多数人了解世界、获取信息的窗口；从接受对象的广泛程度来看，在众多的传播媒体中，报纸是名列前茅的。

二是受时空限制小，报纸用文字和图片把信息转化在纸张上，使信息固定为可随时解读的物体，因此可以被长期保存，空间形式上也较自由；从时间形式上看，报纸承载的信息可以被保存几十年、数百年，只要有必要，可以永久保存；从空间上看，报纸存放的地点随便而灵活，报栏里、桌子上、衣兜里、提包里，能放纸的地方都可以放报纸，这就大大方便了读者，可以在随便一个有光亮的地方随时阅读，这一点是广播、电视等传播媒体没有办法比的。

三是传播信息详细深刻，报纸可以采取连载、专访、解释性报道等方式，大篇幅地对同一专题做较为详尽的宣传和报道；它可以运用文字表达的优势，对所叙述的事物进行详细的描绘、深刻的阐述、全面的介绍；它还可以运用图像、表格等辅助手段对所传播的信息进行较为直观的表达；与广播电视比较起来，报纸在传播信息方面虽然要慢一些，它的出版和发行要花费更多时间，但正是因为这种时间差，使它有更充分的时间处理信息，增加信息的广度和深度。

四是报纸版面编排灵活，可以根据用户的意见和要求设计出理想的宣传版面，做到图文并茂，从而增强公众的印象。

报纸在传播信息方面的缺点：

一是传播信息不够生动形象，虽然报纸可以用图像、表格等形式来传播信息，但这只是一种辅助手段；报纸主要还是靠文字传载信息；文字总的来说是一种抽象的符号，不具备具体事物的形象性、生动性；读报人在阅读报纸时需要一个理解、想象过程，才能把握住报纸所传播的信息内容。

二是对传播对象的文化程度有一定要求，报纸信息的接受者必须是有一定文化程度和阅读能力的人，文化水平太低或视力有障碍者，报纸无法直接向他们传播信息。

三是传播速度不如广播电视迅速及时，报纸的传递进程是编排和发行，然后才送到读者手中，传播受到限制，无论其如何缩短发行间隔，也无法消除时间上的偏差。因此，报纸比起广播和电视来在传播速度上大为逊色。

公关人员还应该了解的是报纸也是一个商业机构。美国的报纸三分之二是属于报业集团的，报业集团的发行者和编辑享有广泛的地方自治权，但又要执行集团总裁所制定的工作准则和程序，完成规定的任务。我国新闻事业在改革开放中也有所变化，以往国家一包到底的做法逐渐被自负盈亏所取代，新闻媒体也向产业化发展迈出了可喜的一步，其中自办发行以广告促新闻，以广告养新闻也已成为趋势。美国著名的公关学者丹尼斯·威尔柯斯认为："报纸的收入70%来自刊登广告，而30%来自于销售。报纸不能只顾报道新闻，而不做商业性广告。如果这样做的话将丧失大部分收入。"为了出版发行，报纸所刊登的稿件必须包含这样一种信息，即编辑认为他对广大读者来说要有趣味性。除此之外，由于现代的人们十分注重生活方式的改变，因而报纸常常就有关家居布置、时装、美容，甚至体育娱乐、社区服务等增设专栏，编辑要为这些专栏寻求题材及完整的新闻稿件，这种趋势也为公关人员提供了广泛的机会。

（2）杂志及其传播特点

杂志是以成册装订的形式刊出的定期出版物，作为一种传播媒体与报纸在本质上没有区别，它也是集文字传播与图像传播于一体的大众传播媒体，也称为期刊，是指刊载多个作者的两篇文章以上的连续出版物。

杂志在传播信息中的优点：

一是种类繁多，发行量大，读者范围广。一般来说，杂志具有较强的专业性，因此，读者的范围是较固定的，此外，它还突破了报纸的地域性限制，杂志的发行周期较长，可以把发行的渠道延伸很远，乃至打破国界限制；大量存在的专业性刊物往往都有一批稳定的明确的读者对象，公共关系宣传容易做到有的放矢。

二是杂志内容深入细致，传播的信息更为系统、准确。一般的杂志都是定期刊物，如半月刊、月刊、双月刊、季刊等，由于每一期杂志的出版周期较长，所以记者有充分的时间采访、收集资料、分析和详尽地解释，从而提供深入而翔实的报道，从这一点看，它比报纸更具有完整性、系统性、准确性。

三是杂志可以长期保存。一方面，从杂志的形式上看，装订成册的资料总是有利于保存的；另一方面，杂志的内容详尽、具体，有些文章带有学术性和史料性，因此，有保留的价值。

四是杂志的资料性、解释性和学术性比一般的媒体更强，印刷也比较讲究，它在制作上更精美一些，信息容量更大一些。

杂志在传播信息中的缺点：

一是杂志的时效性较差。当今世界，瞬息万变，经济新闻和突发事件层出不穷，对于需要利用大众传播媒介澄清事实、消除误解的社会组织特别是商业组织和团体，杂志显然是不适合的。

二是读者人数受到一定限制。阅读杂志不仅要具有基本的阅读能力，还要具备相应的专业水准和专业兴趣，所以杂志无法照顾到一般读者的阅读水平。

三是生动性不够。杂志虽然比报纸生动，但相对电视、网络来说，仍嫌呆板、机械。

（3）书籍及其传播特点

书籍是印刷媒体中信息容量最大的一种，其传播特点与报纸、杂志基本相同，区别在于：书籍对信息内容的处理更有深度，因此劝服性更强，资料性更强，保存价值更高；它的制作成本较高，出版所花费的时间也较长；同一本书，受出版数量的限制，传播信息的覆盖面极其有限。但它易于保存携带，能够较全面深刻地介绍组织情况，只要所载信息具有珍贵价值，也会长期受到广泛关注。书籍作为传播媒体的主要功能在于教育灌输、指导参考、宣传形象，具有供读者长期查找的资料汇编性质，而且一般为图书馆所收藏，因此在公共关系宣传方面也有特殊的工效。由图书的性质决定，图书一般不宜刊登产品宣传，而应刊登旨在宣传企业和商品的整体形象的宣传作品。

（4）传单、小册子、海报、名片等印刷宣传品及其传播特点

传单、宣传小册子是一种轻便、简易的传播媒体，制作简单、

成本低廉、易于广泛发行；虽然它的信息容量不大，但也能将某项事物做详细介绍，还可以配上图片、表格等内容，便于保存、携带，查用起来也方便。适合于产品介绍等专项宣传。

海报和招贴是应用广泛的宣传张贴物，除了被具体组织用于对广大员工的宣传、通告外，也越来越多地被用于对外宣传。海报是一种提供简短、及时、确切信息的公开宣传物，利用公共场所公开悬挂和告贴的传播形式。其功能是告知公众某事，营造宣传气氛或澄清某一事实，以稳定公众情绪。例如，面向广大社会公众推广组织形象、促销等。当用海报和招贴对外宣传时，要充分考虑张贴物制作的美观问题，也要考虑市容环境的美化，切不可把粗制滥造的东西随意到处张贴。它是其他主要媒体的辅助手段，有醒目、明确的特点。

名片是印有姓名、身份、单位和联系方式等内容的小卡片，它多用于社交场合的自我介绍，方便日后的联系。

总的来说，这类印刷品有以下一些传播特点：

一是制作简单、成本低；

二是使用灵活方便；

三是一般用于高频率、高密度地进行区域性推广传播和渗透传播。

（5）画板广告和电子屏幕广告

画板广告和电子屏幕广告也是常见的大众传播媒体，多出现在交通要道、城市广场、车站、码头和人群密集的场所如体育比赛场地、文化活动场所等。这类传播媒体一般制作成本或费用不多，但传播对象却十分广泛，只是传播效果很难控制。多用于组织形象推广和产品推销。

（6）广播及其传播特点

广播是通过电波的形式传送声音、文字，通过电波将大量的信息迅速传送给大众，是电子类大众媒体。20世纪广播技术研究成功后，迅速投入使用，特别是美国西屋公司及时广播1920年11月

2 日总统大选的消息后，广播迅速成为大众媒体形式，现在已经有 80 多年的历史。

广播的传播信息中的优点：

一是传播迅速、及时。广播是依靠电波来传播信息，它几乎可以像阳光照耀大地一样迅速地把信息传播到世界的各个角落；而且它对信息的处理过程很简单，在对同一新闻的报道上，要远比报纸、电视等需要的时间少；所以它能够迅速、及时地传播信息。

二是传播对象广泛，广播的传播对象非常广泛，这主要是因为相对于报纸、杂志、电视机来说，收音机是一种投资最低的接受信息工具，几乎人人都能够买得起，一机在手就等于长了顺风耳，长期受益；而且，广播的收听可以不受环境限制，活动性强，便于携带，人们甚至可以边干活边收听；特别是对于那些文化程度较低的人，视力不佳的人，行动不便的人，从事简单枯燥工作的人，广播更是他们最好的接受信息或娱乐、消遣的工具，因此，广播是一种最大众化的传播媒体之一。

三是传播过程人格化。播音人员美妙的嗓音，加上迷人的音乐，给人一种亲切的感觉，与公众之间具有较强的接近性。

四是传播的重复率高、频率快、容量大，公众可以从中获取较为准确、周全的信息。

五是传播成本低。广播电台与报社、出版社、电视台相比，不仅筹建的物质投入少，而且运作的人力、物力投入也较少；作为一种信息源，它的建设成本较低；对于信息接受者来说，收音机的造价低，使用成本也极低；从信息制作来看，广播节目的制作简单、容易、快捷，成本也很低。

六是传播手段是言语和音响。言语是人们日常生活中最基本、最普遍的表达方式，它在诉说中本身具有情感因素，因此比文字更具有情绪性、亲切感；广播在传播信息中并不是单一性地依靠言语，常常还要配有音响或音乐，增强信息的吸引力和感染力；不过，广播毕竟是一种诉诸人的听觉而与视觉无关的传播媒体，因此，信息的形象性较差。

广播在信息传递中的缺点：

一是信息流逝性强。广播信息的存在方式是时间性的，就是说广播信息随时间的流逝而消失，对于接受者来说，稍纵即逝，无法追回。

二是难以与听众进行双向沟通。听众收听节目的时间受到一定限制，听众收听广播，受到电台播出时间的限制，自由选择节目的范围很小；听众完全受广播预先安排的节目顺序、时间、速度的支配；收听广播必须按播音顺序来听，不能自行加速减速；而一则消息，常常需要听全文或大部分，才能了解其全部内容。

三是形象感不强。广播通过语言、音响影响听众，没有图像，也不能展示图片、图表，只闻其声，不见其人，在形象感方面比不上电视和网络，甚至比不上报纸和杂志。

（7）电视及其传播特点

电视是现代最强有力的一种大众传播媒体，是用电子技术传递声音和活动图像的传播媒体。它综合应用了言语传播、文字传播、图像传播等传播方式，集言语、文字、音响、图像、动作、色彩于一身，在传播信息过程中，能同时诉诸人的听觉和视觉，形象生动，真实感强，最易激发人的兴趣和抓住人的注意力。是一种较全面的传播方式，比其他媒体更生动、传神、直观、迅速。20 世纪30 年代开始，英、美、法等国相继建立了电视台，而真正深入到广大的公众家庭之中，则是在第二次世界大战以后，现在已经得到了相当程度的普及。

电视的传播信息的优点：

一是电视是综合性的传播媒体，它吸取了各种传播媒体的长处，综合性地将图像、声音、文字、语言、动作等传播手段融为一体，从而形成一种高科技的具有无比优势的传播工具。

二是传播信息的直观性，电视的图像可以直观地传播信息，让人们真切地看到事物的本来面目；它把图像的直观性和语言的叙述性综合起来，使人们对所传信息容易形成全面、深刻的认识；电视图像的直观性与图片、投影的直观性不同，它是一种动态的立体画面，形象逼真，使人如临其境，即电视图像极易使人产生时间上的同时感和空间上的同位感。

三是电视传播具有较强的影响力，能够激发公众的参与心理和模仿心理，形成有利于企业的公众环境。

四是传播信息迅速、广泛。电视和广播一样，也是用电波来传递信息，由于在信息制作和输出方面技术要求更复杂，所以比广播传播稍慢，但与报刊、传单等印刷媒体比起来，它仍是一种快速、简便的传播媒体。

电视传播信息的缺点：

一是电视传播具有时间和空间的限制性。电视信息是按时间顺序流动的，收看者稍不注意便无法追回；电视节目都有固定时间，是一种相对固定的传播工具。

二是电视的传播成本较高。与其他媒体比较起来，筹建和使用电视台的成本较高；因此，利用电视台开展传播沟通活动的费用也较高；而且从信息接受角度来看，购买电视机的费用也比较贵，不过这一点将随着科学技术的不断进步和人民生活水平的提高，而显得越来越不突出。

三是观众选择的余地小。电视播放的时间和内容都是既定的，观众处于被动的收看地位。电视频道有限，且收看时只能选择一个频道，故观众选择的机会少。

（8）电脑网络及其传播特点

电脑网络是一种新兴的大众传播媒体，它具有与电视相同的许多优点，并且克服了电视传播信息单向性的缺点，特别是它可以储存信息，大大方便了信息接收者。

网络传播信息的优点：

一是传播的速度更快，时效性更强，能够直接刊发信息，无须加工制作，具有即时传播的特点。

二是信息容量更大。信息网络是一个没有边界的世界，在这个无边界的数字化空间中，可以十分详尽地介绍各种商品信息和企业信息，满足公众深入了解的需要。

三是有效覆盖面更大。目前，全球互联网用户分布在 160 多个国家和地区，经过初期的超常规发展后，全球互联网用户的年增长率将维持在 50%，2010 年全球网络使用者人数将达到 20 亿人，约占世界人口的三分之一，网络上刊发的信息，几乎是没有"国界"的，可以直接发至全球 160 多个国家和地区的网络用户，任何国家的公众只要点击相关网页，就能浏览其中所刊载的信息内容。

四是形式更加生动，视觉效果更好。互联网借助各种以电脑为中心的硬件设备和软件技术，运用各种艺术汉字、美术字、图片、三维动画技术等多媒体开发工具，将文字、图形、表格、声音、动画融为一体，显得更加形象生动，吸引力更强。

五是费用更加低廉。在互联网上创作宣传作品，属无纸化办公，创意设计和制作几乎不用材料费用，一切工作都可以借助计算机工作平台完成，而且网上发布信息相对也比较经济，所以，运用互联网创作的发布信息，具有显著的集约化效应，是实现"最小化投入，最大化收益"目的的最佳途径。

六是互动性强。多媒体技术的运用，使得网络不仅能够有效地处理文字和数据，而且能够处理图象、文本、音频等多种信息，将电脑、电视、录象、录音、电话、传真等融为一体，形成智能化的多媒体终端与人之间相互交流的全息操作环境。在这个内容特别丰富的信息网络中，公众通过点击相关网站，可以自由地检索自己感兴趣的内容，根据自己的需要深入寻找有关的信息，各取所需，既可简单，也可详尽，公众的阅读自主性得到了技术上的保障，具有公众参与性强的特性。

七是易于统计。对传统的媒体宣传进行效果具有一定的难度，不能准确地判断报纸杂志的阅读率、电视收视率和广播收听率，但在互联网上发布信息，借助软件技术则可以迅速统计出看信息公告的人数以及时间分布、地理分布等情况，这样就可以相当准确地评估宣传效果，并针对性地提出相应的网上信息传播策略、创意策略和发布策略，提高宣传效果。

八是持续时间长。从技术上讲，互联网的传递模式是数字化信息的复制，信息复制传递之后，源信息还存在，没有时间、地点的限制，只要网上内容没有被删除，公众可以随时随地地查寻相关内容。

网络传播信息的缺点：

一是信息缺乏控制性。网络信息交流的随意性导致了信息泛滥，不可避免地产生了大批的"信息垃圾"，如色情、暴力言论等内容，这一点对心理尚未成熟的青少年来说，危害尤其大。

二是普及率并不高。经济发展的不平衡使许多家庭还没有能力使用网络；我国网民目前主要分布在经济发达地区，对大多数人来说，电脑本身的费用以及上网的费用仍使其"望网兴叹"，对大多数贫困地区的人来说，报纸仍是其主要信息来源。这就大大限制了互联网的受众层面，传播信息的广度受到了限制。

三是安全性较低。网络上，进行交流双方信任度并不高，此外，电脑黑客和病毒的层出不穷，对安全使用电脑都是潜在的威胁，这也影响了网络的传播效果。

综上所述，各种大众传播媒体的比较见下表：

类别	性质	内容	空间	覆盖	时效	收集	保存	接触	携带	成本
报纸	纸媒	文字、图片	较大	有限	一般	容易	容易	容易	方便	较低
杂志	纸媒	文字、图片	一般	很差	较差	容易	容易	容易	方便	一般
广播	电媒	声音	有限	较广	较强	不易	不易	容易	方便	一般
电视	电媒	声音、图像	有限	较广	较强	不易	不易	容易	不便	较高
网站	网媒	文字、图片、图像	无限	较广	最强	容易	容易	不易	不便	最低

二、人际交往传播媒体

人际交往是社会生活中最直观、最常见、最丰富的传播形式。热情洋溢的谈话、严肃认真的讨论、轻松愉快的玩笑、情真意切的嘱托、虚情假意的逢场作戏等是人际传播的多彩表现；语言交往、书信往来、打电话、通过因特网互送电子邮件等，都属于人际交往的范畴。人际交往传播是一种最典型的社会传播活动，也是人与人社会关系的直接体现。人际交往传播也称人际沟通，是人与人之间的信息沟通、交流。是人类最常见的、渗透于人类生活一切方面的一种基本传播方式，是构成人际关系的基础，其表现形式有面对面的人际传播，即在同一空间内交流双方通过言语、表情、动作等进行信息沟通，如对话、交流等；非面对面的人际传播，即传受双方不在同一时间内，借助个人性的媒介（电话、书信、电报等）进行的不同时间、不同空间的信息沟通。

人际交往实现的条件首先是要具备沟通者、被沟通者、沟通目的、沟通内容、人际沟通媒介等基本要素；其次是要具备双方均能理解的符号系统，所谓符号系统是指人们在沟通的过程中用来代表任何事物或现象的社会客体，它可以是语言的也可以是非语言的；再次，沟通双方要具有双方共有的沟通范围；最后，要具有相应的反馈机制。人际交往传播的目的在于获得相关信息、与他人建立社会协作关系、自我认识和相互认知、满足人社会性的精神和心理需求。人际传播者有明显的个性性、私人性；人际交往传递和接受信息的渠道多、方法灵活、传递的信息丰富复杂；是一种相对自由和平等的传播活动；双方的参与性强，互为传播的主客体；交流手段和传播符号丰富多样；信息反馈及时，传播中双方易于调整和适应，传播效果易于呈现，且极富感情色彩，沟通的情感性强。它在公共关系活动中，发挥着不可忽视的作用，它有利于增强组织的凝聚力、有利于创造良好的外部环境、有利于排除障碍消除误解。人际交往式信息传播必须遵循严于律己、宽以待人的原则，古人云

"海纳百川，有容乃大；山高万仞，无欲则刚"，这就要求我们要宽宏大量，当然，宽宏大量不是懦弱，也不是不讲原则的随波逐流，而是有理有利有节的自我表现。

1. 符号媒介

符号媒介是信息传递过程中极有意义并极易引起互动的载体，是现代社会运用最广泛的传播媒介，也是公共关系传播中常用的媒介，它包括有声语言媒介、无声语言媒介、有声非语言媒介、无声非语言媒介。言语传播要有两个或两个以上的传播主体在同一时空范围内共同参与传播；其交流的过程和信息反馈的过程几乎是同步进行的，其传播的信息内容不局限于词语、语法结构等组成句子所表达的思想含义，还包括语气、语调以及身姿、手势、表情等所表达的意义。言语交流具有直接性、随时性、情感性、主观性、双向性、反馈性等基本特性。言语传播是公共关系活动中应用最广泛、不可缺少的传播工具。公共关系把言语传播作为一种与公众建立联系、对外界施加影响的工作方式来加以研究，要求公关人员深刻理解言语传播的特点，熟练掌握言语传播的技巧，并能够在公务接待、信息传递、新闻发布及各种沟通联络活动中，充分运用其特点和传播技巧，从而使公共关系活动取得最佳效果。

（1）有声语言媒介

即自然语言，是发出声音的口头语言。语言是人们相互之间表达思想感情、沟通有关信息、形成相互合作、促进社会发展的重要工具。在公共关系传播中，大量运用这种媒介形式进行传播，语言是传递信息、联络感情、说服公众、争取合作的重要工具。其形式如答记者问、与员工谈心、电话通讯、内外谈判、各类演说和为宾客致迎送辞等，其特点是信息交流直接，反馈迅速，形式灵活多样，传播效果明显，具有充分性的特点。英国哲学家培根说过："与人谋事，则须知其习性，以引导之；明其目的，以劝诱之；谙其弱点，以威吓之；察其优势，以钳制之。"其中提及的引导、劝诱、威吓、钳制等，无不与言语运用有关。在公关传播中，从非正规的社交寒暄，到正规的庆典致辞；从面对面的谈心，到面对目标公众的演讲、报告；从严肃的谈判桌，到轻松的联谊活动，有声语言沟通无处不在、无处不用。因此，具备一种能明白晓畅、生动活泼又不失庄重典雅格调的言语表达能力，以及准确深刻的领悟能力，是提高公关效果的基本要求。

语言沟通的形式有会话式、独白式两种方式。会话是两个人或几个人之间进行的交谈，如对话、商讨和辩论；在公共关系领域中，常有答记者问、与员工谈心、社交场合寒暄、与来访者对话以及谈判等方式，其特点是依赖情景、真实自然。独白式是一个人讲公众听的单向说话方式，如演讲、报告、授课和会议发言等；在公共关系领域中，常有就职演说、祝贺演说、向员工做报告、为宾客致迎送辞等方式，其特点是指向明确、逻辑性强、易于充分展开。

要达到人际沟通的良好效果，就必须讲究语言沟通的技巧。首先，个人要自信、有自己独特的语言风格。人的语言魅力与自信有直接关系，缺乏自信心，往往会造成自卑、胆怯或虚夸，影响语言沟通。林肯曾说："不论人们如何仇视我，只要给我一个略说几句话的机会，我就可以把他们说服。"这便是语言坚定自信的表现。语言的艺术还在于要有自己的特色、自身的风格。"一千个人看哈姆莱特，便有一千个哈姆莱特"，世界上找不出两个一模一样的人，每一个生命都是一道独特的美丽的风景，"你站在桥上看风景，看风景的人在楼上看你"。沟通者对自己应持有这样的观点：寻找自己不同于他人的风格和特色，这是沟通者最宝贵的财富，应抓住它、珍视它、发扬它。这种风格和特色能给人的谈吐注入力量和诚意，千万不要使自己循规蹈矩、失去特色。其次，要幽默风趣。幽默是以一种愉悦的方式让别人获得精神上的快感。幽默的力量，决不仅仅在于博人一笑而已，它能润滑人际关系，提高生活涵养，提示生活的哲理，让人们从中得到某些启迪。幽默的作用主要是吸引听众、体现自信、消除对抗情绪、创造交往中的和谐气氛。再次，要委婉含蓄。委婉含蓄是一种既婉转又能清晰、明确地表达思想意义的技巧，其最显著特点是言在此而意在彼，其作用是在人际沟通中造成一定弹性，是人际交往的缓冲术，大量事实证明委婉含蓄的表达不仅是必要的"缓冲"，而且是异常重要的"溶化剂"，也能直接反映说话人的形象。需要指出的是委婉含蓄决不等于含混，也不等于绕弯子、模棱两可，它是一种清晰而明确的"弦外之音"。第四，要讲究劝说与拒绝的艺术。劝说是指对别人的劝解说服、教育诱导。"晓之以理、动之以情、导之以行"是劝服应遵循的原则，主要类型有直接教育型劝说、批评争取型劝说、谈判推销型劝说等；一个劝服活动的成功与否，取决于劝服者、劝服内容、劝服形式和被劝服者四个主要因素；劝服者对自己所提出的观点要确信无疑，要有充分理由或例证支持自己的观点，内容要是和被劝服者的需要和特点一致，时间、地点和所采取的形式应为被劝服者乐于接受，只有如此，才能使劝服获得良好的效果。拒绝是对别人愿望与要求的否定，拒绝是沟通的中断，在人际交往中，拒绝是不希望发生但又不可避免的现象，一般地说，公关中的拒绝要求运用委婉式的拒绝、诱导对方自我否定式拒绝、先表示同情后拒绝等这样一些间接式或迂回式的拒绝方式。最后要讲究提问与回答的技巧。问答是语言沟通中最常见的要素，为了获得所需要的回答，就要讲究问的技巧，做到问得好、问得巧，主要包括：注意场合、对象及其心境，有针对性地问；掌握气氛、限制对方，有目的地问；以及注意语句的选择、顺序调整，讲究方式地问。"回答"则是对"提问"的回复、反应。良好的沟通决不是问什么答什么，也决不是怎么问就怎么答，而是要力图答得好、答得妙。主要包括：认清提问的目的，有针对性地答。

（2）无声语言媒介

无声语言媒介是通过印刷文字进行信息传播的。如谈判决议、会议纪要、社交书信、调查报告、电文、通知、通讯、公共简报等。其特点是超越时空，信息表达便于斟酌，有利于保存，但信息反馈不及有声语言媒介迅速。

（3）有声非语言媒介

有声非语言媒介是一种"类语言"形式，是传播过程中有声音但不分音节的语言，如说话时的重读、语调、笑声、掌声和众多动作发出的声音。"类语言"主要表现为两类：一是伴随着有声语言而出现的语言特征，如：语调、语速、重音以及特殊的语言停歇；二是表意的功能性发声，如：笑声、哭声、叹息声、呻吟声、咳嗽声以及因惊恐而发出的叫喊声等。其特点是要在语言环境中得以传播，且同一形式的寓意不是固定不变的，如笑声可以有很多语义，掌声可以是肯定也可以是礼貌的否定。在公共关系活动中，需要注意使用的形式有：谈话时的语调、语速、重音、笑声等。人们可以通过对这些不分音节但能发出声来的"类语言"的控制，来提高人际沟通的有效性。在人际交往中要特别注意语调、语速、重音、笑声这四种有声非语言形式的作用与表达。

（4）无声非语言媒介

无声非语言媒介是指各种人体语言，它是用人的动作、表情、服饰等来表达信息的。几乎人体的各个部分都能表达众多的含义，常为公共关系传播所利用。精神分析大师弗洛伊德说过："除非圣灵能秘而不宣，常人的双唇即使缄默不语，他抖动的双手也在喋喋不休，他的每一个气孔都在叙说心中的秘密。"如人的站、坐、走、表情、手势、举止等，其特点是有鲜明的民族文化特性，有些动作在不同民族文化中所表达的语义是不同的，无声非语言能强化有声语言的传播效果，发挥"此时无声胜有声"、"于无声处听惊雷"的作用。和弗洛伊德持相同观点的美国心理学家艾伯特·梅拉比安甚至提出了下述公式：信息的传递 = 38% 音调 + 55% 表情 + 7% 语言。有关研究者估计，全人类至少有 70 万种可用于表达不同含义的态势动作，由此可见，非语言这种"不是语言的语言"、"看不见的语言"在人际沟通中具有重要的价值。在人际交往中要特别注意眼神与表情、手势与身姿、服饰与饰品的作用。非语言的内容是相当丰富的，公关人员应深入研究和掌握，使其在沟通过程中发挥积极有效的作用。

2. 实物媒介

实物媒介是指实物充当信息的载体，包括产品、象征物、公关礼品等。产品本身就是一种典型的实物媒介，其运载信息的要素有品牌、商标、包装、外形、质量、服务等。实物传播所传播的信息都是具体的形象，比较直观可靠，因而也更能打动公众。实物传播不仅提供了看得见、摸得着的信息，而且在实际应用中，往往要辅助以相应的语言传播和文字传播手段以及现场装饰或操作表演等，这样在公众面前就形成了多种手段综合运用组成的生动丰富的真实形象，使公众在身临其境的状态下直接感知信息，从而取得最佳的传播效果。与言语传播比较起来，实物传播的制作成本较高，技术要求相对复杂，组织难度较大，需要花费较大的人力和物力。实物传播是靠具体的物品和它的真实图像来吸引和打动公众的，因此，在信息传播中，具体物品的质量必须过硬；要注意实物传播的环境布置；要尽可能地使实物等各种信息载体"活"起来。实物传播在公关业务中的具体运用有推销活动、样品展览和示范表演、橱窗陈列、工作和生活环境的布置、象征物品的配套设计等。公关礼品一般是非商品化物品，有组织根据公关目标的需要专门设计制作，其交际沟通价值要远远大于使用价值。象征物也常常用来传达组织的各类信息，如印有组织标识的手提袋、购物袋、交通工具、信笺等。实物媒介的特点是直观明确，可信度高。视觉和感觉冲击力强，容易引起公众反应。随着社会和科学技术的不断发展，非面对面的人际沟通方式越来越丰富、社会组织与公众之间的距离也缩短了，与大众媒介类似，实物媒介也是传递信息的载体和工具，是信息发送的通道；传递的信息也易于保存和复制。实物媒介的主要形式有信件、电话、电子邮件、网络聊天工具四种。当然，应该指出的是实物性礼品决不能是奢侈的、高值的、超出现有社会规范的礼物，如果是这样，实物性礼品也将会成为"非礼"的东西。

3. 人体媒介

人体媒介是借助于人的行为、服饰、素质和社会影响来作为信息传递的载体。如组织的员工形象、社会名流、新闻人物等，它渗透力较强、影响面大、容易形成传播双方的情感沟通。

三、电子传播媒体

1. 电子传播媒体

电子传播媒体是指通过电讯器械和电子技术向公众传播商品信息和形象信息的传播渠道，如电影、广播、电视、网络等。在各种传播媒介中，电子传播媒介是后起之秀，它是随着电子技术的发展而成为现代大众传播媒介的。随着计算机技术和卫星通讯事业的发展，电子传播媒介能够迅速地向更加广泛的公众传播信息，更加深刻地影响人们的思维和行为。因此电子传播成为公共关系宣传的首选传播媒介。

2. 电子传播媒体的共同特征

在社会生活中，电子传播媒介已经成为一种特殊的生存环境，这就是"媒介环境"，具有重要的影响作用。这是由其独特的传播性能决定的。就总体而言，电子传播媒介具有权威性高、感性色彩浓、传播速度快、形象生动、娱乐性强、影响范围广泛、公众接触程度高等特点；具有时效性、远播性、生动性、技术性等一般特征。它的信息符号以声音或图像为主，以文字为辅；是非记录的（录像和音像出版除外），播出后立即消失；信息符号以时间序列展开；信息制作快捷，覆盖面广，不需要太多时间的复制就能广泛传播；媒介自身制作成本较高，使用的费用较大。在现代化国家里，任何一个地方发生了重大事件，通过电子传播媒介，就能够在很短的时间内让分布在世界各地的公众知晓事件的全过程和具体细节，而且还能给公众一种身临其境的感觉，形成倾向性的心理气氛和舆论环境，或支持或反对，或理解或抵制，公众的集群性社会行为往往在电子媒介助长的作用下呈现鲜明的一致性。电子传播媒介具有强烈的导向功能，容易使公众几乎无暇仔细思索就能接受其推行的价值观念和行为方式。所以现代社会中经常会出现各式各样的流行、时尚现象。

3. 电子传播媒体的主要形式及其优缺点

电子传播媒体的主要形式有广播、电视、网络，其具体内容见大众传播媒体，在此不再赘述。

四、新型媒介技术

"新媒介"（new media）一词最早出现在 1967 年美国 CBS 技术研究所所长 P. 戈尔马克发表的一份开发电子录像商品的计划中。20 世纪 70 年代末至 80 年代，"新媒介"成为西方发达国家新闻界、学术界和科技界最热门的话题之一，并出版了许多有关传播新技术新媒介的研究著述。目前各国学者普遍公认的"新媒介"主要指光纤电缆通信网、都市型双向传播有线电视网、图文电视、电子计算机通信网、大型电脑数据库通信系统、通信卫星和卫星直播电视系统、高清晰电视，以及 20 世纪 90 年代以来兴起的超级信息交互通信网络（Internet）和多功能媒体（multimedia）等。无论其传播形态和方式如何，其核心是数字式信息符号传播技术的实现。与信息的印刷媒介、电子媒介相比，其传播速度、数量、质量乃至信息传播模式均发生了明显的变化。

新媒介的主要特征有：

一是新媒介把人际传播、团体传播、大众传播兼容起来，有的新媒介既可进行点对面的传播，同时也能实现点对点的个性化人际信息传播。

二是高科技手段的运用，提高了处理和传递信息的效率，而由于电脑的普及和电脑功能的不断完善，使得信息接受者分享和利用信息的能力也得到了空前提高。

三是传统媒介之间功能及传播方式的明显差别逐渐被打破，而朝一体化多功能方向发展。

四是新媒介使任何人都有可能参与到由点到面的大众传播中来，实现传播者与接受者的无差别化，从而达到信息真正的双向沟通传播。

五是新媒介使信息传播更具有高速、高质、超量、多样化和范围广的特征。

"新媒介"的产生发展和不断完善，将给人类自身的全面发展带来深刻而巨大的影响，也会给公共关系带来新的机遇和挑战。

1. 新媒介给公共关系带来的机遇

在以网络为代表的新媒体出现以前，传统的公关手段主要是报纸、杂志、广播、电视以及公共关系人员的直接公关，新媒介的出现大大丰富了公共关系的内容。

（1）从覆盖范围上看

传统媒介，如报纸、杂志的流通是地区性的，即使是全国性的报纸，其流通也需要一定时间；广播虽然可以进行远距离信息传递，但信号也常受到干扰而影响传播效果。新媒介的出现打开了人们的视野，在互联网上，传播权力在人类历史上第一次得到真正的普及。"共享与参与"是互联网向全人类发出的呼唤，互联网以神奇的速度把它的触角伸到了世界各地。

（2）从信息量上看

因特网连入世界各地的大型图书馆 600 多个，拥有大约 100 多万个不同类型的信息源，这是其他媒介无法与之相比的。

（3）从传播速度上看

1997 年 7 月 4 日，美国"探路者"宇宙飞船成功地在火星登陆，美国宇航员同几家大电子公司在万维网上传播了登陆实况。在48 小时内，全球有 1 亿 4500 万人次通过万维网看到了实况，这样的速度和规模是其他媒体根本无法望其项背的。

2. 新媒介给公共关系带来的挑战

（1）给公共关系思想带来巨大冲击

新媒介的出现极大地冲击了人们的思想观念，也极大地影响了公共关系的思想，它要求公共关系要在理念、思想上做出重大突破和创新，不断与时俱进，紧追甚至超越时代的步伐，不断创新和完善公共关系的思想理论体系。

（2）对公共关系人员提出巨大挑战

以高科技为载体的新媒介必然要求公共关系人员精通或者基本掌握新媒介的使用方法、了解新媒介的优缺点，能够恰当地使用新媒介为公共关系服务，这就对公共关系人员的素质提出了新的要求。

第二节 公关媒体的功能

一、扩大传播者的传播能力

正如传播学者鲁恒所说，媒体是人体能力的延伸。媒体能大大地扩大我们的信息传播距离和范围。

1. 公共关系综合运用多种传播手段，充分引起公众对传播者及其传播信息的注意

现代社会是一个动态的信息传递网络，在纵横交错的信息流中，人们时刻在传递信息与接受信息，每个人都可能是信息的发送者，也同时可能是信息的接收者。社会生活中的信息交流与沟通，是人们相互联系的重要形式。据估计，人们除了睡眠时间以外，其余约70％的时间都是用来进行交往和沟通信息的。公关传播以其特有的工作方法，以及充分利用的各种先进技术手段，大大加快了信息传播的速度，加大了信息沟通的范围，提高了公关活动的效果。公关传播利用网络式信息交流模式，与目标公众保持着持久、广泛、真挚的信息沟通，使目标公众对机构的相关信息产生特殊的兴趣，保证机构公关活动的良好效果。

2. 公共关系通过情感交流式信息传播有效地帮助机构争取公众的理解和支持

公共关系传播的目的，是希望通过各种传播媒介和传播技术的

努力活动，促进公众对机构产生好感，从而促使他们能信任和支持自己。公关传播的特殊手段，是在人们情感交流的过程中利用情感因素，促进人的内心体验朝有利于机构的方向发展，从而影响人们对机构的态度。因为人们在相互的信息沟通中，都会具有一种相互的作用，双方都会伴随着对交流内容的理解，以及对对方个性特征的认识，产生一定的情绪体验，这种情绪体验往往会表现为两种情感状态即感情共鸣和情感排斥。公共关系的特殊之处，就是能利用各种手段，以真情进行双方的沟通。"人非草木，孰能无情。"董事长给过生日的员工一个蛋糕，礼轻情意重；机构出面邀请工作辛苦的新闻界朋友举行一次周末舞会，情深意长。这些举措不仅能像磁铁一样把全体员工吸引在一起，获得他们全力的支持和奋斗，而且能争取到广大公众的理解与支持，建立起广泛的社会联系网络，从而为机构树立良好的形象创造条件。

二、创造良好的外部环境

公共关系通过全方位的信息传播引导形成有利于组织生存与发展的良好舆论空间。传播具有促进全社会沟通的作用，公共关系的出发点就是通过各种途径和手段向公众证明，组织的奋斗目标是和公众的需求相一致的，公共关系不仅能从舆论中寻找到自己如何与公众沟通的工作重点，而且能通过舆论的引导影响和争取目标公众的理解和支持。公共关系通过有计划、有目的的信息传播活动，利用各种传播媒介和信息通道与公众进行全方位的信息沟通，有效地引导社会舆论朝有利于组织的方向发展。公共关系通过全面、及时、准确、有效的信息传播，使组织得以形成、保持和发展竞争优势。

三、创造组织的凝聚力

古语云："天时不如地利，地利不如人和。"人和，是组织走向成功的重要因素。组织凝聚力的强弱是衡量"人和"程度的重要标准。而创造较强的组织凝聚力，必须借助于人际沟通。在现代管理中，人们已经清楚地认识到"人是核心"、"人的因素是第一因素"、"以人为本"，开始积极的感情投资，有人称之为"感情经济学"。上下之间、左右之间，均在开始积极的沟通，以此追求组织的亲和力、向心力，塑造组织的良好形象。传统的、依靠行政命令进行管理的方法已经不合时宜，沟通将越来越显示其独特的管理功效。

四、提供新的传播语言形式

各种媒体的特点都会对传播语言形式产生影响，各类媒体都有适合自己特点的表达形式。媒体的使用能大大丰富传播者的传播语言形式。

五、赋予媒介相应地位，影响传播者的形象

媒体本身的社会影响力，使得通过它传播的信息能够更为社会所关注、所认同。此外，媒体自身的社会形象极大地影响到对它的使用，以及传播的效果。开展公共关系的信息传播活动，就是要将组织的良好行为信息准确有效地向公众传播出去，使公众了解社会组织的良好行为状况，最终使社会组织在公众心目中建立良好的形象。

六、引起传播行为的变化，克服组织信息自流

由于通过媒体传播是一种间接的传播，它既会带来人们对信息接触方式、接触深度、接触效果的变换，也会带来传播信息反馈的滞后，使得对传播的效果难以预测，深层的传播效果降低。组织信息自流是指社会组织中的有关信息在失控或放任的情况下形成一种自发的流动状态。组织信息自流一般都不是一种好的状态，同时社会组织内部信息运动达到一定程度时，也可能造成溢出现象，形成组织的信息自流。这种自流状态的信息很难使公众形成对社会组织

的一致的理解，因而也有可能损害组织的形象。公共关系信息传播作为社会组织的一种自觉的信息传播行为，一方面可以提高社会组织的透明度，使公众能客观地了解社会组织，公正地评价社会组织，另一方面还能对社会组织的信息流动起控制作用，在组织形象受到外界损害时，或组织的行为一时不为公众理解时，进行有效的导向和澄清。这些作用，正是公共关系信息传播所具有的克服组织信息自流的功能的具体体现。

第三节　公关媒体选择的原则

公共关系的实施必须借助一定的媒介来进行，而不同的传播形式有不同的鲜明特点和一定的最佳实用范围，为了准确有效地传播信息，应当将所要传播的信息内容的特点和传播媒介的优缺点结合起来综合考虑，为此必须遵循媒介选择的基本原则。

一、合乎经济的原则

一个企业的经济实力终究有限，能用在公共关系上的也有限，而健全的公共关系工作需要有稳定可靠的财力支持，这有限的财力支持如何分配、如何利用才能达到效应的最大化是个很现实的问题，有效的公共关系应当将有限的财力用在刀刃上，应当根据企业的具体的经济能力及在最经济的条件下选择使用传播和媒介，以完成公共关系的任务。根据具体的经济能力和最经济的条件选择和使用传播媒介和沟通方法，即根据组织的公关预算和传播投资能力，量力而行，精打细算，争取在经济的条件下获得尽可能大的传播效益。例如人际传播在经费开支上绝对额比较节省，但大众传播的范围更广泛，所以它的单位成本可能更低；新闻传播比广告节省得多，但也可能招来许多意想不到的额外赞助费用。

二、目标导向的原则

所谓目标导向，指的是在公共关系方案实施的媒介选择中，要以目标为行为导向，在合乎目标的情况下选择相应的媒介。它一般包括三个方面的内容：一是控制实施过程中不得任意改变或超出目标范围，二是控制实施的发展及进程情况，三是实施人员利用目标对整个实施活动进行引导、制约和促进。例如，如果是为知名度的提高，可以选择普及面大的大众传播和媒介，争取在各种机会下亮出企业牌子；如果是为树立企业的社会信誉，就必须从完善产品质量和系列服务项目入手选择媒介；如果是为了加强内部团结、解决员工之间或部门之间的紧张关系，则采用直接对话、座谈会或黑板报、内部刊物等传播方式更妥当；如果目标是处理公关危机，可以选择人际传播、组织传播以及相适应的媒介。

三、根据目标公众的原则

公共关系的最终接受者是目标公众，不同的目标公众有不同的具体情况，这就需要具体分析目标公众的实际以"对症下药"，就必须考虑到公众对象的经济状况、教育程度、职业状况、生活方式以及他们经常接受信息的习惯等。如果目标公众以文化程度比较高的人为主，可以使用印刷品媒介（报纸、杂志、书籍等），使用的语言文字也可以高深一些，较抽象的内容也可以多一些；但是如果目标公众是以文化程度较低的人为主，就要考虑使用广播、电视或配以通俗易懂的文字说明的图片等媒介；若目标公众是广大农村群众，就不能仅仅依靠电视，而应更多地使用广播媒介；若目标公众是少年儿童，最好制作成电视卡通节目，等等。

四、根据传播内容的原则

不同的传播内容需要的传播媒介不同，这就要根据具体的传播内容来具体选择媒介。如果是时效性强、内容较简单的快讯，可以选择广播，它覆盖面广，传播速度快，对稿件的要求不高；如果是传播内容比较复杂，需要公众反复思考才能明白，就应选择印刷品媒介，那样公众可以从容阅读，慢慢反省、品味；如果传播的内容涉及一个生动有趣的活动过程，则适宜用电视或电影，容易产生诱人的效果；对个别公众对个别问题的投诉，只需要通过面谈或书信方式就可以解决；对开业典礼、大型公关活动的报告，采用电视形象会更生动；如果传播的内容涉及改变公众态度，那就得综合运用人际传播、公众传播和大众传播方式。

五、适应媒体本身特征的原则

"尺有所短，寸有所长"，各媒体各有所长、各有所短，只有根据媒体本身的特征，才能事半功倍取得良好的传播效果。不同的媒体适应的传播类型也不一样，报纸、杂志、书籍、广播、电视、电影等适合大众传播；实物、模型等适合小群体传播或公共传播；信函、电报、电话传真等适合于人际传播；内部刊物、闭路电视等适合于组织传播；灯箱、广告牌、布标、旗帜等适合于公共传播；因特网适合个人传播。

第四部分

四步工作方法

公共关系调查

公共关系策划

公共关系实施

公共关系评估

公共关系活动本身是有规律性的活动，并非是杂乱无章、任意进行的。不仅日常的、例行的公共关系活动如此，重大的公共关系活动更是如此。斯科特·卡特李普、阿伦·森特和格伦·布鲁姆所著的《有效公共关系》一书指出，从公共关系作为一种"艺术"的起源开始，这一活动已经进入它的成熟阶段。在这一阶段，社会组织与社会公众的良好社会公共关系的建立和维系，就必须经过一定的工作步骤和程序，才能够达到有效沟通和交流的目的。那么从事这一行业的人已经不再是凭直觉和个人经验进行摸索和操作公共关系的活动，相反，他们根据公共关系工作的内在联系和规律，运用科学的理论和有效的方法，逐步形成了公共关系工作的流程。

卡特李普认为，公共关系活动的过程有四个基本步骤：界定公共关系问题、制定计划和方案、行动和传播、评估方案。这一认识大体反映了公共关系活动的基本规律，得到了公关界的认同，被称为"公共关系四步工作法"，即公共关系调查，公共关系策划，公共关系实施和公共关系评估。了解公共关系的一般工作过程，有助于把握公共关系的基本工作特征、工作要点和各环节的内在联系。在具体的公共关系活动中，运用这些原则和方法来指导思想、规范行为、制约运作。

必须强调的是，任何公共关系活动都是一个连续的动态过程，这意味着，在公共关系工作中不存在四个绝对独立的工作步骤，实际操作中四个步骤相互衔接，相互影响，呈现出动态的环状结构，形成一个持续的完整的公共关系工作过程。

第七章　公共关系调查

公共关系调查是社会调查的一种形式。它是指社会组织采用科学合理的方法，准确地搜集有关组织形象、公众需求、社会环境及发展趋势等信息，为组织开展公共关系活动提供条件和基础，也为组织制定公共关系计划提供科学的依据。

美国公共关系学教科书《公共关系的战略与战术》一书中指出："调查是一种听取意见的方式。在进行任何一个公共关系项目之前，必须收集资料、数据和事实证据。只有采取公共关系过程的这个第一步，一个机构才能开始筹划决策和战略，以开展有效的信息交流项目。"确实如此，公共关系调查是整个公共关系工作的第一步，同时又贯穿于公共关系工作的全过程。在公共关系工作的初期，全面深入的公关调查可以为公共关系活动方案的确立提供可靠的依据；在计划实施过程中，公关调查又反馈着来自周围环境的信息，不断调整着社会组织在公共关系活动中的行为。

总的来说，公关调查是运用定性分析和定量分析的方法，全面、准确地了解社会组织的公共关系现状，预测公共关系发展的趋势，为社会组织的决策提供科学依据，并对公共关系活动的效果进行评估。而在某一社会组织面临具体的公共关系问题时，或该组织策划具体的公共关系活动之前，公关调查可以帮助公关人员监测社会环境，及时把握社会舆论，认识公众的态度，并在此基础上制定切实可行的公关计划，实施有效的传播和沟通，以解决公关人员面临的具体问题，塑造社会组织的良好形象。

第一节 公共关系调查的内容

公共关系调查的内容，不仅包括社会组织自身状况及其所处的公共关系环境的调查，对组织可能遇到的问题的前景预测，公共关系活动效果的评估，而且还包括公众对社会组织的意见、评价和态度趋势。其调查范围和调查深度，同社会组织的自我期待，社会组织所处层次的高低、活动半径的大小以及视野广阔程度、业务范围有关。一般而言，大至社会文化，小至受众个体，凡是与该社会组织有关的因素，都可以纳入公共关系调查的内容。

一、一般性公共关系调查内容

1. 公共社会环境的调查

公共社会环境是组织开展公共关系活动不可忽视的背景：公共关系活动方案的形成和实施必须首先考虑到公共关系环境。因此，公关人员有必要调查与组织有关的公共关系环境，主要调查内容包括：

（1）一般环境调查，也称宏观调查

一般环境指的是对与组织活动能产生重大影响的社会条件。其具体调查包括：

——政治环境调查：了解社会的政治气候、政治权利的集中程度，社会中的政党系统和政治组织性质，国家的方针政策等方面的内容以及对本组织生存、发展和前途的影响等。

——法律环境调查：了解现行法律系统的性质，法律所管辖的范围，各类政府部门的司法执行，有关组织的形成、控制、税收等一些与组织息息相关的法律法规。

——经济环境调查：了解组织所处的经济环境中经济组织的类型、金融、财政、经济等方面的政策，资源的开发水平，消费特征和市场状况等。

——文化环境调查：包括文化背景、风俗习惯、伦理道德、意识形态、社会心理、社会价值和标准、领导方式、人际关系等构成因素。通过对这些内容的调查，了解文化对组织公关活动方式的承受能力如何，区域文化积习对公关活动产生的影响等。

——另外还有技术环境、教育环境的调查等。

组织在开展公共关系活动之前，应对以上相关的环境进行冷静分析，对公众心理进行认真研究。只有这样，才能在注重竞争的现代社会，对组织要推广的形象、产品和观念开展有效的公关工作。

（2）具体环境调查，也称微观调查

具体环境指组织进行公共关系活动的具体地点和条件。具体环境调查就是对公共关系活动的具体条件的调查，是组织直接面对的人、事、物。同组织直接打交道的是顾客、供应商、政府、社区、竞争对手等，组织关心的是市场、产品或服务等情况，组织要解决的是改善组织自身的生存环境和工作条件等。

2. 社会组织的基本情况调查

社会组织的基本情况，是公众评价的对象，也是公关人员开展活动前必须首先考虑的问题。因此，公关人员必须对组织的各方面情况了如指掌。这方面的资料应该是公共关系人员的案头必备品。其内容包括：

（1）组织的基本情况

内容有：组织沿革，组织发展历史上的重大事件及社会影响，组织的业务目标、社会效益目标，组织的管理状况和特点等。具体到一个企业，公关人员还要对诸如企业的目标市场状况、市场占有率及市场竞争情况，企业的产品、服务、价格等特点以及企业的外观、厂名，商品的包装、商标等进行调查研究。

（2）组织的形象问题

公共关系的组织形象，是指社会公众和组织内部员工对组织的整体印象和评价。它一是包括组织的外部形象，即组织外部公众对本组织的产品、信誉、管理水平、服务质量、人员素质等的评价；

二是包括组织的内部形象，即组织内部职工对组织的各种评价。

其中组织形象地位调查包括三个基本环节，即自我期望形象调查、实际社会形象调查、形象差距的分析研究。一方面需要通过组织的自我期望形象调查，明确组织的公共关系目标，另一方面，需要通过组织的实际社会形象调查，分析组织公共关系的具体现状，最后通过比较期望目标和现状之间的差距，修正和确定公共关系工作的方向和重点。

①组织自我期望形象调查。组织自我期望形象是指一个组织自己所期望建立的形象，它是一个组织公共关系工作的内在动力、基本方向和目标。自我期望形象的确立应注意主观愿望和实际可能相结合。作为动力和方向，自我期望形象的要求越高，组织自觉作出公共关系方面努力的可能性就越大；作为目标，自我期望形象的要求越高，实际成功率也可能越低。科学的自我期望形象的调查主要包括以下三个方面：

Ⅰ.组织领导层的公共关系目标和要求。公共关系活动的目标必须围绕着组织的总目标，支持组织总目标的实现。组织的公共关系计划实质上始于领导层。作为组织的决策者和领导者，他们对自己组织形象期望水平，对于组织目标和组织信念的形成，对于组织形象的选择和确立，具有决定性的意义。因此，公共关系工作者首先必须详尽研究领导者所议定的各项目标和政策，领会领导者的决心和意图，研究他们的言行和经营管理手段，测定他们对组织形象的期望水平和具体要求，以此作为设计组织形象的重要依据。

Ⅱ.组织员工的要求和评价。即了解本组织广大干部和职员对自己组织的看法和评价。一个组织的目标和政策须得到广大员工的认同和支持，才可能有效地转化为该组织的实际行动。因此，需要通过调查研究，了解广大员工对组织的要求、看法及各种批评建议，他们对领导层提出的总目标的信心和支持程度，发动全体成员寻找组织的薄弱环节改善措施。

Ⅲ.组织的实际情况和基本条件。组织对自我形象的要求不能脱离客观的实际状态和条件。公共关系工作者必须完整地掌握本组织各方面的基本资料，包括经营方针和管理政策、生产状况、财务状况、技术开发状况、市场营销状况、人事组织状况，等等，并以此作为设计组织形象的客观依据。

通过以上三个方面的调查，从主观愿望和实际可能的结合上，确立本组织的自我期望形象。

②组织实际形象调查。实际形象即组织的实际表现在公众舆论中的投影、反映，亦是社会公众和社会舆论对组织的认识和评价。这种认识和评价体现为组织在社会公众中的知名度和美誉度。知名度和美誉度是衡量组织形象的基本标志。知名度是表示社会公众对一个组织了解的程度。美誉度是表示社会公众对一个组织信任和赞许的程度。知名度主要衡量舆论评价"量"的"大、小"，即名声远近，不涉及舆论"质"的评价。知名度高不一定美誉度高，知名度低也不一定意味着美誉度低。美誉度主要衡量舆论评价"质"的"好、坏"，不能混同于"量"方面的评价。美誉度高不一定知名度高，反之亦然。良好的组织形象是知名度和美誉度的有机统一。实际形象调查就是通过舆论调查和民意测验，了解本组织在社会公众中的知名度和美誉度。

③形象差距的比较分析。将组织的实际公众形象与组织的自我期望形象比较，找出两者之间的差距，弥补或缩小这种差距便是下一步设计形象和建构形象要做的工作。

3. 公众的态度意向调查

也可以称之为组织的公众舆论调查。组织的公众舆论调查是对公众的态度进行统计、测算，用数据显示公众的整体意见。公众舆论是反映组织形象的一面镜子。

在公共关系工作中，一般常用舆论测量模型来分析公众舆论。建立舆论模型有两个指标：一是量度指标。舆论量度指标是指持肯定或否定态度的人占人数的百分比。其中指数百分比大的舆论叫作广度舆论，指数百分比小的舆论叫作狭度舆论。二是强度指标。舆论强度指标是指公众所表示的意见、观点、态度的强烈程度或坚定程度。比如：公众对组织的某项政策作出十分赞成（D）、赞成（C）、比较赞成（B）、无所谓（A）、不够赞成（－B）、不赞成（－C）、极不赞成（－D）7 种不同的态度，态度越坚定越强烈，则其舆论强度越大。

我们可用量度指标和强度指标来建立舆论模型。用纵轴表示舆论量度，用横轴表示舆论强度。将不同舆论的规模大小和强度标在图上以进行比较。值得注意的是公众舆论处于不断变化之中，绝对不可以一次测量得出满意的结果就麻痹大意。组织决策者必须清醒地认识到处于从属地位的否定舆论，在某些条件下，会上升为主导舆论。因此，定期地进行公共舆论调查是必要的。将数次调查的结果，在同一张舆论模型上显示出来，可形象地展示舆论变化的态势。

总之，组织的形象地位调查和公众舆论调查，都是公共关系调查的内容。这两方面内容各有侧重。前者用于组织整体形象的调查，具有一定的静态性、持续性，后者多用于组织单一指标调查，具有更多的动态性、变化性。

4. 组织和其他相关组织之间关系调查

这里的关系调查指的是调查社会组织同外部公众以及组织之间的关系，包括与消费者关系、与员工关系、与社区关系、与政府关系、与新闻媒介关系等。

（1）与消费者关系

对大多数社会组织来说，消费者是最重要和最广泛的公众，与消费者搞好关系十分重要，与消费者关系是组织外部公共关系中最重要的一类。这是因为一方面组织自身目标的最终实现与否直接取决于它与消费者关系如何处理，另一方面，对组织的外部公共关系来说，消费者也是与组织关系最为广泛和密切的一类公众。他们直接与社会公众打交道，购买你的产品，享受你的服务。

（2）与员工关系

员工是组织的细胞，组织的目标只有通过全体员工精诚合作、共同劳动才能实现，所谓先有"内存团结"才能"外求发展"。每个员工都代表组织的形象，他们一举一动、一言一行都具有很重要的意义。员工关系调查主要是了解员工对本组织的认同感、归属感以及组织对员工的凝聚力。

（3）与社区关系

社区是社会学上的一个概念，意即是在一定地域内相互关联的人们组成的社会生活共同体，是人们共同生活的生存空间。任何一个社会组织都离不开一个具体的社区，必然与社区发生这样或那样的关系，与社区融为一体。这一类关系处理的好坏，直接影响到组织的生存和发展。

（4）与政府关系

这里所指的政府指的是公共关系的对象，政府作为对社会进行统一管理的权力机构，与社会组织时时刻刻发生关系，组织与政府的关系是一种管理和被管理的关系。政府关系调查是了解社会组织是否接受政府机构的管理和指导，是否熟悉和恪守有关的政策、法令，以及保持和政府有效的信息沟通。

（5）与新闻媒介关系

新闻媒介是指社会上新闻机构和工具，如报刊、广播、电视、网络等，在社会分工中，新闻媒介具有信息传播功能，直接关系到组织的信息扩散以及组织在公众舆论中的形象，因而新闻媒介关系就自然而然的在组织外部公共关系事务中占据很重要的地位，社会组织在同新闻媒介打交道过程中要处理好关系。

二、特殊性公共关系调查内容

1. 具体问题调查

如果社会组织遭遇了重大问题或危机事件，对公众造成了一定的影响，组织可就这一具体问题进行调查。其内容包括：问题产生的原因、影响程度、公众对问题的看法，公众对组织的态度意向，公众期望组织采取哪些具体行动来解决问题等。

2. 活动效果调查

在社会组织实施了重大的公共关系活动之后，需要通过调查研究，评估传播与沟通的效果。组织实施重大的公共关系活动，可能是为解决组织面临的问题而开展的，也可能是为扩大组织自身的影响而开展的。无论是哪一种情况，组织公关人员都应该了解、评估其活动效果。

第二节 公共关系调查的意义和原则

一、公共关系调查的意义

公共关系调查和其他社会调查有所不同，它是就公众对组织形象的评价进行统计分析，用数据或文字的形式显示公众的整体意见，或者就某一具体公共关系活动条件进行实际考察。进行公共关系调查的重要意义表现为以下几个方面：

首先，它可以使组织准确地了解其在公众中的形象定位。组织的形象定位是指用定量化方法准确地判定组织在其公众中的形象地位。通过形象定位，可以测量出组织自我期望的形象与其在公众中实际形象之间的差距。公共关系人员可针对这个差距，策划有效的公共关系活动方案。由此也可以大大地加强公共关系策划的目的性。公共关系人员还能够经过研究和分析相关资料后，提出解决问题的思路和方法，并进而对其他相关人员和部门提出建议和反馈，以促进公共关系策划的完美。

其次，公共关系调查为组织决策提供科学依据。我们进行公共关系调查的主要任务就是及时地为组织提供决策依据，并能有效地预测和检验决策的正确性。公共关系调查的意义就在于减少制定决策过程中的不确定因素。而要保持决策的正确性，减少不确定因素的不利影响，调查就是最好的方法。因为只有通过调查，组织才能了解公众的要求和愿望；只有了解公众的要求和愿望，才能做出符合他们要求和愿望的决策，只有这样的决策，并很好地执行，才能够在公众那里得到良好的形象评价，得到好的知名度和美誉度。

再次，它使组织及时把握公众舆论，沟通观点，协调工作。公众舆论是自发产生的并处于不断扩大或缩小的动态中，它是公众对组织的一种浮动的表层的认识。但是，当少数人的观点、态度扩展为多数人的观点态度；分散的、彼此孤立的意见集合为彼此呼应的公众整体意见；声势尚小、影响甚微的局部意见变成声势浩大的公众的共同反响时，对组织的形象将产生很大的影响。此时，公共关系调查就可以起到组织内部和外部交流意见、沟通观点的作用。化解不利的舆论风向，引导舆论到对自己组织有利的一面。因此，通过公共关系调查，监测公众舆论，并使组织及时扩大积极舆论，缩小消极舆论，塑造组织良好的形象是十分重要的。

最后，公共关系调查能够提高组织的公共关系活动的成功率，并适时监测环境，化解纠纷于无形当中。组织在开展某些公共关系活动之前，必须对现有的人力和物力条件作充分的调查，必要时还要作现场调查。通过调查，组织对所要开展的公共关系活动的主客观条件有了足够的了解。这样，组织才能对公共关系活动的环境有充分的了解，才可能采取措施实施对环境的适时监控，了解公众态度。在发生问题的时候，能够及时发现问题，并了解事情的来龙去脉，倾听公众意见，寻求解决办法，化解矛盾于无形当中。从而才能保证公共关系活动有充分的准备和切实可行的计划，并取得很好的效果。

二、公共关系调查的原则

公共关系调查要为组织提供决策依据，所以，调查活动和调查过程应有很强的科学性。为了保证公共关系调查的科学性，调查人员必须遵循以下原则：

1. 客观性原则

公共关系调查是为了准确地了解公众对组织形象的评价。调查人员在调查过程中，应从客观实际出发，要注意区分公众的客观态度和主观臆想。公众的客观态度指调查对象对组织形象的直接感受和评价，而主观臆想则是调查对象对组织的一种想象和愿望。在调查过程中，只有把握了调查对象的客观态度，才能对公众的有关评价得出科学、准确的结论。此外，调查人员在调查过程中，切忌主观性，不可随心所欲地给客观事物加入主观猜测的成分，而应随时随地都从客观事物出发，不回避更不掩盖事实。只有这样，才能充分地保证调查的可信度和时效度。

2. 全面性原则

公共关系调查的客观性本身就要求调查的全面性。公共关系调查的全面性要求调查人员在搜集调查对象对组织形象的评价时，必须注意搜集各方面公众的意见。这里应注意两点：（1）调查对象必须能够代表公众。如果调查对象没有代表性，尽管他们对组织的评价是客观的，但这并不能代表公众的整体态度。所以，调查人员必须用严密的科学方法收集所有有代表性的调查对象的客观态度；（2）调查所得的资料必须全面。既要有调查对象的正面意见，又要有调查对象的反面意见；既注意到一方面公众的意见，也注意到另一方面公众的意见，并注意各种意见之间的联系，不能一叶障目，不见泰山。以偏概全的调查对组织是十分有害的。

3. 时效性原则

公共关系调查是了解调查对象在某一确定时间对组织形象的评价，调查的结果具有很强的时效性。对一个组织来说，调查所得的信息的价值取决于提供信息和处理信息的时间，迟滞的信息会导致组织失去取胜的良机。所以，在调查过程中，调查人员不仅要注意调查信息的准确性，还要注意调查信息传递的快捷性。此外，客观事物总是处于不断运动和变化中，"人不能两次进入同一条河流"，公共关系的一次调查，只能反映此时此刻公众的态度，这种态度会随着时间的延续而发生变化，切忌根据公众一时的态度，或高枕无忧，或自暴自弃。公共关系调查的时效性，也包含调查的长期性、反复性，遵循公共关系调查的时效性原则，有利于组织及时地收集情报并作出果断的决策。

4. 计划性原则

公共关系调查是组织形象管理中的重要一环，组织不可期望通过一次调查获得所有的情报，公共关系调查工作应列入组织的整体运作计划中，使之制度化、规范化。公共关系调查的制度化、规范化不仅可以使组织适时得到有价值的信息，同时也可以不断地总结调查的经验，提高调查工作的质量。此外，对一项具体的调查工作来说，事前必须要制订一个完整的、严密的调查计划，对调查任务及完成任务的人力、物力作出合理的安排；对调查中可能会遇到的各种问题及其对策都要充分考虑。这样，才能保证调查的顺利进行，提高调查工作的效率。

另外，在某些时候，我们还需要注意一下伦理原则。伦理原则就是指公关人员的行为必须是符合伦理的。所谓伦理行为，按照韦伯斯特的说法，是与公认的职业惯例相一致的行为。公关人员在调查时不能对调查对象采取欺骗或是胁迫的手段，禁止为获取某种资料而采取不择手段的不道德的行为。

第三节　公共关系调查的程序

一般而言，一次完整的公共关系调查的全过程，需要经历以下几个阶段：

一、确定调查目标

一般来说，公关调查的目标不外乎以下几种：

1. 了解组织所处的公共关系环境。

2. 考察组织目前的公共关系状态。

3. 把握公众对组织的态度趋向。

4. 为组织策划公关活动提供意见等。

公关调查的目标不同，下一步调查中所使用的方法、技术手段和测量指标也有所不同。

二、制订调查方案

1. 确定调查范围

确定调查范围，就是指要划定公众并在此基础上确定调查的空间和规模大小。如果不能正确地划定公众，就可能导致调查结果出现偏差；确定的调查范围和规模则要适度、可行，否则可能增加调查的成本。

2. 确定调查方式

调查方式需要根据调查的范围和目标而定。公关人员会发现，调查研究并非一定包括科学的抽样调查，调研的形式可以十分随便。如果调查只要核对某一具体事实或数据，则查阅相关资料即可。如果调查是要了解组织的公共关系状态，考察公众对组织的态度趋向，则需要考虑抽样调查（问卷访问）、面访、电话访问等方法。同时公关人员应该考虑，组织是否有能力独立完成既定的调查？应该由该组织来做还是雇请外面的顾问机构来做？

3. 确定问卷样式

实施这一步骤的前提是此次公关调查需要采取问卷调查的方式。问卷访问有开放式和封闭式问卷两种形式：开放式问卷仅仅列出问题，不提供答案，由答卷人员自由回答；封闭式问卷也叫多项选择式问卷，对所提出的问题给出几个可能的答案，由答卷人在所限定的答案内自主选择。一般而言，调研人员应尽可能地采用封闭式问卷。比较起来，封闭式问卷更易量化，调查结果的统计更科学、更准确，也便于调研人员作横向和纵向比较。

4. 确定调查方案

公共关系调查是一项有目的、有计划的系统活动。因此，全部活动都要有所计划和安排，在调研目标、基本要求明确以后就要着手方案的设计和计划的制定。所谓调研方案是指对调查对象和调查范围，调查的方式和方法，调查人员的安排和协调，调查时间和地点，调查经费预算等内容。目的是使调查工作能够有计划、有秩序地进行，以保证调查目标的实现。

三、实施公关调查，收集调查资料

实施公关调查的过程，就是获取大量信息资料的过程。有时，仅仅是进行桌面调查，比如搜集、分析第二手的资料，就可以完成公关调查的任务。不过，当需要更广泛、更深入地了解社会公众对组织形象的认识以及社会环境变化的资料时，仅仅依靠搜集现成资料还是不够的，还必须通过实地调查，比如观察、访谈、抽样调查等搜集原始资料。实地调查应根据调查方案中所确定的调查方式、时间安排和经费预算统筹安排，有条不紊地进行。

四、分析处理调查结果

调查结束后，公共关系人员要对大量的资料进行整理、记录、统计和分析，以便得出有价值的数据资料和相关信息，作为公共关系决策的依据。目前的许多专业调查机构中，在分析处理调查得到的结果时，SPSS 是普遍使用的数据统计、分析软件。

五、撰写公关调查报告

调查报告是公关调查的最终成果。它是对调查研究的问题，进行系统的分析，得出结论后撰写的书面报告，这是公共关系调查最后阶段的主要工作。调查报告的具体撰写待后面章节具体阐述。

第四节 公共关系调查的方法

公共关系调查研究的方法和一般方法一样，具有层次体系，可分为方法论、各类调查的方式和具体方法、调查技术三个层次。

一、公共关系调查方法论

公关调查方法论对调查方法起着指导的作用。公共关系活动，总是在一定的思维方式指导下进行的。公共关系调查研究也要在系统方法论的指导下进行。

1. 系统分析思维

其一是把调研对象视为一个整体——系统，确定系统的边界范围，同时确定这个系统的组成部分，弄清某事物在所属系统中所处层次和地位，进行"定性定位"，这对调查成功与否关系甚大。其二是系统分析，在重视定量和定性的同时，也不忽视非计量的因素，公共关系中这种非计量因素甚多，如精神因素、心理因素、感情因素等就难以计量，但却对调查起着巨大影响。系统分析还包括结构分析、功能分析、要素分析和历史分析，与此相应就要求在公关调查研究中对对象的要素、结构功能、发展过程，进行多方面分析。

2. 系统综合思维

就是从公共关系系统整体出发，从综合着手对系统的要素、层次、结构、功能、联系方式、外部环境及其综合效应进行"立体"式考察。其一，系统综合的形式是综合、分析、综合。要摆脱孤立的调研习惯，把综合作为逻辑的起点，并贯穿于调研过程的始终。在每一步分析中都要顾及系统整体。分析与综合同步并在几个调查阶段之间保持反馈，注意不断调整，修正对认识目标的偏差，避免得出部分优、整体也优的简单结论。其二，系统综合的特点是"立体综合"。公关调研中心要注意把对象放在三维空间和一维时间中加以考察，既要有系统过程的观点，又要进行横向网络调查，坚持历时性和同时性原则相结合。其三，系统综合是扬弃综合、层次综合、全息综合、兼容综合相辅相成的。这几种综合方法在公关调查中的作用是互补的。

二、公关调查的方式和具体方法

常见的公关调查的几种方式有公关审查、抽样调查、个案调查和民意测验。

1. 公关审查

这是一种被广泛采用的综合调查形式。审查的主要内容有：公众对该组织的印象与评价，该组织公共关系组织分析，现有力量与弱点以及该组织在公共关系方面存在的隐患，通过审查提出该组织在公共关系方面的目标和发展步骤。进行公共关系审查时，应广泛调查公众的意见，采用的方法主要有：广泛访问、舆论调查、受众调查法和内容分析法等。其中受众调查法主要采用：日记法、机械记录法、面谈法、有助回忆法、无助回忆法、通信调查、电话访问等。内容分析法主要是对问题进行科学分析，然后进行定量定性分析。公共关系审查是发展和改进一个单位的重要环节。

2. 抽样调查

抽样调查就是从被调查的总体全部单位中抽取一部分单位作为调查点，并以部分调查结果来推算全体的一种公关调查方法。被选取的对象叫样本。抽样调查的一个主要问题是如何保证样本对于总体的代表性，也就是说抽样总是会存在抽样误差。只有把抽样误差控制在一定范围之内才能使调查获得成功。抽样调查的形式有：

（1）随机抽样法

就是调查对象总体中每个部分都有同等抽中可能，是一种完全依照机会均等的原则。如抽查、摇码等。

（2）等距抽样，亦称机械抽样

这种抽样方法是根据总体各个单位的空间、时间或某些与调查无关的标志排列程序，每确定单位距离抽取一个单位。运用此法抽样，先将母体的每一个单位编号，用公式 $R = N/n$（N 为母体个数，n 为个案数），计算样本距离，从 1 到 N/n 号中随机任选一号码为第一个样本单位，然后依次再加上 R，即得到第二、三……样本单位。这种抽样方法用于被考察的母体总数较多时,较为方便。

（3）分层抽样,亦称分类抽样或分组抽样

适用于总体量大、差异程度较大的情况。先将母体中全体元素按其差异程度分为重叠的层,然后在每层中再选一个简单的随机样本。

（4）整体抽样

即将母体中的若干调查个案的集合体作为抽出单位,并对其中所有个案逐个考察。整体抽样又可分为一段抽样和分段抽样两种类型。

3. 典型调查

典型调查是在对所研究对象获初步了解的基础上,有计划有目的地选择若干具有代表性的单位作为典型加以周密系统的公关调查。先进典型要具备先进经验条件,一般典型要具有普遍意义的代表性。代表性是典型调查的关键。典型的代表性要体现代表事物最充分、最突出和最集中的重要特征,因此要选好典型。

4. 个案调查

个案调查是将某一社会组织或社会现象作为一个"个案",对其中若干现象、特征和过程作长期的公关调查,摸透其来龙去脉的过程。公共关系的个案调查主要包括各类人员调查个案,各类生活单位或社会团体个案以及各类社会问题个案三种类型。公关的个案调查一般采用参与观察法,即研究者同被研究者生活在一起,收取有关的资料,从切身的感受、详尽的资料中取得理论性与实用性成果。个案调查所获得的资料比较详尽,能够具体深入地把握该个案的全貌。另外,调查者有一定时间弹性,可采取的方法也比较多样。不足之处有两点,一是代表性差,二是所需时间较多。个案调查是一种定性研究方法,要求调查人员在知识、经验、思维等方面有较高的水平。

5. 民意测验

民意测验是公共关系调查中应用最广泛的方法,用来测定公众对政治或社会中有争议问题的态度,用来了解人们对某一计划、方案、措施的看法，对某个预定人选的倾向性，以及人们当前普遍关心的问题等。具体方法是通过随机抽样取一定数目的测验对象，利用问卷提出问题让被调查者回答，然后收回问卷进行统计、分析、研究，用以解释民众意见和取向等社会现象。进行民意测验应注意两个问题：第一，制定问卷要力求简单、明确、确定，避免含糊其辞和模棱两可；第二，对测定结果要有正确的态度和科学的分析，有些问卷应保密，以避免不应有的副作用。民意测验是吸收群众意见和智慧的一种有效公关方式。

6. 问卷法

问卷法是公共关系调查常采用的方法之一。其做法是用事先设计的问卷，以询问的方式搜集调查材料。问卷可以邮寄，可以组织笔答，可以通过电话询问，还能采用访谈方法。这种调查方法的特点是有一套固定的问题，回答者的答案简单，有的只作"是"或"否"之分，这样便于对答案作系统分类，从而可作定量对比，有利于电子计算机分析。问卷设计是问卷法的关键。抽样调查、民意测验、专家问卷法等常采用此法。

7. 访问法

这种方法常常用于公共关系问题的研究。这是通过有目的的谈话搜集研究资料的方法。可以是电话访问、也可以是面谈；可以是个别访问，也可以是开会座谈。其特点是方便、灵活，缺点是被访问者容易受拘束，或受访问者的主观影响，所以访问者的素质和艺术是关键问题。

访问法按研究者的情况，可以分为结构性访问或非结构性访问。结构性访问，就是调查者严格按照预先拟定的调查表或问卷向受访者发问。非结构性访问，就是调查者在访问之前未拟定提问材料，而只是就调查主题提出有关问题随机应变地发问。

三、公关调查技术

公关调查技术指标准设计技术、统计技术等，还包括录音、摄像、电子计算机的使用等。下面是两种最常用的技术设计：

1. 问卷设计

问卷设计是问卷调查的关键技术。问卷设计的主要原则是：扣题、清晰、精练、有特色。一个好的问卷必须多角度、多层次地考虑问题，并运用一些特殊的措施，使答卷者无从作假或不愿作假。还必须进行效度和信度测定，保证其科学性和实用性。

问卷的形式可以根据不同的角度分为多种，一般以出题的方式分为两种：开放式问卷和封闭式问卷。

开放式问卷，要求回答者自由地发表意见，有详答和简答的区别。

封闭式问卷也叫固定问卷，就是事先把有关答案都准备好了，答者只要从中选择一项或几项认为适当的答案即可。具体可分为以下几种：

（1）是否式

答案只有"是"与"否"两项，只要在括号内打勾即可。

（2）选择式

列出答案至少在两个以上，回答者只要在他认为对的地方在括号内打勾即可。

（3）排列式

要回答者把答案按其重要性或时间性等排列起来，通常用数字1、2、3、……表示。

（4）填入式

直接以数字或特定的文字把答案填入问卷的空格即可。

（5）尺度式

即把答案描述成两个极端，中间分为3或4或5等心理距离，要求答者在适当的地方或程度上打勾即可。

总之，不管什么类型的问题调查，都有四个基本要素，即题目、说明信、问卷的具体内容、统计性资料（即登记表）收回方法。

公关调查问卷设计的关键在具体内容，内容编制可按下列步骤进行：

第一步，根据研究题目与假想，找出所需资料；

第二步，决定采用问题的类型；

第三步，列出问卷的标题或提纲；

第四步，列出有关题目，即把抽象的理论命题变为具体的经验命题，把调查纲目中的概念变成一系列变量和指标，用指标作为衡量变量的标准和尺度。比如性别是变量，则男、女性别是指标。

而设计题目则要考虑以下问题：（1）问题是否有意义？（2）问题是否范围太广？是否可分解成几个小题目，有纲有目？（3）问题是否抽象，难以回答得明确？（4）篇幅是否太大？太大容易引起答者厌倦，一般控制在 30 分钟左右；（5）问题能否使用计算机处理？

问题的次序。一是可以按时间为顺序；二是按内容为顺序，容易回答的应放在前面，不容易回答的应放在后面，并且敏感性、开放性的一般放在后面。总之要由浅入深、由易到难、由小到大、由因到果地排列。

除了问卷调查这种形式以外，调查很多时候还采用访谈的形式。关于访谈，我们需要知道下面的内容：

2. 访谈方案设计

访谈方案是指按公关调查课题进展的逻辑顺序或空间、时间顺序，把所要调查的问题整理记录下来，以备访问时发问或回答的过程。设计方案时，要遵循访谈的原则：

（1）自由联想原则

被调查对象思路越开阔，意见就越表述得充分。

（2）非指示原则

其他人介入的程度越低，表述含调查者个人意见的成分就越高。

（3）行为抽象原则

在不能直接对某一现象考察时，可以抽出一些与此现象相关的行为来考察，从这些彼此相关的行为研究中认识某一现象的真实情况。

(4) 影射原则

在出现被访者不真诚合作时，设计某种情境，使被访者有所反应，打破僵局。

公关调查的访谈要注意谈话技术。引导被访者接受访问，可采取开门见山、旁敲侧击、投石问路、引水归渠等方法启发。要尊重被访问者，开诚布公，取得信任。从对方感兴趣的问题开始；听对方谈话要全神贯注，深入交谈时应表示出兴趣；用短暂的停留表示对某一问题的重视；用重复加强表示对某一问题的理解。对某部分表示不赞同意见时要用商讨的、平易近人的、相互磋商的方式进行。按预计方案顺序发问。言谈要轻松，要准确把握要点。切忌用暗示答案的方式发问。答非所问时要追问，如对方搪塞，可用"激将法"鼓励对方。

此外，在公共关系调查中，还有文献法（也称"间接资料分析法"，即利用人们专门建立起来储存与传递信息的载体——文献进行分析和调查）等调查方法。

第五节　公共关系调查报告的撰写和利用

公共关系调查得到的资料需要加工整理，然后形成书面报告，调查报告的撰写是整个调查工作中的重要一环，如果不能形成报告，整个调查也就没有结果。调查报告写成后最终要提供给组织决策者和社会公众。公共关系人员必须掌握撰写调查报告的知识和技能。

一、调查报告的种类

调查报告从内容上看，一般可分为综合性调查报告和专题性调查报告。综合性调查报告涉及的问题比较广泛，反映的情况比较丰富，它将调查中收集的有关方面资料，进行全方位多角度分析，要求在较大社会范围、公众心理、组织活动等问题上作出科学的结论。专题性报告则是对某一具体人物、具体事件或具体问题所作调查的分析报告。相对而言，它的内容比较单一，问题较为集中，针对性强，它要求在具体问题上作出具体的分析，得出明确的结论。公共关系调查报告属于这一类。

根据调查报告的主要目的来划分，可分为应用性调查报告和学术性调查报告。前者是以了解社会现实状况，解决实际问题为主要目的。后者以揭示社会现象的内在规律为目的，以建构和检验一定的理论为特征。二者的区分是就其目的而言的，实际上这两者的区别是相对的，应用性调查报告也可以作理论性概括，学术性报告也可以指导实践，为现实生活服务。

二、调查报告的撰写

调查报告一般包括标题、前言、正文、结尾、附录等。标题就是调查的题目。标题的制作很讲究，是吸引读者的关键，"题好一半文"讲的就是这个道理，标题的写法一般要求简明、新颖、合乎规范。前言是调查报告的开头部分，说明调查目的和调查结论。前言的文字力求简短、精练。正文是调查报告的核心部分，是对调查过程、资料搜集、问题形成和解决的分层展开和全面阐述，一般要求文字、图表等资料详实、条理清楚。结论是调查报告的结尾部分。总结本次调查的价值和不足，提出文中需要进一步讨论的问题，并对问题提出设想，作出预测。结论要求文字叙述有条理，概括性强，表达清楚。附录是调查报告的附加部分，一般是有关问卷原始调查表，有关材料的出处，参考文献等。

三、调查报告的利用

调查报告撰写完，调查工作暂告结束。接下来就是把调查报告呈送有关部门，特别是社会组织的决策部门提供参考。调查报告的价值体现在它为一个组织决策部门的科学决策提供服务。无论是对于企业单位的产品定位、市场预测，还是政府服务部门的工作水平、服务态度的提高与改善都有可借鉴之处。从公众方面讲，调查结果的公布也能使之及时地得到信息，达到信息沟通的目的。

第八章　公共关系策划

　　在完成公共关系调查工作，确定了公共关系的问题和机会之后，必须设计解决问题或利用机会的方法。这就要求公共关系人员在制定战略决策的基础上，进一步研究与确定行动计划。公共关系活动的中心内容——有效的沟通应该是建立在一个完善的计划基础之上的，因此，公共关系策划是公共关系工作的关键步骤，也就是公共关系工作四步法的第二步。

第一节　公共关系策划的界定

　　公共关系工作致力于建立和维系社会组织与公众之间持久的协调关系，策划工作具有举足轻重的地位和作用。而科学的策划是制定有效的公共关系活动行动方案的保证，公共关系策划是一门充满智慧的学问。要正确地阐述策划的定义，首先我们要做的就是对公共关系策划进行科学的界定。这就需要我们从公共关系策划的含义、意义和特性等方面来一一加以阐发。

一、公共关系策划的含义

　　要理解公共关系策划的含义，先从策划讲起。"策划"一词，在英文中没有直接对应的单词，按近似义，"策划"可由两个单词合成，即"Strategy"加上"Plan"。"Strategy"有战略、策略或谋略的意涵，因而与"Plan"合成，便有了中文中"谋划"或"策划"的指称。也就是深谋远虑的规划，或深思熟虑的计划，也叫谋划。简单地说，是人类社会中经常进行的一种活动。大至历史上两国交兵，双方统帅为了克敌制胜，必须运筹帷幄；小到人们在日常生活中干好一件事，需要三思而后行。所谓策划，就是根据各种情况与信息，判断事物变化的趋势，确定可能实现的目标和预期结果，再由此来设计、选择能产生最佳效果的资源配置与行动方式，进而形成正确决策和工作计划的复杂过程。可以说，策划既是决策的前提，同时也是决策的重要组成部分。

策划与计划是两个不同的概念和范畴。策划更多地表现为战略决策，包括分析情况、发现问题、确定目标、设计和优化方案，最后形成具体工作计划等一整套环节。计划很大程度上只是策划的最终结果，比较多地表现为在目标、条件、战略和任务等都已明确化的情况下，为即将进行的活动提供一种可具体操作的指导性方案。概括地说，公共关系策划，就是公共关系人员根据组织形象的现状和目标要求，分析现在宏观和微观的条件，谋划设计出相应的公关战略，并筛选出最佳方案的过程。公关策划并不包括公关计划的具体实施过程。对公关策划的理解，国内有的学者，将它大体分为广义和狭义。

从广义的角度理解，公共关系策划包括了公共关系日常计划的全部内容，是公共关系工作程序中的第二大步骤。

从狭义的角度理解，公共关系策划一般是指专项公共关系活动的谋划和设计，如制造新闻，重大公关活动的筹划，公关问题的解决，公关危机的处理等。这里的公关策划一般有确定的主题、目标和程序，它是一般公关计划的深化和具体化，带有相对的独立性。我们赞同狭义的公关策划。公关策划过程，是运筹帷幄的过程，是工程建筑施工前的设计过程。

公共关系策划是策划理论在公共关系中的具体运用。其中一方面包括了公共关系理论的成分，另一方面也包括了策划理论的成分。概括地说所谓公共关系策划，就是公共关系人员为塑造社会组织形象或改善社会组织环境这一根本目标，在分析整理现有信息的基础上，遵循科学的原则和方法，凭借自身的知识和经验，充分发挥创造力和想像力，设计出旨在影响特殊公众行为的最佳方案的过程。公共关系策划包含四个基本要素：策划主体（公共关系人员）、策划依据（信息）、策划方法（手段）、策划对象（公众）。公共关系策划也有其特定的内涵：第一，策划具有一定的目的性，而且是组织的目的性；第二，策划必须基于对现实情况的了解；第三，策划有一个研究分析的过程；第四，策划是一个制定行动方案的过程。只有具备了上述特点，才能称之为公共关系策划。

二、公共关系策划的特性

为了增强公共关系策划的科学性，让读者更好地了解公共关系策划的界定，了解公共关系策划的特性是十分必要的。了解其特性，我们才能认清公共关系的外延，将公共关系策划和其他的一些策划、计划等分开。公共关系策划具有以下特性：

1. 综合性

公共关系策划是一门综合性学科，它需要掌握和运用诸如运筹学、决策学、心理学、控制学、系统论等多方面的知识。尤其是现代策划被视为一项知识密集、技术密集、人才密集的高新技术产业，策划者只有充分利用现代科学技术成就，采用现代科学技术方法，才能策划出适应社会潮流的公共关系活动。

2. 创造性

公共关系策划的思维过程是一种创造性的思维。公关人员必须遵循公共关系和策划理论的基本原则，努力打破传统思想观念的束缚，追求标新立异，别具一格，开拓一种全新的境界，使公共关系活动不断放射出耀眼的光芒，给公众留下难忘、深刻、美好的印象。求同只能是模仿与跟随，求异才能有创新与超越。全球首富、微软公司总裁盖茨的成功经验已受到全球的瞩目，在他的取胜之道中，最重要的是他把公司定位在不断创新上，在这种定位策略的思想指导下，不断地超越过去，创造了辉煌成就。

3. 目的性

公共关系策划具有明确的目的性。每一次策划活动都是为了达到某一个或几个明确的目标。或为了提高组织的知名度，或为了提高组织的美誉度，或是为建立组织的整体形象，或是为了树立产品的形象。没有目的的策划是不存在的，策划本身就是一种把无序变成有序、把混乱变成条理的过程和活动，把握了目的性特性，组织在战略设计、具体操作上才有一个明确的目的，或者是很强的针对性。

4. 周密性

周密性是所有计划都应具备的特性，策划也不例外。对于公共关系策划，周密性尤其显得至关重要。公共关系策划牵涉到社会组织内部所有复杂多样的因素，也牵涉到组织外部宏观环境以及各类公众方面的复杂多样的因素。因此，考虑公共关系策划就必须周全、细密。忽略了任何一种因素，哪怕是很小的因素，都会给公共关系策划以及实施带来败局。为万无一失，公共关系策划在客观上就要求具有较之组织其他计划更强的周密性。

5. 主动性

公共关系策划的主动性是指，作为公共关系主体，社会组织不仅要成为自觉的、主动的协调者，还必须将这种主动性完整地体现在公共关系策划之中。换言之，公共关系策划的主动性，就是为社会组织与公众之间关系的协调而自觉、主动寻求最佳方略，积极从调整自身的政策和行为入手，以适应公众的利益需要。因此，公共关系策划不是被动地应付，不是等待对方（即公众）改变什么，而是以先改变或调整自己来求得公共关系的良好进展。只要开展公共关系策划工作，一切都以有益于促进公共关系协调为趋向，这正是公共关系策划主动性的真义。

6. 灵活性

公共关系策划方案应具有一定的灵活性，以便随着环境的变化进行有针对性的调整。首先，方案过度繁琐，细节过分冗杂，这会限制执行者的主动性和创造性；其次，方案的执行者不能过分僵化。因此公共关系人员应把策划方案视为行动的指南，而不应该把它当作绝对必须执行的东西。否则，一旦情况有变，执行者就会感到措手不及和无所适从。有弹性的策划方案是成功的保证，没有弹性的策划方案往往是导致失败的陷阱。

7. 可行性

在公共关系策划的过程中，没有什么最佳方案，只有最合适或最满意的方案。这里所强调的就是策划方案应该是可操作，具有实际意义的。

8. 超前性

公共关系策划要考虑的问题很多，环境又是瞬息万变的。针对环境的多变性，公共关系策划就必须超前。公共关系策划是一项立足于现实，面向未来，对未来发生的公共关系事件过程的谋划活动，把握未来的公共关系活动过程是公共关系策划的重要特性之一。需要注意的是，超前性是对现实的一定限度的延伸，不是脱离现实，凭空想象的游戏。

第二节　公共关系策划的内容和原则

一、公共关系策划的内容

实施公共关系策划，总要围绕其具体内容展开。内容也就是策划的角度或层面。例如，有的策划围绕目标而展开，有的策划围绕战略而展开，有的策划则囊括更多的乃至整个内容。在这个问题上，无论是单项内容还是多项的甚至全部内容，都是为策划者规定了特别的角度或层面。制定公共关系计划，就应当对每一个策划的内容，每一个内容所应构思的问题有一个全面的认识。了解公共关系策划内容的多样化要求，将有助于构筑全面系统的公共关系策划体系，从而避免顾此失彼或出现纰漏。公共关系策划按照科学的定义应该包括以下几个方面的内容：

1. 公共关系目标

公共关系目标是公共关系策划的首要内容，任何一个公共关系策划都必须首先确立一个确切的目标，然后才是围绕这个目标的周密安排。

公共关系目标也可以是独立的计划体系，即该目标可为一种专门的独立的计划，人们订立的计划就是为特定公共关系目标作系统的计划。

前一种情况，公共关系目标只是某一策划必须首先确立的方向；后一种情况，公共关系目标则是公共关系策划的全部重心或内容。

作为公共关系策划的内容，人们是从后一种情况入手，专门为某一目标作计划，可谓目标性策划。

社会组织的公共关系目标策划，是社会组织的根本的公共关系策划，也可谓是最高公共关系策划。该计划将统领或规定整个公共关系策划体系，其他一切公共关系计划都需遵从该计划而分别设计。

公共关系目标策划是一个自成体系的系统，包括总体公共关系目标、一定时期的公共关系目标、对象性公共关系目标、公共关系活动目标体系的各种具体内容。构筑某一特定公共关系目标体系的策划，要根据组织总目标的要求以及上一级公共关系目标的要求，围绕特定目标的实施而确定其有效的行动策略。

无论是制定公共关系总目标，还是制定公共关系具体目标，都属于策划范畴。因为，公共关系目标的提出，并非抽象的描述，它总要伴随着各种具体可行的方案。所以，公共关系目标策划已构成独具特色、内容和体系的计划类别。

2. 公共关系战略

公共关系战略策划，是公共关系目标策划下的另一高层次公共关系策划内容。公共关系战略策划是对公共关系整体的、全局的、长远的和关键问题的构思与安排，属整体奋斗的方向、重点部署和安排、根本政策决定以及总体规划等。

公共关系战略策划包括总体战略策划、对象性战略策划、竞争性战略策划、活动性战略策划以及媒体战略策划。

3. 公共关系政策

公共关系政策可以体现于公共关系目标策划中，可以是公共关系战略策划中的一部分，不过也可以独立地成为一种策划体系。公共关系政策作为一种策划体系，是一种专门的决策、独立成文的规定。

制定公共关系政策策划，包括公共关系总政策策划、各类对象性公共关系政策策划、活动政策策划、沟通政策策划。

公共关系政策，是处理公共关系问题的直接依据。由于主客观条件的不断变动、公共关系状态的复杂化，公共关系政策总是处于不断调整中，因而公共关系政策策划也将是一个不断制定的过程。

4. 公共关系行为规则

公共关系行为规则策划，主要包括公共关系办事程序和规则两方面。公共关系办事程序策划，主要指如何处理那些重复发生的公共关系问题的标准方法、程序、职责等。公共关系规则策划则是对具体公共关系场合和具体公共关系情景下，允许或不允许采取某种特定行为的规定。

5. 公共关系规划

公共关系规划是一种综合性的公共关系计划，主要包括公共关系目标、政策、程序、规则、任务分派、步骤、资源配置及其他要素等的综合合理的安排，通常是总的、长时间的思考，可以整体和部分规划相匹配。

6. 公共关系预算

公共关系预算策划，也称公共关系数字化规划。作为一种独立的公共关系策划，公共关系预算策划所表现的是财政预算内容、资金分配与控制等。

公共关系策划的内容的六个方面，每一个方面都可以独立成为一个策划，每一个策划又都有不同的内容并居于不同的地位。其重要程度，从目标开始，依次减弱。当然，这六个方面的内容也常常体现于多种内容组合成一体的公共关系策划，有的公共关系策划甚至同时包括了这六个方面的内容。

二、公共关系策划的原则

公共关系策划是组织公共关系工作的中心环节，组织形象管理工作是否有效，在很大程度上取决于策划的成败。因此，公共关系人员在进行公共关系策划时，不可随心所欲，应遵守下述各原则：

1. 公众利益优先原则

公众利益优先的原则，是公共关系策划的首要原则。公众利益优先原则体现了公共关系的本质。公众利益优先，不仅是公共关系工作的指导思想，同时，也是公共关系人员所应遵守的职业道德标准。

所谓公众利益优先，并不是要组织完全牺牲自身的利益，而是要求组织在考虑自身利益和公众利益的关系时，始终坚持把公众利益放在首位。要求组织不仅要圆满完成自身的任务，为社会作出贡献，同时还要重视其引起的公众反应，关系整个社会的进步与发展。组织只有时时处处为公众利益着想，坚持公众利益至上，才能赢得公众的好评与社会的支持，才能使自身利益获得更大的、长远的利益。即是在公众利益优先满足的前提下兼顾组织利益的实现。

2. 公共关系策划与组织整体计划相一致的原则

即公共关系计划必须与组织整体运营计划相匹配。公共关系人员应清楚地认识到，策划是组织整体计划约束下进行的，公共关系是由复杂多样的各种关系交织在一起的。所以为了达到既定的目标，公共关系策划就应该纳入组织整体计划之中，并与组织的整体计划相一致。否则，与组织的计划相悖，再好的行动方案，也只能是一种空谈，再好的策划，也只能劳而无功。所以，公共关系人员在进行策划时，应遵循公共关系策划与组织整体计划相一致的原则。

3. 尊重事实与注重艺术的统一原则

公共关系策划是一门充满智慧的学问，策划的核心是谋划，要成功地改变或树立组织形象，必须在坚持尊重事实的基础上注意策划的技巧和艺术。尊重客观事实，就是要始终坚持以客观事实为依据。首先应做到按照客观规律进行策划。如在中国搞公共关系就不能不考虑到中国的国情，考虑到中国的文化，考虑到中国的改革现状，考虑到中国从计划经济到市场经济的转变及影响，使策划能够脚踏实地。其次，公共关系策划，方案设计要据实公开，塑造组织形象必须要做到客观、真实、全面和公开。

尊重客观事实的原则，对处于不利情况下的组织来说尤为重要。敢于承认不利的事实，才可能理智地进行策划，企图掩盖事实真相的策划，只能使组织走向自身愿望的反面。

但是，搞好公共关系工作，仅依靠尊重事实是不够的，因为我们的目的是增加组织的知名度和美誉度，所以必要的技巧和艺术是适宜的。在策划中，我们可以通过丰富的联想和巧妙的组合来设计公共关系活动。既对事物进行多侧面、多内涵的审视，又要不拘于一端，善于辩证，敢于变通，要做到在不同事物的联系点上巧妙思维，奇构妙想，只有坚持尊重事实与注重艺术的统一原则，才能获得新知，使策划有突破性成果。

4. 独创性和连续性相统一的原则

独创性是组织形象竞争的要求。严格地说，不会有两个完全相同的公共关系策划，这是因为不同组织的主客观条件是不可能完全一样的。就是同一组织，随着时间的变化，其自身条件和环境也是不断变化着的，公共关系策划不能随着形势发展不断创新就会丧失生命力，所以组织的公共关系策划就必须具有一定的独创性。近年兴起的"CIS"（Corporate Identity System，企业识别系统）策划，就是对组织形象设计的具体化和深化，就是要使组织的形象深入人心，在与其他的组织竞争中处于优势地位，从而脱颖而出，扩大组织的知名度。

值得注意的是，组织形象的塑造不可能一蹴而就，它需要一定的积累，公众要通过多次参与对组织形象的评判，才能建立起对组织较为确定、客观的评价。因此，在进行公共关系策划时，不仅要考虑一次活动的独创性，还要考虑本次活动和前后活动的连续性，只有坚持公共关系策划和实施的独创性和连续性相统一，才能更科学有效地进行公共关系策划。

5. 计划性和灵活性相统一的原则

经公共关系策划形成的方案，将列入组织的整体计划之中，构成整体运行的一部分。因而必然涉及组织各方面工作的协调和人、财、物的配备，所以必须有较强的计划性。方案一旦形成，不宜轻易改变，这样才能保证整体行动方案得以运行。

但是由于组织的主观条件与外部环境随时都在发生变化，也会制约方案的运行。因此，在策划行动方案时应留有充分的回旋余地，针对可能发生的变化，考虑灵活的补救措施，使所策划的方案具有一定的灵活性。这样，既坚持了公共关系策划的计划性，又坚持了公共关系策划的灵活性，使两者统一起来，才能保证策划目标的实现。

第三节 公共关系策划的基本程序

按照英国著名公共关系专家弗兰克·杰夫金斯提出的策划公共关系工作方案的六点模式，即（1）评价现状；（2）确立目标；（3）确定公众；（4）选择传播媒介和方法；（5）预算；（6）估价结果。结合卡特利普和森特的"四步工作法"，我们拟将公共关系策划程序定为：两个阶段、七个步骤。策划的前一个阶段为准备阶段，分为现象现状及原因的分析和确定目标要求两个步骤；策划的后一阶段为实际策划，分设计主题、分析公众、制定活动方案和选择媒介、预算经费和审定方案五个步骤。

一、公共关系策划的准备性工作

着手准备公共关系策划之前，应首先做好以下两项准备工作：

1. 组织形象现状和原因的分析

组织形象现状及原因分析工作，实际上，就是要求公共关系人员在进行公共关系策划之前，对所依据的调查材料进行一次分析、审定。确认调查材料的真实和可靠性，否则，再好的策划也不会取得成功。

2. 确定目标要求

确定公共关系工作的具体目标是公共关系策划的前提。没有目标，公共关系策划就无从谈起。

公共关系目标，是指一定时期内能控制组织机构公共关系活动全过程的总目标和指导实施方案中的各个分目标。组织机构的各项公共关系工作都围绕这些目标而展开。在公关调查的基础上，将组织的自我期望形象与公众评价形象进行对比，找出组织形象在知名度和美誉度上的差距；将组织自我评价形象要素的得分与公众评价形象要素的得分进行对比，揭示产生总体形象差距的各种原因，再结合组织的具体条件和外部环境情况，就可以确定组织目前应当解决的重要问题和今后努力的方向，从而确定公关工作的目标。一般来说，公关工作的目标主要是传播信息，增进公众对组织的了解，改变公众的态度，促使公众产生有利于组织的行为。但这些目标还是一个比较抽象的概念，公关策划所要确定的公关目标应是一个由总目标分解而构成的一个多方面、多层次的目标体系，以分别指导各方面的工作。

（1）确定目标的重要性

公共关系目标，实际上就是组织通过公共关系策划和实施所希望达到的形象状态和标准。确定目标，对搞好公共关系工作十分重要。

首先，公共关系目标是指导和协调公共关系工作的依据。公共关系活动的开展要有很多部门和人员配合，在实施过程中又会不断出现各种意外情况。有一个明确的目标，可以指导人们的行为，并为人们处理意外情况提供依据和要求。

其次，公共关系目标还是评估行动方案实施效果的标准。策划的好坏、成败，最终只能用所确定的公共关系目标来衡量。

（2）对公共关系目标分类

公共关系目标体系包含不同类型的多种目标，可以从不同角度分为不同类型。

A. 一般按时间长短分为长期目标和短期目标

a. 长期目标：指涉及组织长远发展和经营管理战略等重大问题的目标。它与组织的整体目标相一致，塑造组织的总体形象。长期目标比较抽象地反映了组织在公众中应具有的形象，以及能够对社会所起的作用，是组织理想的信条。一般不是短期内能实现的，时间跨度在五年以上。

b. 短期目标：指围绕长期目标制定的具体实施目标。其内容具体，有明确的指向性，对公共关系工作有实际的指导作用。时间幅度一般在五年以下。常见的是年度工作目标，它依据每年度的日常工作、定期活动、专题活动的内容，确定年度工作目标和步骤，这是实施长期目标的积累过程。

B. 按性质，分为一般目标和特殊目标

a. 一般目标：指依据各类或几类公众的权利要求、意图、观念或行为的同一性制定的目标；它是构成组织总体形象的要素。如增加某企业的销售量是企业员工、股东、政府、顾客等公众权益要求中的一个共同点，所以，促进产品销售量的增加就成为公共关系工作的一般目标。

b. 特殊目标：指针对那些与组织目标、信念、发展以及利益相同或相近的公众中的特殊要求而制定的目标。特殊目标具有特殊的指向性。

C. 按目标之间的关系，分为整体目标和分目标

a. 整体目标：是在组织战略目标之下制定的公关活动的总目标。无论是长期计划目标还是短期计划目标，它们都是整体目标的一个组成部分。

b. 分目标：是组织的整体目标之下的子目标。公关工作人员在制定公关活动的整体目标与分目标时，一定要注意它们之间相互制约、相互连续、相互协调。

公共关系目标还有其他分类方法，如按照公共关系发挥的作用划分为：对内进攻型目标、对内防守型目标、对外进攻型目标、对外防守型目标。这样的分类方法有利于确立具体的工作目标。

公共关系目标确立后，公共关系人员还应考虑排列顺序，使公共关系工作按照各类目标的轻重缓急，分别实施。排列顺序要与组织的整体目标相一致，按其重要程度和实施时间先后排成目标时间表。目标时间表要优先排列立即实施的目标，逐步过渡到近期目标、长期目标。

（3）确定目标需要注意的问题

公共关系策划所依据的目标要明确、具体并应具有可行性和可控性。

首先，目标应该明确、具体。明确是指目标的含义必须十分清楚、单一，不能使人产生多种理解；具体是指目标是可以直接操作的，具有明确的内容和任务要求，而不是泛泛的、抽象的口号。比如，"把本厂在全国的认知度从现在的20%提高到50%"的目标，要比"提高本厂认知度"的目标明确、具体得多。

其次，目标的提出要具有可行性和可控性。可行性是指确定的目标要现实，既不能太高，也不能太低，经过一定的努力可以达到。而可控性是指确定的目标要有一定的弹性，要留有充分的余地，以备条件变化时能灵活应变。

二、公共关系策划的实质性工作

在完成公共关系策划的准备性工作后，便可着手进行实质性策划。

1. 设计主题

公共关系活动的主题是对活动内容的高度概括，它提纲挈领，对整个公共关系活动起着指导作用。主题设计得是否精彩、恰当，对公共关系活动的成效影响很大。

主题的表达可以不拘一格。它可以是一种简洁的陈述，也可以是一个寓意深刻的警句，还可以是一句鲜明的口号。如，为了争取2000年奥运会主办权，1992年各申办国和申办城市各自推出的宣传主题很有意义。伊斯坦布尔的宣传主题是"让我们相聚在亚欧相汇聚的地方"。主题鲜明、意义非凡，又表现得十分贴切自然，令人心动；柏林的宣传主题简单、明了、言简意赅——"柏林感谢世界"；北京申办的主题是"开放的中国盼奥运"。用"开放"作为我们迎接奥运会到来的前提，用一个"盼"字说明了13亿人民的热切愿望；悉尼申办主题是"分享奥运精神"，内涵丰富，寓意深远。但无论采用何种形式来表现主题，都要求含义明确，观点鲜明，便于记忆，贯穿始终，切合实际，诚实可靠。华而不实的口号，往往适得其反，引起公众的反感。

公共关系活动的主题看上去很简单，但设计起来并非容易。设计一个好的活动主题一般应考虑四个因素，即公共关系目标、信息个性、公众心理和审美情趣。

首先，公共关系活动的主题必须与公共关系目标相一致，能充分表现目标，一句话点出活动目的。其次，表述公共关系活动主题的信息要独特新颖，有鲜明的个性，既区别于其他组织的活动，又要突出本次活动的特色，与以往的不同。再次，公共关系活动的主题设计要适应公众心理的需求。既要富有激情，又贴切朴素；既反映组织的追求，又不脱离公众，使人觉得可亲可信。最后，公共关系活动的主题设计要注意审美情趣，词句要形象、生动、优美、感人。同时要注意简明扼要，便于记忆，不能使人产生歧义理解和厌烦情绪。

2. 分析公众

任何一个组织都有其特定的公众，公共关系工作是以不同的方式针对不同的公众展开的，而不是像新闻那样通过传播媒介把各种信息传播给大众。确定与组织有关的公众是公共关系策划的基本任务。舍此不能有效地开展公共关系工作。因为，只有确定了公众，才能选定需要哪些公共关系人员来实施方案，以什么样的规格来对待公众，才能使我们的公共关系活动更有针对性，提高效率。并且只有确定了公众，才可确定如何使用有限的经费和资源，确定工作的重点和程序，科学地分配力量。同样地，只有确定了公众，才能更好地选择传播媒介和工作技巧。因为，不同的公众对象，其文化素质也就不同。

对媒介有不同的选择和适用范围。只有确定了公众，才有利于搜集那些既能被公众接受，又有实效的信息，而不是漫无边际地传播，造成不必要的浪费。

确定公众一般分为两个步骤：

（1）及时掌握各类公众的需求，鉴别公众的权利要求

公共关系在本质上是一种互利的关系。任何组织与公众之间都是在需求与满足中形成互利互惠。因此，就组织而言，每一类公众都对组织产生一定的需求。公共关系人员必须了解公众对组织的权利要求，在公众分类的基础上，列出各类公众对象的权利要求结构表。然后，对公众的各种权利要求进行分析与概括：分析各类公众对象的意图、观念、行动的同一性，概括出各种权利要求的相对共同点，作为制定公共关系一般目标和计划的基本内容。评价公众对象的特殊权利要求。选定那些与组织的存在和发展休戚相关的权利要求。作为制定公共关系特殊目标的基本内容。然后分出轻重缓急，区别对待，谋求组织与公众利益的共同发展。

（2）了解各类公众对组织的态度

公共关系工作从某种意义上讲，可以认为是做公众态度的转变工作。就公众而言，社会或组织产生的各种不稳定因素，都会直接影响公众态度的改变。公众对组织的态度变化，可分为两类，即积极态度和消极态度。消极态度包括：敌意、偏见、冷淡、无知。积极态度包括：同情、接受、兴趣、了解。公共关系人员的任务就是通过公共关系工作，把消极态度转变为积极态度。在编制计划阶段，一定要注意了解影响公众态度转化的因素，确定工作对象，制定相应的公关策略。

3. 制定活动方案、选择媒介

在确定了公共关系目标和对目标公众进行分析研究后，就要针对不同的目标公众设计相应的公共关系活动方案，并在此基础上选择、组合适当的大众传播媒介和人际沟通方式。只有这样，组织才能与公众进行有效的沟通，实现公共关系活动的目标。

公共关系计划的实施在很大程度上就是信息传播活动。如何使传播收到最佳效果，这是公关人员制定计划时应该解决的重要问题，也就是媒介选择问题。各种媒介各有所长，各有所短，只有选择恰当才能取得良好的传播效果。选择传播媒介的基本原则是：

（1）根据公共关系工作的目标去选择

选择媒介首先应着眼于组织公共关系的目标和要求。如果组织的目标是提高知名度，则可以选择大众传播媒介。如果组织的目标是缓和内部紧张关系，则可以通过人际传播与群体传播，通过会谈、对话等方式加以解决。

（2）根据不同公关对象来选择传播媒介

不同的对象适用于不同的传播媒介，要想使信息有效地传达到目标公众，就必须考虑到目标公众的经济状况、教育程度、职业特点、生活方式及他们通常接收信息的习惯等。根据这些情况决定选用什么样的媒介。比如，对流动性较大的出租汽车司机最好采用广播；要引起儿童的注意和兴趣，制作电视节目和卡通片效果最好；

对文化较落后而又没有电视的山区农民则采用有线广播与人际传播；对喜欢阅读思考的知识分子，应多采用报纸、杂志等传播媒介。

（3）根据传播内容来选择传播媒介

不论是个体传播、群体传播还是大众传播，每种形式都有鲜明的特点和一定的适用范围。选择媒介时，应将信息内容的特点和各种传播媒介的优劣势结合起来综合考虑。比如：内容较简单的快讯可以选择广播，它覆盖面广，传播速度快，对文化水平要求不高；对较复杂、需要反复思索才能明白的内容，最好选择印刷媒介（如报纸、杂志、图书等，那样可以使人从容研读，慢慢品味；对开张仪式、大型公共关系活动的盛况，采用电视电影则生动、逼真，能产生非常诱人的效果。

还需要注意的是：只对本地区有意义的信息就不要选用全国性的传播媒介；只对一小部分特定公众有意义的消息，就没必要采用大众传播媒介；而对个别的消费者投诉，则只需要面约商谈或书信往来。

（4）根据经济条件来选择传播媒介

俗话说"看菜吃饭，量体裁衣"，组织的公共关系活动经费一般都很有限，而越是现代化的传播媒介，费用越高。所以，成功的公共关系策划，选择恰当的媒介和方式，以较少的开支争取最好的传播效果。

4. 经费预算

在制订公共关系活动方案的同时，对每一环节逐一进行经济分析（主要是编制预算），无疑很有必要。编制预算，实际上是一个将公共关系活动方案具体化的过程。通过预算，可以确定公共关系活动的项目和规模，在有限的资金额度内，实现公共关系目标。同时，根据预算，公关人员可以进一步确定完成任务的时间表。再者，有了预算就可以对公共关系活动的各项费用的使用情况进行查核，进而衡量公共关系工作的完成情况。总之，正确的预算可以从财力、人力和时间上保证公共关系活动的正常进行，有利于公共关系活动方案的组织落实，也有助于提高公共关系活动的效益。

编制预算时，公关人员主要是对公共关系活动需要的总费用加以估算，并对公共关系活动费用的主要构成和项目加以确定。

公共关系活动费用主要有管理费用和活动费用两部分。

（1）日常管理费用

公关部门工作人员和其他参与活动人员的工资、奖金以及电话、房租、水电、办公用品等费用。

（2）项目活动费用

调查研究、出版物、专题活动、影视资料、新闻发布会、媒介关系等费用。

此外，公关人员还应考虑活动的机动费用（一般占总费用的20%），以防止发生突发性事件。

5. 设计方案（策划方案的审定、优化及撰写）

公共关系策划经过论证后，必须形成书面报告——策划书。

在制订公共关系行动计划时，往往会面临多种可供选择的行动方案，因此，公关人员在众多的可行方案中应考虑各方面的因素，权衡优劣，选择出一个最有利于目标实现、经济效益最佳的方案。为此，公关人员必须注意以下两个方面的工作：

（1）方案优化

最优方案是人力、物力、财力和时间花费最小而能获取最大利益的方案。在选择方案时考虑增强方案的目的性、可行性，提高经济效益，花最少的钱，办最多的事，这就是选择最优方案的原则。在遵循这一原则的前提下，可采用以下几种方法选择最优方案：

优化法：即在选择方案时，趋利避害，权衡利弊，从众多方案中选择最有利的方案；

优点综合法：即博采众长，综合各方案的优点和长处，或借用某一方案优点，重新制定并形成一个最优方案；

集体决策法：即充分发动领导、专家及有关专业人员参考选择，发挥集体智慧，保证方案的科学、正确；

列举法：即分析和列举各方案的问题或条件，逐个进行研究、分析，并用数值的方式把各方案的效果和花费表示出来，使用收益"小中取大法"和费用"大中取小法"进行比较和选择，保留一个花费最小、收益最大的方案。

（2）方案论证

方案论证就是行动方案定好以后所进行的可行性论证。一般由有关领导、专家和实际工作者对计划的可行性提出问题，由策划人员答辩论证。方案论证包括如下几个方面：一是对目标进行分析，即分析目标是否明确，以及实现程度如何。二是对限制性因素进行分析。因为任何一项公共关系活动都是在一定条件下进行的，都要受到资金、时间、人力、传播渠道以及其他有关条件的限制。这就必须分析，公共关系计划在哪些条件下可以实行，在哪些条件下不可能实行。三是对潜在问题进行分析。即预测公共关系活动计划实施是可能发生的潜在问题和障碍，分析防止和补救的可能性。四是对预期结果进行综合效益评价，判断该计划是否付诸实施。

方案最终确定后，就必须撰写成文，发放给计划实施部门以实行。策划书的撰写在后面的章节中另行讲解。

第四节　公共关系计划的制定与预算

一、计划（活动方案）的制定

即拟订出书面的文字活动方案，将实现公共关系目标的思路具体化，以公共关系活动计划书的形式表现出来。这里仅以公共关系的时期方案和时点方案加以说明。

1. 公共关系时期方案的内容

一定时期内公共关系工作目标，活动主题，活动项目和传播计划，活动项目和传播计划的时间安排和经费预算，各项公共关系活动项目及传播计划的实施者的职责、分工等。

2. 公共关系时点方案的内容

项目名称、目标、负责人、实施者及各自的责任、活动主题、项目的筹备、程序的设计及时间安排、活动范围、不同阶段的活动内容、项目所需的传播媒介、器材设备、外部环境以及项目的活动经费预算。项目成果的考核标准及考核办法。

3. 编制计划的注意事项

(1) 编写计划

编制计划在写作上要注意，注明计划名称、单位、时间、计划种类。正式计划要写发文编号。

(2) 计划正文

计划正文部分的导语要写明根据什么条件制定什么计划，目标是什么；主体部分要交代清楚总任务、达到的指标、措施及步骤；文尾部分要写出制定者、日期、附件，以及上报的领导人名、部门，下发的单位。

(3) 具体计划

每一项具体的公共关系计划都必须见诸文字。这样做不仅便于工作回顾和检查，也有助于组织的领导层决策。

(4) 计划审核与批准

公共关系计划必须经过本组织领导的审核和批准。其目的是使公共关系计划目标与本组织总体目标相一致，使公共关系活动与本组织其他部门的工作互相协调、互相配合。如果计划未经领导审核和批准，那么，在组织决策时就很难通盘考虑公共关系工作，这种计划往往与整体工作脱节，在实施中得不到本组织决策层和全体员工的配合和支持，因而，也就无法顺利实现公共关系活动的预期目的。

二、公共关系预算

公共关系预算是按照目标、实施方案，将所需的费用分成若干项目,并编绘出单项活动及全年活动的成本。公共关系预算从某种意义上讲,是更严格地要求公共关系工作要按预定目标、预定项目、预定时间,以最经济的代价,做好要做的事情。公共关系人员在编制预算时,一般都将各项工作计划具体化为一张可以进行成本核算的清单,或称预算表。

公共关系预算的构成,一般分为两大类:

1. 行政开支

(1)人工报酬

这是指专业工作者和一般工作人员的薪金或工资,还包括外聘公共关系顾问的工时报酬。这是公共关系预算项目最大的一项,大约占预算的三分之二。

(2)设施费用

此项费用由公共关系活动运用所决定。一般包括:各种印刷品、纪念品、摄影设备和材料、美术工艺器材、视听器材、展览设施和所需各种实物、用品等。

(3)日常行政费

如房租、水电费、保险费、电话费、办公室文具费、通信费、交通费、照相费、洗印费、旅差费、交际费(一般不超过百分之二)等。

2. 项目开支

包括实施各种公共关系活动项目所需费用。

(1)原有项目的开支

公共关系许多活动项目属于战略性的,时间上往往跨年度。公共关系人员在编制年度预算时,应从公共关系目标入手,推算出计划方案中各项活动费用,对那些跨年度的活动项目,要在新一年度考虑适当增减。

(2)新定项目的开支

指实行计划方案过程中的新增加项目。如本年度内组织周年纪念、起用新商标、对外发行月刊等。公共关系人员在编制预算时,就要考虑人员、设备的增加和具体活动所需的各项开支，还要考虑到物价等因素。

（3）突发事件的开支

公共关系不仅是一种预测性、计划性工作，而且灵活性也很强，往往一些突然事故、偶然机会都会改变或调整计划，如赞助、庆贺、公益一类的活动。公共关系人员编制预算时，应事先设置临时应变费用，从资金上保证公共关系的应变能力。

第五节　公共关系策划书的撰写

公共关系策划书，是以书面形式确定下来的公关人员在策划阶段的构思和创意。整个公共关系策划，最终是以策划书的形式加以条理化和系统化，建立完整的文书档案系统，为策划阶段的工作画上一个句号，并且为下一阶段的实施工作画好框架。

公共关系策划文案的基本形式，大致应包括下列五项：

一、封面

公关策划书的封面不必像书籍装帧那样去考虑设计的精美，但文字书写及排列应大小协调、布局合理，纸张只要略比正文厚些即可。

封面内容一般包括：

（1）题目（策划形式和名称）

（2）策划机构或策划人（策划主体）

（3）策划日期

（4）文件编号

二、序文

并非所有策划书都需要序文，除非活动方案较多较复杂，才有必要以简洁的文字作一说明或举要，一般不要超过400字。

三、目录

如同序文一样，除非活动方案较多较复杂，才有列出目录的必要。列出的目录要对内容提纲挈领，务求使人读过后能了解策划的全貌，目标与标题应协调统一。

四、正文

公共关系策划书的正文应包括以下几个方面：
（1）确定的问题
（2）环境分析
（3）活动目标
（4）公众分析
（5）方案实施策略
（6）方案执行规划
（7）经费预算
（8）方案评估

撰写过程中，可视具体要求对以上内容作适当的调整、取舍。不过要强调，在正文里，公众分析是一个不可忽视的内容，并且应该放在一个重要的位置。准确、具体地划定公共关系活动所面临的目标受众，是保证公关活动取得成功的关键，因此这一工作一定要在正文里反映出来。

五、附件

重要的附件通常有：活动筹备工作日程推进表；有关人员职责分配表；经费开支明细预算表；活动所需物品一览表；场地使用安排表；相关资料，这主要是提供决策者参考的辅助性材料，不一定每份策划书都需要，例如完整的或专项的调查报告、新闻文稿范本、相关法律文件、平面广告设计草图、电视片脚本、纪念品设计图等；注意事项。即将策划方案实施过程中应注意的事项作一集中的提示，比如完成活动需事前促成的其他条件、活动实施指挥者应当具有的临时特殊权限、需决策者出面对各部门的协调、遇到特殊情况时的应变措施等。

策划书的写作，应注意扼要地说明背景，引人入胜地描绘策划主题，详细地描述整体形象，严谨科学地说明预算。如果可能，应尽量使用各种图表给读者以直观形象。如果有必要，还需要保证一定的密度。

第九章　公共关系实施

　　公共关系实施就是在公共关系计划被采纳后，综合运用多种传播手段，把计划所确定的内容变为现实的过程。它是整个公共关系活动的关键环节，也是一个具体而复杂的过程，公共关系实施过程应该是一种完整的过程，一般情况下包括三个环节，一是实施的准备阶段，包括设计实施方案，制定对目标公众的行动、沟通计划，确定实施的措施和程序，建立或组织实施机关，训练实施人员向他们介绍计划的内容和实施所必需的条件并明确实施人员的权利和责任；二是实施的执行阶段，实施机关及人员根据设计好的实施计划和程序，落实各项措施，并注意信息的反馈与沟通；三是实施的结束阶段，实施部门为下一步的效果评估作好相应的准备。因此，实施好公共关系计划，将计划变为现实，对公共关系工作具有举足轻重的意义。

第一节　公共关系实施的意义与特点

一、公共关系实施的意义

　　公共关系实施对提高公共关系工作的效率和效益，对组织树立良好的形象、赢得公众依赖有着重要的意义，对于整个公共关系活动也具有重大的意义，具体表现在：

　　1. 公共关系实施是直接地、具体地解决具体问题的过程

　　研究问题的目的是为了解决问题，任何美好的计划、任何完美

的假想如果不能付诸实施无疑不能达到预期的目的和效果，"纸上谈兵"、"夸夸其谈"从来都是于事无补的，"批判的武器不如武器的批判"，所以公共关系只有结合具体实际将理论与实际相结合才能发挥它应有的作用，达到一定的效果。

2. 公共关系的实施是检验公共关系计划合理与否、积累公共关系相关经验的重要步骤

实践是检验认识正确与否的惟一标准，理论只有在实践中检验才能确定其合理与否，公共关系的计划也不例外，公共关系的计划合理与否、符合不符合实际、能不能解决现实问题，最终都要靠实践即公共关系的实施来检验，只有通过实施，才能完成计划确定的任务、实现计划目的；只有通过实施，才能检验计划的合理与否、完善与否，才能在不断变化发展的实际中对计划进行与时俱进的完善与补充，才能不断跟上实际的需要，符合实际的要求，并为公共关系的发展积累更为丰富的素材和经验。另外，事物是普遍联系的，历史是不容割断的，公共关系的实施也是一个历史的连续的过程，无数已经发生的公共关系实施事实无疑给现有公共关系的开展提供了丰富的经验，积累了大量成功的经验与失败的教训，以已经发生的公共关系计划实施的经验为基础和借鉴，针对层出不穷的新情况，才能使公共关系实施的环境不断地得到优化。

3. 公共关系的实施是下一个公共关系计划制定的基础和依据

公共关系是一个复杂有序的系统工程，任何一个环节的脱节都会对下一个环节产生难以预料的影响，公共关系的实施使计划和现实的问题真正地暴露出来，为下一个公共关系计划的制定提供了素材，正是基于此才说公共关系的实施是下一个公共关系计划制定的基础和依据。

二、公共关系实施的特点

1. 实施主体的能动性与创造性

公共关系的实施是公共关系人员创造性、开创性劳动的过程，

是公共关系人员呕心沥血、辛勤劳动的重要一步。俗话说"台上一分钟，台下十年功"，社会为公共关系人员提供了展现公共关系作用与效果和公关人员魅力与风采的平台，公关人员根据客观情况如现有的条件、面临的环境、遇到的时机等，充分发挥自己的主观能动性来确定自己的实施战略和策略；况且公共关系计划的实施不仅是一个单纯地执行原计划的简单过程，也是一个对原有计划进行修补完善的过程，这无疑要求公关人员具有创造性，能够开创性地解决实际出现的新问题。公共关系无论怎样周密，从配置上来讲还是理论的东西，而且因为计划在实施过程中具有变化性，这就要求实施者根据自己的实施方案中的原则和自己所处的环境、条件来调整实施策略，如准确地选择传播渠道、媒介与方法，更合理地选择有利时机。公关实施的创新性主要来自两个方面：第一，出自公共关系活动实施的艺术特性。公共关系活动实施既是一门科学，也是一种艺术，作为一种艺术，公共关系活动的实质和价值就在于创新，"创新是一个民族的灵魂，是一个国家兴旺发达的不竭动力"，离开了创新就失去了艺术的价值和魅力。第二，出自于公共关系活动实施的思维方法，公共关系活动实施的过程实际上就是创造性思维的过程，创造性思维本质上是一种创新思维，其目的是创新，其特点是创新，其功能还是创新，所以，可以这样说，公共关系活动实施实际上就是一种依仗实施者的创造性素质和创造性技巧形成新颖别致的公共关系活动创意，并使之产生别具一格的公共关系活动的创新活动。当然，在此强调公关人员主观能动性和创造性并非允许公关人员以此为由对原定计划进行随意的更改或抵触，而是要求实施者在执行总体规划时根据客观存在的具体情况进行具体分析。

2. 实施过程的动态性与变化性

公共关系实施是由一系列连续活动构成的过程，是一个需要不断调整的过程，因为一方面一项公共关系计划无论制定得多周详、具体，它总不免与现实存在一定的差距，另一方面，现实本身就是不断变化发展的，使得事实过程中会遇到一些新情况和新问题。如果以固定的模式机械地执行计划，那就不仅不能实现自身的计划目标，反而会给自己带来新的麻烦。公共关系活动的动态性包括两层含义：一是动态地适应，即公共关系活动总得符合社会组织公共关系运动的客观规律，总得适应社会组织公共关系及其影响因素的变化情况，以求不断地策划出切实可行、行之有效的公共关系活动方案。二是动态地调控，公共关系策划是可以调控的，也是应该调控的。任何一项公共关系活动的方案出台后，如不可行，就可以而且应当予以调整，即使是在实施过程中也应该如此；动态调控的依据是社会组织内外环境中影响公共关系发展变化等因素、传播媒介因素、社会环境等的变化情况；在这些因素发生变化时，如觉得原先策划出的公关活动方案不能适应，就要进行调整，以求达到适应；即使是可以适应的方案，在具体的实施过程中，也还得不断地进行及时控制和反馈控制，以保证公共关系活动策划的较强适应性。在公共关系活动中，任何一种行动都应当随机应变；当然，强调实施过程的动态性并非意味着实施人员可以随意以一些无关宏旨的变化为借口而不执行原有的计划，而必须保持计划的连续性。

3. 实施影响的深刻性与联动性

公共关系的实施会对个人、社会和组织产生深刻广泛的影响。

首先，方案的实施会对众多的目标公众产生深刻的影响，成功的实施会使社会组织的非合作、支持力量变为自己的合作者和支持者，反之则相反。如德国"金龟子"车成功"登陆"美国，改变了美国汽车消费者多年来喜好车体阔、大、长的消费习惯。其次，方案的实施会对社会产生深刻的影响，公共关系的实施虽然是某一社会组织的行为，但因其方案某些适应社会潮流的东西，很可能对社会的文化、习俗产生一定影响。

4. 实施内容的超前性与可行性

公共关系实施不是公关具体行动本身，而是对行动实施的设计，其实质是对即将操作的行为过程进行思维性"彩排"，是站在目前替未来做安排。公共关系实施的超前性是由两方面因素决定

的：一是由人类思维的超前素质决定的。马克思曾高度评价人类的
超前性思维，他说："虽然人类最优秀的建筑师也得惊叹蜜蜂建造
蜂巢的艺术，但是，即使是拙劣的工匠，在建造房子之前，脑子里
已经有了房子的图形及结构了。"二是由公共关系实施的基本目的
决定的，公关活动实施的基本目的在于指导和推进社会组织的公共
关系活动，使社会组织的公共关系活动取得良好的效益，因而它必
然要求实施者具有超前意识和行动，做到未雨绸缪，计在事前。公
关人员必须把握现实状况的发展趋势，以发展的眼光来看待环境，
使预拟的行动符合未来实际，所以实施具有超前性。公共关系实施
必须在客观实际的基础上，设计、制定实施方案，客观实际包括物
质条件和精神条件，物质条件有经费、材料、人员、场地、技术
等，精神条件有观念、风俗、素质、行为方式等；理论上行得通的
方案，不等于实践上的成功，有时很好的创意，当付之实践时，却
达不到预想的效果；公共关系实施却是在综合考虑了客观实际的基
础上作出的，因此具有很强的可行性。

　　当然，公共关系实施主体的能动性与创造性、实施过程的动态
性与变化性、实施影响的深刻性与联动性、实施内容的超前性与可
行性不是孤立存在的，而是相互影响，相互制约的。一项公共关系
计划的实施过程中主体的能动性与创造性越大，一般来说相应的实
施过程的动态性与变化性、影响的深刻性与联动性、内容的超前性
与可行性也越大；同样，计划的调动和变动幅度越大，计划实施所
产生的影响范围也越大，需要实施主体的能动性、创造性也越大。

第二节　影响公共关系实施的因素分析

　　影响公共关系的因素很多，但一般来说主要有计划目标障碍、
传播沟通障碍、意外干扰障碍等几个方面。

一、计划目标障碍

公共关系计划中的计划目标障碍指计划中目标拟订得不正确或不具体而给实施带来的种种困难。如果计划中目标不明确、不具体，实施人员的行动就无章可循，即使公关人员再尽心尽力，也难以取得预期的效果，甚至会闹出大乱子。公关计划中规定的目标不符合目标公众的具体情况就会受到目标公众的抵触；计划制定得过高会挫伤执行人员的积极性，过低又难以引起目标公众的重视。例如，某洗涤用品生产厂家在一项公关活动中，将其目标定为"较大幅度地提升知名度和美誉度"，由于"较大幅度地提升知名度和美誉度"这一目标不具体，缺乏必要的量化标准，给操作带来很多不利的影响。

为排除计划目标障碍，实施人员在开展公共工作之前应当从多方面检查公关目标，根本途径就是要求计划的制定者使活动的目标正确、明确和具体，为此必须要做到"六看"：一看目标是否切合实际并能够达到，二看目标是否可比较并可衡量，三看目标是否可控并可操作，四看目标是否与组织的期望一致，五看目标是否规定了完成期限和完成期限的合理性，六看目标实施中的人员配置及其职权范围。如果这六个方面有疏漏，实施人员应主动与计划制定者取得联系并促使其重新修订。计划目标不明确或用宣传口号式的语言无法来表达目标计划，都会使实施人员无法有效地开展工作。正确、明确、具体的计划目标是实施人员行动的依据，也是对计划实施进行控制监督和评估的基础。

二、传播沟通障碍

公共关系本质上是一种互动和循环的双向沟通过程，现代社会，每个人不断地受到各种各样大量信息的冲击和影响，同时，自己也以书面的、口头的、形体语言的形式，向外界传递自己的知识、经验、观点等信息，向外界施加影响。这种相互影响错综复杂地交织在一起,一方面促进了沟通,另一方面又对沟通形成了干扰,使沟通出现了障碍。所以实施过程中的传播沟通并不是一帆风顺的,它常常会因沟通工具运用不当、方式方法不妥、渠道信息不畅等原因使实施工作不能如愿以偿。实施中的沟通障碍指在公共关系实施过程中组织与公众之间的传播、沟通障碍,阻碍双向沟通的不利因素很多,主要有经济障碍、语言障碍、文化习俗障碍、观念障碍、心理障碍、组织障碍等。

1. 经济障碍

现代社会高科技产品日益增多,日益发达的大众传媒对社会发挥着越来越大的作用,以至被人们形象地称为"第四权力",但是由于经济条件的限制并不是所有的目标公众都可能拥有电视、计算机等现代化的通信工具。由于经济状况的差异会影响公众接受和采用信息的渠道、手段和方式、方法,这种情况下,通过这些媒介向公众传送的信息就会受到限制;由于我国经济发展的地区差别、城乡差别比较大,人民的需求也不尽相同,自然地不同地方的人对信息的需求也有所不同。另外,公共关系实施主体的经济实力如何也是决定公共关系能否持续有效进行的重要因素;在关键时刻因缺少资金使公关宣传难以成功,或精彩的策划只能停留在纸上。例如,没有自来水的地区,自然不会对洗衣机的信息感兴趣。因此在公关计划实施中,不同经济水平的地区,要采用不同的大众传媒工具。尤其是随着知识经济、信息社会的到来,使得商品的科技、信息含量日益增多,许多"高、精、尖"产品的公关就不能停留在过去形式单纯的广告上,而应以教育为先导,对消费者进行知识的灌输,使消费者从无知走向有知,达到以教育培养市场的目的。公关人员必须分析各地区的经济条件,研究公众的信息渠道,采取针对性的做法来开展工作,一旦发现所做宣传不切合公众实际,应及早停止活动,减少损失;或及时修正宣传内容、媒体。排除经济障碍是公共关系实施的关键。

2. 语言障碍

语言是传播信息的有力载体，但由于不同国家、民族、地区有不同的语言文字、方言等，这就会造成语言障碍，尤其是在我国这样一个文盲、半文盲还具有相当人数、各地区方言差别很大的国家，这种情况尤为明显。所以社会组织在实施公共关系中，应针对目标公众的语言特色开展工作，避免因语言不通对公关工作造成不利影响。一般说来，针对全国人民的信息应以该国的主导或官方语言为主，而对一个特定地区的公众则可以根据具体情况考虑适当地用一些该地区的方言。不同国度、不同民族之间的沟通遇到语言上的障碍是经常的。

3. 文化习俗障碍

一定的文化习俗是在一定历史文化背景下经过长时间的积淀形成的，虽然习俗不具有法律的强制力，但通过家族、邻里、亲朋的舆论监督，往往迫使人们入乡随俗，它具有固定特点并能调节人际关系，如果公关工作中不考虑目标公众特定的文化习俗无疑会对公关工作造成损失。对于传播中的这种障碍，首先应该深入了解民俗民情，如果不幸出现失误，应立即终止传播，迅速改变自己的宣传内容和方式。

4. 组织障碍

这里的"组织"主要指组织结构，指由于公关活动主体的机能缺陷给公关工作造成的损失，主要包括以下几点：一是机构障碍，即由于组织的层次过多或机构臃肿就容易造成信息失真或信息传递速度过慢；二是人员障碍，即组织成员的能力、素质缺陷使公关实施偏离公关目标；三是部门条块分割和"保护主义"造成沟通"断路"；四是上下沟通不畅造成信息量不足。

5. 心理障碍

主要是人的认识、情感、态度等心理因素对沟通过程的阻碍。如美国心理学系大学生做过这样一个实验：在开始讲课前，教授给学生介绍一个客人，说"这位是汉斯·史密特先生，世界著名化学家，我们特邀他来美国研究某些物质的物理和化学性能"，然后这位史密特先生用德语对学生们说他正在研究一种新发现的物质的性能，这种物质的扩散非常快，以至人们刚刚嗅到它的气味就立刻消失了。而后，他从皮包里拿出一个装有液体的小玻璃瓶，说："我一打开试管，这种物质就会立刻蒸发出来，是一种无害气味，你们很容易嗅到，请大家一闻到气味就立即举起手来。"他打开试管后不久，从第一排到最后一排，所有的学生都举起手来。事后，心理学教授告诉全班学生，这位史密特先生只是德语教研员之一，所谓具有强烈刺鼻气味的物质，不过是普通的蒸馏水而已。实验证明，迷信权威往往会使人接收错误信息。孟子云"尽信书不如无书"，因此要排除心理障碍达到沟通的效果。

6. 观念障碍

每个人的观念都会因其年龄、性别、教育、经济收入、政治地位以及其他的社会因素的影响而出现差异，不同的目标公众对待社会事物有不同的看法，而回避或不接受与其观念相矛盾的信息。因此在公关工作中，要具体研究目标公众的观念习惯，及时调整公关活动的实施策略。常见的观念障碍及其影响有两种：一种是封闭观念排斥沟通，另一种是极端观念破坏沟通。在传播沟通中常常见到这样的情况，公关人员与社会公众双方只是抓住沟通过程中的一个环节、方面、特点而各执一端、争执不休，谁也不服谁，结果不欢而散。封闭观念和极端观念是沟通的大敌，它往往表现为过分关注并强调自己的利益而不考虑他人的利益，类似的观念障碍比比皆是。

7. 方案的内容障碍

即计划内容表达歧义、目标定位偏差、具体活动缺乏操作性、公众分析不周全、媒介组合不当等。

8. 政治障碍

当今世界还存在不同的政治制度，社会制度，存在着不同制度的意识形态"斗争"，各国政府从自身的政治需要出发，会对某些信息的传播进行限制，进而影响了沟通的进行。

三、意外干扰障碍

社会、组织发生意外事件是不可避免的，这些事件很有可能对组织产生不利影响，有些甚至会危及组织的生存安全，主要包括人为的纠纷危机，例如公众的投诉、新闻媒体的批评、不利舆论的冲击等，非人为的灾害危机，例如水灾、火灾、地震、风灾等。意外干扰具有突然发生、来势迅猛、后果严重、影响面广的特点。

著名危机公关专家里杰斯特提出三条指导解决危机的原则：一是采取积极态度；二是以实际行动维护企业的信誉和满足公众的期望；三是善于捕捉和运用意外事件中出现的良机。加拿大 DOW 公司制定的危机沟通原则要点是：诚实第一，永远诚实；第二，同情心，人道主义；第三，公开化、坦率；第四，日夜工作；第五，有预见性，不被动应付。以上是意外事件处理的一些方法，仅供参考。

当然，意外事件并非不可战胜的，面对复杂多变的客观现实，公关人员必须时刻保持清醒的头脑，富于远见，未雨绸缪。

以上介绍了影响计划实施的三类主要障碍因素，要想有效地实施公关计划，达到预期的目标，必须全面深刻地认识多种障碍的表现，以尽可能做好有效的排除工作。排除障碍应针对不同的表现形式采取不同的方法，总的来说，要以公众为出发点，围绕目标公众的特性，去有效地制作信息、传播信息，尤其是意外干扰，必须采取有效的补偿措施，创造性地解决问题。

第三节　公共关系实施的活动方式

公共关系活动方式是以一定的公关目标和任务为核心，将若干种公关媒介和方法有机地结合起来，形成具备特定公关功能的工作方法系统。不同类型的组织机构，或同一组织的不同发展阶段，或同一阶段中针对不同的公众对象、公众问题及公关任务，都需要不同的公共关系活动方式。按照不同的分类标准，公共关系实施的活动方式可以分为不同的类型。

一、按照协调公共关系的需要类型分

1. 整体协调方式

这是指社会组织作为整体力量出面，同所有的公众及同类具体公众协调关系的一种行动方式。其特点是声势浩大、力量雄厚，整体配合能力强，但易造成尾大不掉、信息传播不畅等。

2. 具体服务方式

这是指社会组织通过每位成员向公众提供尽心尽力的服务，以此来协调组织与公众之间的关系。其特点是活动灵活多样、可操作性强、经常性，但易造成各自为政、协调不顺等不利局面。

3. 专项活动方式

这是指通过社会组织举办各种专门的公共关系活动来协调同公众的关系的一种行动方式。它不是分散的、个人性的和经常性的，也不是贯穿于组织整个活动过程的，而是组织整体的、有计划的、有创意的和非经常性的，是一定时间内展开的无连贯性的活动。

二、按照公共关系活动的任务类型分

1. 建设性公共关系

这是指组织借助开创之机进行自我宣传，目的是迅速向目标公众传递关于组织的有利信息，形成舆论，扩大影响。其特点是适用于组织的开创阶段，以及某项事业、产品服务初创、问世阶段；采用高姿态的方式，更多地宣传组织的优势方面。让公众了解组织、理解组织，从而进一步接近组织，那么应想方设法采取引起注意和出奇制胜的方法，使社会及公众对组织及其产品或工作表示兴趣，形成一种新的感觉，提高组织的知名度。

2. 维系性公共关系

这是指组织必须不断地对目标公众进行持久的"提醒"，使他们对组织有更深更新的了解，以维系组织在他们心中良好的信誉和美誉。其特点是适用于组织机构稳定、顺利发展的时期，采用一种持续不断、较低的姿态传播方式，以"春雨润物，不着痕迹"的方式对目标公众不知不觉地影响，保持一种潜移默化的影响力和渗透力，维系良好的形象。其特点表现在：①通过各种公共关系活动把组织的各种信息和态度传递给公众，使组织的形象始终保持在公众心中，不至于淡漠甚至忘记；②和特定公众建立稳定、长期的联系，以便组织和公众的再次合作；③和组织内外公众保持一种融洽、和谐的感情联络和精神交往，使公众产生一种感情定势，对组织产生一种无形的亲切感。如商店、旅馆让长期顾客享受折扣、一年一度的礼品馈赠，会员制、积分有奖销售等，其目的就是拉住一批顾客，稳定消费队伍。公关实践证明，建立形象是拓荒性的基础工作，常需要花大钱，而维系形象常常只要花小钱就可以实现。明白这个道理，可以减少公关费用，减少不必要的损失。

3. 防御性公共关系

这是指对在企业的经营管理中可能出现的"失调"或危机而采取的公共关系对策。其特点是抓住"潜在公众"流失或可能出现的危机的有害时期，及时寻找对策，赢得目标公众的信任与支持，把潜在的问题消灭在萌芽状态，并以此作为宣传企业形象的契机，它适用于出现潜在危机的公关危机的时刻，采取以防为主的策略，重视信息反馈，及时调整自己的政策或行为，以适应环境的变化。它通常采取调查、征询、预测、分析等手段，及时发现组织发展中存在的隐性问题和潜在危机，向组织决策层和各业务部门提供准确的咨询建议和改进方案，使组织及时做好内外公共关系的调整和改进工作。

4. 进攻性公共关系

指采取主动出击的方式，以周密准备、精心策划的公关活动来提升组织的形象。特点是适用于组织与环境发生某种冲突、摩擦的时候，采取积极的进攻策略，抓住有利时机和有利条件决策，迅速调整，积极应变，开辟新的环境和新的机会。其模式要通过创造性的活动和技巧去实施，如通过选择新的顾主群，开辟新市场，开发新产品去改变组织对环境原有的依赖关系，通过新闻宣传媒介和各种专题活动形成支持组织的社会舆论等。

5. 矫正性公共关系

指企业在面对重大问题和危机，有针对性地开展科学的公共关系活动以挽回损失、重塑形象。特点是适用于组织的公共关系出现严重失调或危机，组织形象受到严重损害的时候，采取一系列有效措施，做好事后的传播沟通工作，以求逐步稳定舆论、平息风波，挽回影响。

三、按照公共关系活动的业务类型分

1. 宣传性公共关系

这是指组织利用各种传播方式以相关的媒介迅速将信息传送出去，以加强目标公众对组织的了解和信任，形成有利于组织的社会舆论活动，为组织树立良好的形象。其特点是目的性、计划性、渐进性、可控性、情感性；优点是时效性强、主导性强、传播面广，推销组织形象效果快；缺点是沟通与强化公众印象往往停留在较低层次上，对目标公众的影响较为肤浅。宣传性公共关系模式的主要做法是：利用新闻性传播媒介、宣传性传播媒介和公共关系广告、名人效应及其综合效果，以其较强的渲染性，迅速形成广泛的沟通面，形成有利于组织发展的社会舆论，促使组织实现自己的目标。对于企业外部的公关而言，新闻宣传是最理想的形式，特别是那些规模不大，信誉好但又没有足够资金实力进行广告宣传的企业，采用宣传性公共关系模式效果更好。

2. 交际性公共关系

这是指采用以无媒介人际交往为主的活动方式，通过人与人的接触与交流，运用各种交际方法和沟通艺术，广交朋友、协调关系，缓和矛盾，化解冲突，为组织创造"人和"的环境。包括社团交际和个人交际。社团交际主要是组织与组织之间的交际活动，

如各种各样的招待会、座谈会、工作午餐会、宴会、茶话会、慰问和专访等。它有三个基本特征，一是直接性，即通过直接的接触和感情联系，获得目标公众的好感和信任；二是灵活性，随公众类型、特点、爱好等方面的变化，公共关系的行为和策略可以做不断的调整；三是人性化，在交流思想的过程中，也是一种感情投资。美国管理学家德鲁克说过："只有靠人与人之间的直接接触，透过语言或文字才能沟通。"交际性公共关系工作应遵循竭尽忠诚、相互理解、相互信任、主动热情、平等互利等基本原则，必须努力克服腼腆心理与害羞心理、自卑心理与猜疑心理、封闭心理与遮掩心理、倦怠心理与痴呆心理、孤僻心理与固执心理、虚荣心理与嫉妒心理等不良心理倾向的影响。同时交际性公共关系还必须讲究相应的技巧，如成功亮相、仔细聆听、相互交流、积极反馈、有效劝说、善待冲突、善于妥协、容忍拒绝、保持自信、与人为善等。

3. 服务性公共关系

这是指以各种实际的服务行为作为特殊媒介，从而吸引公众，感化人心，获得公众的好评，取得公众的理解、信任和合作，使组织与公众之间关系更加融洽、和谐，为组织提高社会信誉，尤其是组织的知名度和美誉度。其特点一是注重实在的服务，为公众带来实惠和方便，而不是只图形式、摆架子，避免形式主义，二是注重服务技巧，针对公众的疑难和困难，以新颖的服务方式吸引公众，强化服务性公共关系活动的效果，三是注意持之以恒，把专题服务和平时的优质服务相结合。它为公众提供实惠、实在的服务，以实际行动感化人心，以实际行动提高组织的美誉度，使组织与公众之间的关系更加融洽和谐，缺点是可能的开支比较大，并要具体考虑目标公众的爱好、习惯等，操作的难度比较大。它不仅需要专职公共关系人员，更需要包括企业全体企业员工，特别是第一线的营销人员的努力，因而它所反映出来的是企业的精神面貌和整体素质，作为服务性公共关系活动，必须为公众提供优质服务才能获得公众的信任和支持，它要求每一个员工都以最优的服务去接触公众，只要有一个人做得不好就会影响企业的形象。其服务的策略是顾客至上、主题包装、品牌标识、整合规划、新颖导向、规范运作、适度展示等。

4. 社会型公共关系

这是指组织利用举办的各种社会性、公益性、赞助性活动塑造组织形象的模式，目的是通过发起、组织和参与有广泛群众基础的社会活动，扩大组织的影响，以此提高组织的知名度和美誉度，赢得公众的好感和支持。特点是影响面广、正面效应大，但容易给组织带来意外的开支，增加组织的成本。开展社会性公共关系的一般方式：一是以组织机构本身的重要活动为中心展开的，如开业庆典活动、周年纪念酒会、新设施典礼等；二是以参加各种社会活动为中心展开的，如参加体育比赛、文艺演出等；三是以赞助社会福利事业为中心展开的，如赞助社会福利、慈善事业、资助公共服务设施的建设等；四是资助大众传播媒介，如举办大奖赛、专题节目等；五是积极支持和关心社会公众，为他们提供服务和方便。

在开展社会性公共关系时，为了达到公关效果，要注意以下几个方面：一是要淡化商业气息，突出社会公益性；二是要量力而行，充分考虑企业的实际情况和承受能力，不要超越自身的经济实力去参与一些大型活动，给企业增加负担；三是双赢的原则，既考虑社会效益又要考虑有利于企业自身利益的活动，尽量使投入的公共关系活动能发挥最佳的效益。

5. 征询型公共关系

这是指以采集社会信息为主的公共关系活动模式，目的是通过社会调查、民意测验、舆论分析等信息反馈手段，收集信息、了解社情民意，把握时势动态，检测组织环境，为组织机构的经营管理决策提供咨询。其主要内容有企业信息方面的征询、企业决策方面的征询、企业专题活动工作方案方面的征询、企业诊断方面的征询。其形式有：第一，举办各种咨询服务；第二，建立合理化建议渠道和信访制度；第三，进行调查问卷；第四，设立热线服务；第五，举办信息交流会。其优点是以输入信息为主，及时对民意作出反应，保持组织与公众之间的平衡状态，具有较强的研究性、参谋性，容易持之以恒，可以实现组织与社会环境之间的动态平衡；缺点是操作的难度比较大，往往需要专业人士进行，成本可能比较高。征询型公共关系工作的程序一般是：①收集资料，形成调研报告；②要诊断分析、寻找征询对策；③论证可行性，制定实施方案；④监督实施，做好检查调整工作。征询性公共关系工作要求：①要灌输"优化"观念，培养创新意识；②要摸清情况、对症下药；③要内外结合、排除疑难问题；④要强化积极因素，抑制消极因素；⑤要健全制度，建立良好的运作机制。如开业前公司筹办有奖知识问答竞赛活动，通过报刊把公司宗旨理念、业务范围、特点等公布于众，就能起到宣传广告作用，如果奖金能吸引公众参加，活动在媒体上报道，那效果就更好了。前几年流行征集广告词，广告主并不是无法获得中意的广告词，而是通过征集活动，向社会明确宣布组织的相关情况，并发放资料；公众可能阅读，留下印象，想参加者必定认真阅读，琢磨这些资料，留下深刻印象。如此广告主的目的已经达到，至于最后评出哪条广告词，只是完成活动程序，给公众一个交代，所以得奖的广告词很少运用到实际的销售宣传中。

通过征询型公共关系，企业一定会重视对消费者的调查研究，搞清消费者对产品的需求趋势，为自己的产品定位找到科学的依据，这样就可以帮助企业赢得市场。

第十章　公共关系评估

公共关系评估是公共关系"四步工作法"的最后一环，在经过公共关系调查、公共关系策划、公共关系实施后，公共关系主体需要对前三个环节的效果进行检测评估，以明了前三个环节的实际效果与预期效果之间的差距，并在此基础上总结经验，吸取教训，为以后的公共关系活动打下基础。公共关系评估即按照特定的标准对公共关系活动计划、计划实施的各个阶段以及公共关系实施的总体效果进行衡量、检查和评价，以取得关于公关工作过程、工作效益和工作效率的信息，作为决定开展公关工作、改进公关工作和制定新计划的依据。它贯穿公共关系工作的始终，既是公共关系过程的终点，又是在更高的水平上重复新的公共关系活动的起点，而不仅仅是事后的总结。

第一节　公共关系评估的意义

公共关系评估具有重要的意义，具体表现在：

一、是衡量公共关系工作的依据

公共关系成果的好坏，除了要在实践中检验外，还必须在科学的理论指导下对其做出科学的评价，当任何一项公关计划方案实施以后，要了解该方案在社会上、组织内外造成了什么样的影响，产生了什么效果，还有哪些问题和不足等，都需要评估的结果才能充分反映出来，只有以具体标准评价的公共关系活动才能成为衡量公共关系工作是否有效的标准。如果不对公共关系工作的策划、实施以及效果进行充分的研究和分析，就盲目地调整计划及实施的方法步骤，必定导致公共关系实践活动的失败，造成恶性循环。

二、是改进公共关系的重要环节

美国一位公共关系的先驱者 Evarts G. Routzahn 早在 1920 年就曾经说过，当最后一次会议已经召开，最后一批宣传品已经散发，最后一项活动已经成为历史的记录时，就是你在头脑中将自己和自己所采用的方法重新过滤一遍的时候，这样你就会清理出经验和教训，供下次借鉴。这恰恰说明了公共关系评估对改进公共关系工作的重要作用，缺乏对公共关系实践活动认真、科学的评估，没有经过对公共关系计划、实施及效果的充分研究和分析，就盲目地调整计划及实施的步骤，是导致整个公共关系实践活动失败的重要原因。

三、是激励内部公众、引起领导重视的重要形式

当一项公关计划实施之后，由相关人员将该项计划的目标、措施、实施的过程和效果向内部员工解释和说明，有助于反映公关人员的工作实绩，提高公关工作的地位和作用，可以使他们认清本组织的利益和实现的途径，自觉地将本组织的战略目标与自己的本职工作紧密地联系在一起，并转变为自觉的行动；同时也可以使组织的领导人员看到公共关系工作取得的成果，使他们更加重视公共关系工作。正如公共关系学者切斯特·K. 拉塞尔说的那样，许多公共关系工作的惟一致命弱点就是没有使最高决策者看到这一活动的明显效果，只有进行实事求是的分析和客观的评估，才能使决策者真正了解公关的作用，从而支持公关工作，使内部公众也能团结一致，激励士气。

四、是开展后续公关工作的必要前提和依据

从公关工作的连续性来看，任何一个新的公关工作的开展都不是孤立存在的，都是与以往的公关工作密切相连的，评估既是对上一轮公共关系的总结，又是下一个公共关系活动的新起点；新的公关工作的开展能够发现并解决新问题，形成一定的经验和教训，这就为下一个公共关系工作的开展提供了必要的前提和依据。公共关系的动态性使其结果面临成功或失败两种结局，而不论是成功或失败，其经验和教训都将为下一个公共关系活动或环节改进提供素材。只有客观、准确而全面地了解公关活动中各个环节的反馈，才能使后续公共关系借鉴成功的经验，吸取失败的教训，从而开展得更为成功。

五、可以为组织的管理决策提供参考依据

通过公共关系效果的检测与评估，可以分析和评估出经过公共关系工作之后的组织形象的状况，评估出组织形象各因素（员工素质、产品质量、服务方针等）与期望值的差距，为组织经营管理决策提供参考。台湾公关学者赵婴先生认为："公共关系活动费钱费时，管理当局出钱花时间，当然要证明这些支出正当才行。管理当局需要知道每一行动对组织的目的有多大贡献，以及为什么需要这项行动。如果这些问题获得圆满答复，就会继续支持这项行动，甚而扩大行动。如果答案相反，则可能撤销支持，或减少和限制行动。"因此，公共关系评估的一个重要意义就在于使组织的领导人看到开展公共关系工作的明显效果，认识到公共关系与组织形象、组织的社会效益和经济效益的关系，从而获得对公共关系活动的进一步理解和支持，并使他们能更加自觉地重视公共关系工作。

第二节　公共关系评估的困难

尽管在长期的公共关系实践中，前人为我们创造了不少公共关系评估的工具和手段，但到目前为止，在国际上还没有形成统一的、标准的评估方法。对于新兴的公共关系市场和行业来说，提出

一整套完善的公共关系评估方法确实存在许多困难，公共关系评估中常见的困难主要有：

一、评估的对象不同

客户与公共关系主体对评估结果的识别方法即评估对象不同。例如，客户认为识别公共关系项目是否成功是看销售量是否上升，而公共关系主体则从全面的角度评估公共关系的效果，如受众态度的改变多少、社会效益的大小，等等。

二、评估标准不一致

即使是使用同一个识别方法，但在标准上很难统一或者有可参照的标准。例如，同时使用品牌形象的提升作为识别标准，而提升的幅度多大可以视为项目成功吗？

三、评估结果难以量化

公共关系活动的效果难以量化既是另一个难题又是标准难以统一的原因，例如品牌形象的提升就很难量化。

四、评估的时效性难以把握

与大多数营销手段不同，很多公关活动的效果需要持续很长时间才能显现，而现实是往往项目一结束就需要进行评估。

五、其他内在因素的影响

一个商业目标的实现，被很多因素制约和影响，例如公共关系活动提升了品牌知名度和美誉度，但由于产品质量和服务质量在活动期间是下降的，所以两者抵消，公共关系的效果就得不到体现。

六、外在因素的影响

外在因素的影响也给客观效果评估带来困难，一种常见的情况就是来自同期竞争对手公共关系活动的影响。公共关系效果不够理想，有可能是公共关系主体的问题，也有可能是因为公共关系投入过低，属于客户的原因。

七、片面强调某一项指标的评估

比如，目前公共关系主体经常把对媒体报道的评估作为首选，但如果客户长期只是看到厚厚的剪报，而没有切实感受到公众态度的变化，或者对营销上的帮助，虽然表面上不得不认可公共关系工作的效果，但实际上会逐渐认为公共关系无关痛痒而失去积极性。

八、缺乏连贯性

过去，由于评估的种种困难，使客户和公关主体对评估只是偶尔为之，结果导致无法通过对历史的总结形成一套对客户行之有效且被双方认可的评估方法。

公共关系实践中，经常还会碰到有的客户试图用广告的评估方法来评估公共关系效果。这需要公共关系主体认真对待，因为广告和公共关系在工作原理和操作手法上区别明显，要达到的目的也泾渭分明，这样做的结果往往是引起不必要的混乱。当然，我们在这里强调公共关系评估中的困难并不是将评估模糊化、轻视化，而是找到困难之所在，结合中国国情，努力探索提出一套中国特色的公共关系评估方法和体系。

第三节 公共关系评估的标准

上节提出了公共关系评估的困难，但公共关系评估并非无章可循，公共关系评估中必须遵守一些基本原则：一是综合性原则。同时使用多种评估对象和评估指标，比如同时考察销售量和品牌认知度的变化，既考察公共关系目标的实现情况，又兼顾到与客户最终商业目标之间的关联。二是双方同时进行原则。说服客户不单纯以评估结果作为衡量公共关系工作的惟一依据，而是要结合其他评估结果综合考虑，如广告效果评估、质量改善效果评估、渠道建设效果评估等，以求避免因为其他因素的影响而掩盖了公共关系的成效或问题。三是力求量化原则。能够量化的指标尽量量化，只有量化才能统一标准，只有统一标准才可以下明确的结论。四是参照竞争对手原则。即根据竞争对手所采用的评估方法，针对性、比照性明显。五是持续进行原则。尽量对每一个项目都进行评估，这样做的好处是可以针对客户制定一个长期有效的评估标准和方法，同时这样做很容易得到客户的认可。

明确了公共关系评估的原则，下一步就必须掌握公共关系评估的标准，一般来说，公共关系评估的标准包括：

一、准备过程的评估标准

这一阶段是检验背景材料是否充分，检验是否充分占有资料和分析判断的准确性，重点是及时发现在分析中被遗漏的，对项目有影响的因素，其次是检验信息内容的真实、充分与否。整个过程要紧紧围绕"公共关系活动是否适应形势发展要求"这一问题展开，主要包括三个方面的检验。

1. 背景材料是否充分

背景材料指在分析组织环境的基础上确定的对公共关系活动来说有影响作用的相关资料和信息。评估的重要任务实际上就是检验前几个程序是否充分占用资料和分析判断的准确性。例如确定公共关系的目标公众有无遗漏关键公众？关于公众方面的假设哪些被证明是错误的？组织环境中的所有关键因素是否都已经确定，等等。

2. 信息内容是否适合

信息内容是否适合指公共关系活动中准备的信息资料是否符合问题的本身、目标及媒介的要求，沟通活动是否在时间、地点、方式上符合目标公众的要求，有没有对沟通信息和活动的对抗性行为，有没有制造事件或其他行动配合这次公共关系活动等。例如，在电视竞选中，公共关系活动的计划者要研究竞选者在电视辩论中的发言和各种新闻媒介对他的讲话及本人的评论，并通过选举过程中选民们对这个竞选者的反映看公共关系活动是否成功。这一过程实际上是为了检验公共关系活动是否适应形势的要求。

3. 信息展示是否有效

信息展示是否有效指信息展示是否恰当、合理、有效，是否吸引人的眼球或给人留下深刻印象，它是准备过程评估的最后一个环节，其主要目标是检验有关信息传递资料及宣传设计是否合理、新颖，是否能达到引人注目，给人以深刻印象。具体包括文字语言的运用、图表的设计、图片及展示方式的选择等，是对公共关系活动组织者专业技能的检验。

简而言之，准备过程的评估主要包括对材料充分性、合理性、有效性的一系列客观与主观的分析，评估的下一阶段将主要解决如何有效地进行计划实施和沟通信息传播问题。

二、实施过程的评估标准

这一阶段，评估的重要内容是对实施传播的内容、数量、质量及公众接受传播的结果做检查，通过对以上内容数据分析，验证策动传播阶段的效果，包括四个层次的检验。

1. 实现的经济效益

经济效益主要包括激发公众的需求欲望、培育新的消费市场、推广新的消费观念模式、提高产品的认可度、增强产品的销售力与竞争力的程度等。

2. 检查发送信息的数量

发送信息的数量作为数据直接反映在组织实施公共关系活动中进行广播电视、互联网发布信息的次数，报刊宣传资料的份数，发生信件的数量等。这一工作一旦完成，不理想的环节和计划实施过程中的一些弱点便会从这些数据中反映出来。

3. 进入媒介的信息数量

信息发送出去后，并不代表会被所有的媒介接收，信息在多大程度、多少数量上被媒介所接收是衡量公关人员信息制作水平和时效性的重要标准，也反映了组织利用各种可能的渠道将信息传送给目标公众的努力程度，信息内容再丰富、形式再恰当、文采再好，如果不能被媒介所采用，就不能发挥其应有的影响。通过统计信息被媒介所采用的数量，就能测量它们所产生的影响，通常可以通过报刊索引、简报、广播记录、展览和公开讲话的次数进行统计。

4. 目标公众接收信息的数量

信息通过媒介传送出去后，肯定会被一定的目标公众所接收，但接受信息的目标公众数量多少，是否达到并超过了组织期望的目标，公众数量也是检验信息成功与否的重要标准，信息如果没有被充分数量的目标公众所接收，就证明信息的制作、发布没有达到应有的效果。

5. 注意到该信息的公众比例

信息传送并被充足数量的目标公众所接收并不代表信息的价值发挥到了极致，还必须看它是否被合理的、符合组织要求的目标公众所接收。

通过以上方法，我们可以得到有关收听率、收视率、阅读率等各种数据，但是，这些数据只是活动实施过程评估的重要依据，它们并不能说明组织信息所产生的影响效果。

三、实施效果的评估标准

实施效果的评估是一种总结性评估，目的是测定公共关系本身对每一类目标公众的作用程度及整体目标的实现程度，主要包括五个方面的检验。

1. 检查"了解信息内容的公众数量"

公共关系活动的目的是增进公众对组织的认识、了解和理解，促进公众与组织之间的有效沟通，公众对组织的了解与态度与他们掌握的关于组织的信息有很大的关系。例如，一家煤气电器公用事业公司准备开展一项旨在增加用户对正确绝缘、绝热和节约能源的知识的宣传活动，这项活动的效果的评估，就是首先测验一组接到宣传材料的用户的有关知识，然后对没有接到宣传材料的用户进行测验，最后将两组结果进行比较。

2. 改变观点、态度的公众数量

态度的形成是个较长时间的过程，一旦形成便具有相对的稳定性，短时间内不容易改变，因而在进行公共关系评估时就态度而言，要根据一段时间内目标公众对有关问题上的立场和观点来判断，而不能仅仅凭一时一事判断目标公众的态度发生变化与否。

3. 发生期望行为和重复期望行为的公众数量

公共关系活动的最终目的是在一定程度上形成公众采取组织的期望行为，如某部门进行的戒烟宣传活动，其目的不仅仅是让公众认识到吸烟的危害，更重要的是立即响应起来，坚决戒烟或劝说他人戒烟。评估一项公共关系活动在改变人们长期行为方面所取得的效果，需要较长时间的观察，并取得足以说明人们行为调整后不断重复与维系期望行为的有力证据。

4. 达到的目标和解决的问题

对于一个组织来说，达到和解决了组织面临的问题，便意味着效果评估的组织期望已经完成，它是组织在公共关系活动效果评估的最高标准。有时公共关系活动的结果并非完全与组织目标计划相一致，但这些结果同样具有积极的意义，那么它也是有效的。

5. 对社会和文化的发展产生的影响

一个组织的公共关系活动实施后，多多少少地对社会和文化具有一定的影响，而影响的正面与否、程度深浅就成为组织公关活动社会效益的最佳评价，当然一定社会和文化的改变是个长期的过程，不可能一蹴而就，有时这种影响并非公共关系人员独自能完成，而需要其他方面的专家来进行，这里涉及这个问题主要是引起公关人员及社会公众的注意，使公关人员努力进行对社会发展有益的公关活动并引起公众的注意，使他们自觉地接受好的公关信息、自觉抵制不合理的公关信息及活动等。社会效益的主要指标包括获得社会与政府的称赞，弘扬社会正气，支持社会主义事业，支持公益、慈善事业，弘扬民族传统文化与民族精神，发扬社会人文精神，宣扬社会公德，推广科学价值文化价值观念，培养文明的社会生活、工作、休闲模式程度等。

以上是公共关系评估的三个层次，如果说对第一、第二个层次的评估是进行初步资料评估的话，那么对第三个层次的评估则是总结性评估。这几个层次是循序渐进的，在进行活动效果评估时，应该注意到：一项公共关系活动总是处于一定的社会环境中，活动效果可能是公共关系本身引起的，也可能是其他社会因素的作用，为了更客观公正地评估，最好能尽可能地排除公共关系活动以外的因素，在理想状态下显示出公共关系活动的影响力。在评估公共关系效果时应注意：一是定性分析与定量分析相结合，以便从价值判断和数据事实两个方面综合评估公共关系活动的效果；二是注意长远效益分析与近期效益分析相结合，公共关系活动效果不可能马上全部得到体现，这是公共关系活动效益的特殊性，因此在评估公共关系活动效果时，除了考察近期效益外，还要利用动态模式方法分析长远效益，形成科学公正的评估结论；三是要注意标准性与变化性相统一，这就是说，一方面要有相对标准化的考评内容和考评项目，另一方面也要根据特定的公共关系活动性质，适当变通其中的部分测评项目，确保测评标准的科学性。

第四节 公共关系评估的方法

在组织进行公共关系评估时，常用的方法主要有：

一、直接观察法

直接观察法指公关人员以旁观者的身份与其他公众一样接触各

种公关活动，对公共关系的工作效果进行判断。公关人员比较了解公关策划的意义，会直接参与实施，通过实地的观察与考察，能记录各个环节的进展情况与实施状况，并可对实施效果做直接的观察与评估。由公关人员来进行效果调查与评估的好处是直接有效、及时方便、节约快捷，但工作人员要防止以个人的主观好恶作出随意的评价。例如，当一场有促销色彩的公关活动进行时，公关人员可以直接到现场去观察消费者的反应，包括他们是否增加了对该产品的了解、好感，对该产品的主要性能、特点、价格等能否接受，还需要做哪些改进等。

二、内部、外部监察法

内部监察法指由组织内部成员对公共关系的工作表现进行调查分析。外部监察法指由聘请的专家会同公关人员对企业的公共关系进行调查、访问和分析，对企业的公共关系活动进行评估、接受咨询、予以论证，作出较为客观的评价和衡量，并对未来的活动提出建议和咨询。专家是对公共关系工作有一定经验和水平的"旁观者"，一方面由于具有多种特长，使得专家们能够解决组织面临知识和专业限制不能做出正确评估的问题，另一方面，丰富的工作经验使他们能够越过组织的局限，使评估工作有比较强的客观性。

三、公众调查法

公众调查法指选用一定数量的调查对象，用问卷、表格、访谈等方式，了解他们对一定问题的意见、态度和倾向，在充分调查的基础上，进行数据处理和分析，形成一个较为科学的报告，借以了解公关活动的效果。这种方法有利于多方面检测公关效果，但一般耗费较大，并且目标公众之间也存在着重大差异，坦率的公众可能会提出比较尖锐的批评，含蓄的公众可能会说出一些拐弯抹角的话，或者他们对组织了解程度上存在差异，等等，因此对目标公众也要做全面的分析。一些有长期发展战略的公司或社会机构，一般都倾向于逐年开展较为科学的调查研究，逐年积累资料数据，形成定期的分析报告，为公司或机构的长期发展寻找依据。

四、传播审计法

传播审计法指通过大众传播媒介对组织的报道来评价公共关系活动效果的一种方法，具体方法是通过统计新闻报道的数量，推测新闻界对本组织的重视程度；通过分析新闻媒介的级别层次，推测本组织的影响范围；通过研究新闻报道的方法，推测所产生的社会效果；通过了解新闻报道后的反响程度和方向，推测组织在各类公众中的知名度和美誉度。

五、内容分析法

这主要是对媒介中所传递的与本组织有关的内容进行定量分析，通过分析来确定由于公共关系活动而引起的社会舆论变化的效果。具体做法是：定期对与组织有关的公众进行抽样调查，了解公众对组织的看法、态度的变化，以此来分析公关活动的效果。

六、交流审计法

这是通过对大众传播媒介上公开发布的、有关本组织的信息资料进行统计分析，进而较为准确地了解本组织与社会环境间的信息交流状况，了解组织的社会舆论环境的方法。它包括对报道量的评价分析，如报道范围、次数等；对报道质的评价分析，即对各方反映进行质的分析、评价；对报道时机的分析和评价，如报道时机是否及时、适时。

七、成本效益计算法

公共关系评估必须讲究成本，公共关系实施是否用最少的开支使组织的效益最大化是一个重要的指标，假如某组织为了发布一个信息，采用从中央到地方，新闻媒体、报纸、广播、互联网等几乎一切能采用的方式，"海陆空""三军"联合表演对目标公众进行"地毯式""轰炸"，先不论其效果如何，仅仅是开支就够这个组织受的了，因此公共关系评估必须讲究成本效益。

八、舆论评估法

舆论评估法包括对公众舆论、员工舆论的评估。首先，公关人员可以通过对亲身感受公共关系活动过程的公众进行考察，询问他们对公关活动的评定。这种方法的缺点是，有时目标对象不一定会回答真实的感受，尤其是涉及一些敏感问题的时候，公关人员很难得到客观的测量结果。其次，考察员工舆论，主要可以通过调查员工对活动的了解情况，通过实施者本身对活动策划实施的期望与感受，从而对公共关系效果进行评估。这种评估能够及时地、充分地利用实施过程中的实际情况对该项活动的影响效果进行判断，具有一定的可信度。但因为员工或计划实施者难免出于个人目的尽量报喜不报忧，从而可能影响公共关系活动的真实效果。

九、目标管理法

即利用公共关系目标做标准，测评公共关系活动的效果。其基本做法是把抽象的目标概念具体化，然后将测量到的公共关系结果与原定的目标要求相对照，从而衡量出公共关系活动的效果。

十、参照评估法

即用以往类似的公共关系活动为参考标准，通过比较分析来评估公共关系活动的效果。在比较中学习其他公共关系工作的有用经验，改进公共关系工作。

十一、指标计算法

由于公共关系活动的效果往往不会在短时间内表现出来，也很难用量化指标来反映，所以准确地衡量与评价公共关系成效比较困难，这里介绍一些指标与方法以供参考：

沟通与效率，指沟通有效数与沟通信息总量之比，公式为：

沟通有效率 =（沟通信息总数 – 无效数）/沟通信息总数 × 100%

视听率与知名度，实际视听人数与该项调查总人数之比，称视听率，公式为：视听率 = 实际视听人数/调查总人数 × 100%

知道某一信息内容的人数与该项调查总人数之比，称知名度，公式为：

知名度 = 知道某一信息内容的人数/调查总人数 × 100%

传播速度，单位时间内传播的信息量，或一定的信息量传递所需要的时间，公式为：传播速度 = 传播信息量/传播时间

第五节　公共关系评估的程序

一、设立统一的评估目标

统一的评估标准是检验公关工作的参照系，有了参照系才能通过比较来检验公关计划与实施的结果，即使评估目标中有较多的定性而非定量的东西，仍需要制定一个统一的评估目标，并详细规定调查结果如何运用。这是评估工作的第一步，一开始必须将评估目标统一，否则会搜集到一些与评估无关的资料或偏离评估的中心。

二、将评估目标具体化

这是指使用能够观察或能够测量的标准将评估目标具体化为许

多分目标，使公关活动的实施更加明确，也有利于评估工作的顺利进行。例如，谁是目标公众，哪些项目效果将发生以及何时发生等。没有这样的目标分解，项目评估是无法做到的，同时，目标分解还可以使公共关系计划的实施过程更加明确化和准确化。不过，分解后的目标，仍应是一个统一的目标，而不应出现割裂断层的现象。

三、选择适当的评估标准

评估标准的选取是评估工作进行的前提和依据，有了参考系才能通过对比检验公共关系计划与实施的效果，如果说评估目标是组织公共关系活动的预期效果，那么评估标准就是评估目标的具体表现和评估工作的尺度。评估标准选择的正确与否直接关系到评估的价值和标准取向，因此公共关系评估必须选择适当的评估标准。通常，评估人从定性与定量两大方面来确定评估的基本标准，即评估的定性与定量标准。定量标准是对评估标准给予特定的数量化，但需要指出的是数量的表示有绝对数量和相对数量两种。如："要一个月之内让 5 万人称赞我们的组织"属于绝对数量标准，"在这个地区，我们的组织提高了 5% 的认知度"属于相对数量标准。而定性标准是对评估对象进行性质描述，如"他们这个组织的整体形象很好"、"知道我们产品的人非常多"、"这次活动的影响很大"等。

四、确定收集证据的最佳办法

公共关系的评估必须以一定的证据为依据，了解公共关系活动的效果，可能有多种办法和途径，除了调查之外，组织活动的记录、小范围的实验都是收集有用信息的重要途径。收集证据的方法和途径，应该根据评估的目的和评估的标准来确定，方法的选择取决于评估目的、提问方式以及评估标准。

五、研究评估资料，实施评估方案，形成评估报告

收集到的资料必须经过充分的研究，在尊重客观事实的基础上实施评估方案，形成评估报告。这就涉及公共关系评估报告的书写问题，报告的书写要真实客观，切忌浮夸不实。评估报告应该包括项目简述，即主要涵盖委托任务描述及咨询过程和总体效果评估；项目研究，即项目开始前的基本状况，问题和挑战；项目策划，即项目建议书和行动方案的核心内容；项目执行，即主要工作及程序描述；项目评估，即执行情况评估、产生效果评估、可能带来的影响和积极意义等。

六、将评估结果向领导报告

当评估工作结束，评估报告出来后，应该及时向领导层报告，它一方面可以保证管理层及时掌握情况，有利于进行全面的协调，另一方面也可以体现公共关系在实现组织长期目标过程中的重要作用。

七、总结经验，吸取教训

评估过程对具体活动的全部资料进行了认真的分析、研究和提炼，对活动的成功经验和失败教训作出了客观评价，对此要充分总结，找出工作中的缺点和不足，以有利于下一次工作的开展和进行。

第六节　公共关系评估报告的撰写

公共关系评估报告具有标准化、规范化、工具化三大基本特点。标准化即每一种公共关系文体都有相对固定或标准的名称，以方便公关主体与客户的沟通和配合，每一种公共关系文体都有固定的工作量和计费标准；规范化即每种公共关系文体都有相对固定的

写作格式和内容要求，即信息传达的逻辑性和全面性，规范化还体现在信息源的真实性和表达的准确性，即公共关系文案的写作须在法律和职业道德认可的范围内；工具化即作为传播技术中重要的一项，虽然公共关系文案有着相对固定的行业标准和规范，但还应该在应用的专业性、灵活性、准确性上下工夫，这将直接关系到公共关系目标的实现与否，并影响服务品质的评价和收费水准的高低。公共关系评估报告的撰写包括撰写的内容和撰写的基本格式。

一、公共关系评估报告内容的撰写

公共关系评估报告的内容主要涉及以下几个方面：

1. 评估的目的及依据

即为什么要进行公共关系评估、通过评估解决什么问题以及评估所依据的文件或相关会议精神等，要将所依据的文件或相关会议精神以及公共关系目的明确地表达出来以显示公共关系的合理性与必要性。

2. 评估的范围

公共关系活动涉及各个方面，公共关系的检测评估有时是对这一方面或那一方面的评估，有时或者是阶段性评估，或者是整个过程的评估，因此公共关系的评估报告还必须明确公共关系检测评估的范围。只有明确评估范围，评估报告才会有实用价值，否则会出现重点不突出、对象不明确等问题。

3. 评估的标准与方法

在评估报告书中，必须说明评估的标准或具有可衡量性的具体化目标体系，以及在评估过程中所采用的方法。如直接观察法、问卷调查法、比较分析法、文献资料法、传播审计法等。

4. 评估过程

主要简要说明评估过程是怎样进行的，分为哪些阶段，从评估工作过程和所采用的方法就可以检测判断评估是否科学、合理、规范、完整。

5. 评估对象的确定

在公共关系检测评估报告中，还必须明确检测评估对象本身的一些基本情况，主要包括活动或项目名称、开展时间、实施的基本情况与特点等。

6. 评估内容的分析及结论

在评估报告书中必须对评估的公共关系活动内容、工作项目及运行和执行的情况进行详细分析，并在此基础上得出客观、公正的结论。

7. 存在的问题及建议

这是撰写分析报告的主要目的，要求根据所掌握的材料，有针对性地提出问题并提出有利于解决问题的建设性意见。

8. 附件

主要包括图表、附文等。

9. 评估人员名单

这是指参加评估人员名单及相关资料、联系方式等，以便于组织和参加人员联系相关人员并及时进行评估内容的商榷与修改。

10. 评估时间

由于不同的时间会存在不同的评估结论，所以，在评估报告中，必须明确评估时间及评估报告撰写的时间。

二、公共关系评估报告撰写的基本格式

1. 封面

其内容包括评估的题目，评估时间、评估人员名单、报告撰写等。

2. 评估人员分工

内容主要包括评估人员的主要任务及相关权限等。

3. 目录

4. 前言

简要地介绍评估的主要内容。

5. 正文

这是评估报告书中最主要、最核心的部分，其内容包括评估的原则、方法、范围、结论、存在的问题及建议等。

6. 附件

对正文内容补充说明及相关证明材料。

7. 后记

三、公共关系评估报告撰写中需要注意的问题

1. 注意报告撰写的独立性

在撰写公共关系检测评估报告过程中，评估人通常要与公共关系活动单位的部分领导、员工等进行接触，因此，在作出结论时，评估人要尽量避免受他们的主观意图或一己之见的影响。

2. 注意定量与定性相结合

在公共关系活动中，评估结论一般是定性的，但必须用定量的指标进行说明。

3. 建议与策略要具有可操作性

提出的建议与策略要切合实际情况，只有这样才具有可操作性。

4. 语言要明了、简洁

在撰写公共关系检测报告时，要尽量用最少的文字、篇幅来说明问题、提出建议，做到语言明了、精练。

5. 结论要客观具体

评估结论不能只讲成绩不讲问题，而是一定要客观，既要看到成绩、效益，又要看到缺点和不足，以使评估工作不失去其应有的意义，另外，在评估中要避免"可能"、"大概"之类的模糊语言，所有的结论都应该找到相应的材料来证明。

第五部分

五项管理职能

- 管理公关目标
- 管理公众信息
- 管理公众舆论
- 管理公众关系
- 管理组织形象

第十一章　公共关系管理

第一节　公共关系管理理论

一、公共关系管理的含义

开展公共关系管理应该成为组织或企业决策人员的责任。如果身居要职的人正确理解公共关系在管理工作中的重要作用,公共关系的潜能才能得到充分的发挥。要全面了解公共关系,必须认识到它是一门管理科学。和管理工作的其他方面一样,在组织结构中,它应该拥有相应的地位。公共关系应该是管理工作的一个组成部分。但是如何恰当地将这一观点体现在管理结构上,还取决于诸多因素,因而每个组织的情况都不尽相同。管理部门中公共关系人员的角色是改革者、催化剂、自觉者,以及审视内外的眼睛。管理部门承担着企业管理的责任,但具体任务通常是由总裁分配给有关管理人员去执行。生产、销售和财务监控都是管理的重要组成部分,但是公共关系渗透到整个企业管理的方方面面。从理论上讲,每个主管都应有能力处理好本部门的公共关系工作,但在实践中这是很难做到的。因此,有效的办法就是把公共关系工作交给专业人员来做,这样的话主管就将其精力集中于各自工作范围。公共关系活动因企业不同而异,有的是由组织内部的一个部门来做,有的是由外部的顾问公司来做,有的将两种方法结合则更为成功。在专业公共关系实务中,区分咨询和实施是十分必要的,高层管理需要咨询和顾问,但是公共关系政策的实施则是全体员工的工作。1991 年当时英国公共关系协会主席罗杰·海伍德(Roger Haywood)说道:"公共关系功能应被视作良好管理工作中的中心,应能在组织内部形成凝聚力。"

就其最先进的形式而言,公共关系是一个组织解决问题和变革过程的科学管理的组成部分。公共关系管理涉及众多领域,包括公关目标管理、组织的公众信息管理、组织的公众舆论管理、组织的公众关系管理、组织的公众形象管理等方面。

二、公共关系管理的意义

公共关系管理是对组织与社会公众之间传播的目标、资源、对象、手段、过程和效果等基本要素的管理,实质上是对组织的无形资产的管理。

任何一个组织的资产都是由两个部分组成的,即以物质形态出现的有形资产,如人员、设备、建筑、投资和产品等;以非物质形态存在的无形资产,如信息、知识、关系、形象、品牌和服务等。两者互为表里,一为组织的"硬件",一为组织的"软件"。在工业化时代,有形资产占据着主导地位,无形资产附着并服务于有形资产。所以传统经济观点认为资本的积累、存量和运行是决定经济发展的重要因素。但是在现代信息社会里,无形资产的重要性却日益突出,已经取代有形资产的支配地位,成为经济和社会发展的决定性的因素,影响甚至支配着有形资产的消长和流向。一个企业或组织,只要拥有较多的无形资产,就能吸引和集中大量的有形资产。近年来,以美国微软公司为代表的高科技企业迅速崛起,其市场价值的扶摇直上,就是非常典型的例子。微软公司的有形资产规模很小,原材料的库存量很小,但企业资产却高达 2 000 亿美元;相比之下,通用汽车公司拥有的庞大设施可谓居全球之首,而公司的全部资产却只有 400 亿美元。在社会生产和经济发展中,无形资产的作用、所占的比例都越来越大,远远超出了有形资产。这正是知识经济的一个显著特点,同时也标志着在未来的竞争中,无形资产的规模和质量将最终决定企业、组织的成败。在现代企业里"关键的资源是人们的知识和技能，而不是厂房和设备"。这种变化，必然促使人们深刻地认识无形资产的性质、特点与作用，加强对无形资产的管理，并把它作为组织管理的核心，从而引发管理科学的一场革命。

无形资产虽然具有更复杂的结构和特性，但其管理同样包括一般管理的基本环节，也就是对组织的公关传播活动进行决策、计划、组织、指挥、控制、协调和监督等。公共关系是组织经营管理和行政管理活动的一部分，是管理系统中的一个子系统。公共关系管理过程就是根据公共关系工作的内在规律，按照一定的公共关系工作模式，设计、组织、控制公共关系活动，使公共关系成为完整的组织职能运行系统。

加强组织公共关系管理的意义在于：

1. 增强公共关系工作的系统性

公共关系的对象和业务纷繁复杂，日常公共关系工作容易出现的一个问题就是缺乏系统性，显得杂乱无章。通过公共关系管理，将公共关系的各种要素有机地组成一个操作系统，才能配合组织的性质、目标、任务，完整地发挥公共关系的各种功能，综合地体现公共关系工作的整体效应。

2. 提高公共关系工作的可控性

公共关系工作的随机性、灵活性比较强。通过公共关系管理能够有效地控制组织公共关系活动的目标、进程、媒介和资源，监督控制公共关系工作的质量和效果，从而加强公共关系工作的科学性和规范性。

3. 加强公共关系工作的预测性

公共关系工作的特征之一是对环境信息作出反应，或调整自身以适应环境，或改变环境以适应自身。这就需要加强对环境的预测，通过加强公共关系管理，使公共关系工作建立在研究和计划的基础上，依据大量的公众资料和环境数据，预测趋势，分析后果，充分发挥监测环境和决策参谋的功能。

4. 促进公共关系工作的成熟性

公共关系是新发展起来的一种传播管理手段，专业职业程度还比较低。通过加强公共关系管理，使公共关系的职能机构和职能人员按照一定的标准和程序，科学地组织和实施公共关系活动，能够提高组织传播沟通工作的专业水平，促进公共关系管理职能的成熟。

5. 支持和推动组织的整体战略目标

公共关系管理完善可以极大地调动组织内外各方面的力量，有利于组织整体战略目标的实现。

6. 积极影响内外公众对组织的看法

公共关系管理中的目标管理、公众信息管理、公众舆论管理等都可以极大地影响内外公众对组织的看法。

7. 积极有效地管理组织的声誉

公共关系管理可以有效地管理组织的形象和信誉，进而有效地管理组织的声誉，使组织树立起良好的形象，实现知名度、美誉度与和谐度的高度统一。

8. 建立良好的媒介关系、政府关系、社区关系以及投资者关系等

公共关系管理面临着处理方方面面关系的巨大挑战和机遇，尤其是处理与媒介、政府、社区、投资者的关系显得尤为重要，正确运用公共关系管理可以建立良好的媒介关系、政府关系、社区关系以及投资者关系等。

9. 及时有效地处理各种危机事件

公共关系的有效管理有利于各种危机的处理和解决，可以做到未雨绸缪，临危不惧。

10. 有效管理公共事务

公共关系管理有利于及时对公共事务进行妥善处理和解决。

三、公共关系管理过程中的影响因素

公共关系管理过程涉及的相关因素比较复杂，任何一种管理模式均不可能毫无遗漏地反映出来，后面的论述也不可能面面俱到，在这里仅作一个概括性的描述。公共关系管理过程的相关因素大致有三个系列：

1. 环境系列

即对公共关系主体的决策和行为构成直接影响或间接影响的外界因素。这是客观方面的因素，如公众对象、舆论状态、市场环境、时间和空间、媒介体制、工作条件、社会文化传统背景、各种社会动态等。国外的学者将影响组织的公共关系政策因素归纳为五个变量：一是社会的政治经济体制；二是社会的文化背景，包括语言环境；三是社会公众群体的行动主义程度；四是社会发展水平；五是社会的媒介体制。

2. 主体因素系列

即公关决策和行为过程本身涉及的组织内部因素。这属于主观方面的要素，如领导人的观念、组织的目标、机构与人员设置、财务预算、工作方法选择、产品和品牌的定位等。

3. 传播技术因素系列

即公关活动实施过程中的技术性因素。这属于媒介技术方面的要素，如印刷媒介、电子媒介、网络媒介、实物媒介、活动媒介、各种传播设备与传播制品等。

四、公共关系管理的基本程序

有效的公共关系管理依赖严谨的工作流程，流程监督和控制管理是公共关系管理质量的有效保障。公共关系管理的一般工作流程包括：调查诊断、定位和制定战略、执行与监测、评估四个步骤。具体来说：

1. 调查诊断

对管理层、员工、有影响力的人、媒体、消费者、公众等目标受众进行形象调查，发现差距和存在的问题；就组织的愿望与现实之间存在的差距提出评估报告；确定哪些沟通措施有利于企业形象的改善、哪些不利于企业形象的改善，并以此为组织定位、传递信息和制定计划的工作基础。

公共关系工作的第一步是甄别公众对象、测量舆情民意、评价组织形象，在掌握大量信息的基础上寻找差距，确定问题，为公共关系工作指明方向，这是公共关系目标管理的主要环节。

（1）组织自我形象分析

组织自我形象即一个自己所期望建立的社会形象。这是一个组织公共关系工作的内在动力、方向、目的和标准。组织自我形象的设计要注意主观愿望和实际可能相结合。作为动力和方向，组织自我形象的要求越高，组织自觉做出公共关系努力的可能性就越大；但作为标准和目的，组织自我形象的要求越高，实际的成功率也可能越低。公共关系工作首先需要通过组织内部的调查分析，了解组织的自我评价，揭示组织对公关工作的期望值，这是公共关系调查的第一个环节。自我形象分析包括以下几个方面：

A. 组织实态的调查分析

组织实态即组织客观的实际状态和基本条件。自我形象的设计不能脱离组织的客观实际状态和基本条件。因此，首先需要明确：组织正在做什么？能够做什么？做得怎样？具备哪些有利条件和不利条件？比如一个企业，它生产什么产品，提供什么服务，其生产状况、技术状况、财务状况、产值和利润、市场销售状况、组织人事状况等，都需要进行客观、准确的分析，为公共关系目标定位和策划提供客观依据。

B. 员工阶层的调查研究

即了解本组织广大基层和一线人员对组织的看法和评价。一个组织的目标和政策需要得到广大成员的认同和支持，才可能有效地转化为该组织的实际行动。因此，需要通过内部调查，了解员工对组织的凝聚力、满足感、权利要求及各种批评建议，了解他们对领导层提出的总目标的信心和支持程度，发动全体成员寻找组织公共关系的薄弱环节及改善措施，鼓励大家积极参与公关目标和计划的拟订。

C. 管理阶层的调查分析

一个组织的行政和技术业务管理阶层是一个组织的核心力量，它们对组织的看法和评价既对基层员工产生影响，也对决策上层产生影响。因此，需要重点了解和分析管理阶层的观点、意见、态度，从中分析本组织的优势和劣势。

D. 决策阶层的研究分析

组织的形象蓝图最终来源于决策阶层。决策阶层决定着组织的总目标，从而决定着组织形象的基本定位，决定着公共关系的总政策。决策阶层的价值观和行为方式，也影响着组织形象的个性和风格。在进行组织形象设计之前，必须尽可能领会和熟悉决策阶层的观点、意见、态度，以此作为组织自我形象规划的重要依据。

（2）组织实际形象分析

组织实际形象即组织实际状态和行为在公众舆论中的投影、反映，亦即社会公众和社会舆论对组织实际状态和行为的认知和评价。这种认知和评价体现为组织在社会公众中的知名度和美誉度，测定和分析组织在社会上的实际形象状况，这是公共关系调查的第二个环节。组织实际形象分析包括以下三个步骤：

A. 公众辨认与分析

公众是反映组织形象的镜子，要分析组织的公众形象首先需要找到这面镜子。谁是本组织的公众对象？他们在哪里？通过辨认、甄别公众对象，确定形象调查的对象和范围。如果关系对象不清楚，就无法实施形象调查与分析，也不可能获得正确的调查结果，或者增加不必要的调查成本。

B. 组织形象地位测量

根据知名度和美誉度在现实中的不同构成，可以将组织的实际形象区分为四种状态：

（a）高知名度/高美誉度

组织处于这种形象地位，属于最佳的公共关系状态。但同时要注意，知名度越高，美誉度的压力就越大。因为在公众高度注目的情况下，公众对组织美誉度的要求就会变得更加严格和苛刻，美誉度方面即使发生微小失误，都有可能造成较大的负面影响。因此，组织处于这种公共关系状态绝不是高枕无忧、万事大吉。如果知名度超过了美誉度，就更加应该警觉，以防美誉度跟不上造成知名度方面的负面压力。

（b）高美誉度/低知名度

组织处于这种形象地位，属于较安全、稳定的一种公共关系状态，其美誉度高于50点，知名度则低于50点。由于美誉度是形象的基础，因此这种状态具有良好的推广基础。其缺陷是知名度偏低，美誉度的社会价值得不到应有的体现，因此公共关系工作的重点是在维持美誉度的基础上提高知名度，扩大其美誉度的社会影响面。

（c）低知名度/低美誉度

处于这种形象地位，组织的公共关系处于不良状态，知名度和美誉度都处于50点以下，既没有名气，公众评价也不好。但因为其知名度低，公众不良印象和评价的影响面也比较小，在这种情况下，公共关系传播工作应该保持低姿态，甚至从零开始，首先努力完善自己的素质和信誉，争取改善组织的美誉度，然后再考虑提高知名度的问题；工作中进行传播控制，使组织的知名度和美誉度协调发展。如果在这种情况下片面地扩大知名度，便会使组织的形象地位滑至恶劣状态。

（d）低美誉度/高知名度

处于这种形象地位，组织的公共关系处于"臭名远扬"的恶劣状态：不仅信誉差，而且知之者甚众。在这种情况下，首先应该设法降低已经享有的负面知名度，向着低知名度、低美誉度转移。再努力挽救信誉，为重塑形象打下基础。或者在特殊的情况下，利用已经享有的公众知名度，大刀阔斧地改善信誉，将坏名声迅速转变为好名声，直接向高知名度、高美誉度跳跃。这样的成功例子也不是没有的。

可见，测量组织的形象地位，不仅可以确定公共关系的实际状态，初步诊断公共关系问题，而且为制定公共关系方针、策略提供依据，是公关决策的必要步骤。

C. 组织形象要素分析

组织实际形象调查还要具体分析构成某一组织形象状态的实际因素，解释形成某种形象的具体原因，说明组织形象的要点。这就需要将组织形象分解为公众对组织的各类具体评价，通过统计分析各种具体评价，确定组织形象的要点和特征，勾画出组织形象的细节。

在具体操作上，可根据"语意差别分析法"制作"组织形象要素调查表"，作为分析组织形象要素的工具。其方法是，将事关组织形象的重要项目，如经营方针、办事效率、服务态度、业务水平等，分别以正反相对的形容词表示评价的两个极端，比如好与坏、高与低、大与小，等等，在这两个极端中间设置若干程度有别的中间档次，以便公众可以根据自己的感觉对每一个调查项目做出不同程度的评价。比如，对经营方针，可以用正直和不正直表示截然相反的评价，而中间，则可以设置相对正直、稍微正直、一般、稍微不正直、相当不正直等不同程度的评价档次。以 D 公司为例，假定是管理顾问公司，我们列出影响其形象的六项要素制成表格，选择 100 个受访者进行调查，见表 11-1。

调查时，请受访人就自己的看法给出评价。公共关系人员对所有调查表格进行统计，计算每一个调查项目中各种不同程度的评价所占的百分比。分析这份调查结果，可以勾画 D 公司的形象要素如下：经营方针不正直，办事效率低，服务态度较差，业务水平缺乏创新，管理顾问知名度甚低，公司规模小。这就是 D 公司处于低知名度、低美誉度地位的具体原因。组织的公共关系人员必须针对具体的原因去研究和制定公共关系计划和措施。

表 11-1

评价	非常	相当	稍微	中等	稍微	相当	非常	评价
经营方针正直		65	25	10				经营方针不正直
办事效率高		25	65	10				办事效率低
服务态度好				15	20	65		服务态度较差
业务水平有创新					20	70	10	业务水平缺乏创新
管理顾问有名气						10	90	管理顾问名气甚低
公司规模大					25	55	20	公司规模小
……								……

（3）组织形象差距分析

即将组织的实际形象与组织的自我形象做比较分析，揭示二者之间的现实差距，指明公共关系工作的目标和任务，这是公共关系调查的第三个环节。这一环节主要是综合研究“组织自我形象分析”和“组织实际形象分析”的结果，为下一步公共关系策划与设计工作提供依据。找出差距，发现问题，是公共关系工作程序中的第一步。

2. 定位和制定战略策划

根据组织发展战略以及当前存在的问题，提出积极建议；与组织领导人沟通，确定组织信息的定位，提炼关键信息。制定战略即明确公共关系目标，制定公共关系策略，编制传播计划和行动方案。

公共关系定位和制定战略策划的流程可以用以下公式表示：

成功的策划 = 计划（Plan）＋实施（Doing）＋检查（Check）

+ 总结（Analysis）

简称为 PDCA 工作法。

（1）"P"

定位与战略制定策划的第一步是计划。一个有创意而又具有可行性的计划是策划成功的关键。创意需要大胆想象，需要发散性思维；可行性需要小心求证，需要缜密周详的考虑。创意要求突破条条框框，不受约束；可行性则必须研究分析各种制约条件。创意和可行性的结合是计划的成功标志。

（2）"D"

定位与战略制定策划的第二步是实施。策划不是纯粹务虚，而需要行动。一个好的计划和方案要在策划实施过程中才能显示它的价值；而且策划实施过程也需要周密的设计，因为策划实施过程涉及大量的资源配置，人事调度和时间、空间的安排。

（3）"C"

定位与战略制定策划的第三步是检查。通过检查策划不断修正差错、控制质量、监督进度、保证策划实施的顺利进行。这一步实际上是和策划实施同步的，而检查策划的标准则是在计划中预先制定的。

（4）"A"

定位与战略制定策划的第四步是总结。通过总结分析，可以吸取经验教训，可以积累素材，可以升华理论思想，为以后的策划成功打下基础。

PDCA 是个滚动的过程，体现了策划工作的一般流程。当然这个流程在实践中还可以分解为更具体的、可操作的环节。

3. 执行和监测

调动各种资源，落实行动方案，妥善处理各种关系，应对可能出现的问题。监测即对所采取的行动进行跟踪，采用媒体监测、舆论研究和公众调查等手段，及时调整有关策略和计划。

公共关系过程的第三步是将公共关系定位与战略制定策划付诸

实施，为组织塑造、推销良好的社会形象，影响公众舆论，优化组织环境。为此，需要正确应用传播媒介和选择公共关系活动方式。

从宏观上讲，公共关系是一种战略性行动，旨在建立组织与环境之间的双向互动，以保持组织与环境之间的动态平衡。但是从微观上看，公共关系又经常被作为一种战术行动，帮助组织宣传政策、动员群众、推广产品等，这种战术性的公共关系活动，并非总是具有双向的、平衡的、对称的特征。国外的学者根据不同的行为特征，将各种公共关系活动划分为四种模式：即新闻代理模式、公共信息模式、双向不平衡模式、双向平衡模式。

新闻代理模式认为公共关系工作的主要目标就是使组织在大众传播媒介上获得良好的宣传。这一模式在宣传推广某一运动、影星、产品和政治家工作中十分常见。新闻代理模式是一个单向的传播模式。

公共信息模式把公共关系主要看做信息的发布，即组织利用新闻稿、宣传册和直接邮件等媒介，通过大众传播媒介向公众传播相对真实的信息，但往往只提供组织所选择的愿意让受众知道的事实。比如发言人制度就是一种公共信息模式，公共信息模式也是一种单向的传播模式。

在新闻代理和公共信息下所进行的传播工作不是建立在调查研究和战略策划的基础上的。新闻代理模式和公共信息模式是不平衡的，因为它们试图改变公众的行为，却不准备改变组织的行为。

双向不平衡模式运用调查研究来帮助组织设计传播信息，这些信息能够有效地促使战略公众按照组织所需的方式行事。这一模式把公共关系看成是组织与公众之间的对话，但这种对话是由组织所控制的。因为双向不平衡模式调查公众的态度，它往往比新闻代理模式和公共信息模式更能达到目标。

然而，双向不平衡公共关系还是个自私的模式，因为使用它的组织相信自己是正确的，而且解决冲突所需的变化必须来自公众而非组织。当组织与公众的冲突不大而且公众能从自己行为的改变中获益时，这种模式还是有效的。比如，即使一个医疗保健活动的目标公众不愿改变自己的行为，以防心脏病和艾滋病，但他们确实能从活动组织者所倡导的行为改变中获益。

双向平衡模式建立在调查研究的基础上，它运用沟通来处理冲突，并且与战略公众采取相互理解与合作的态度。因为双向平衡模式使公共关系建立在协商和妥协的基础之上，它不强求组织在某些问题上作出对与错的选择。相反，双向平衡模式通过对话和协商来解决"什么是正确的"这一问题。因为，在如有关核电站、堕胎这样一些问题的冲突中，几乎冲突的各方都相信自己的立场是正确的。双向平衡模式让组织更有效地建立与公众的关系，同时双向平衡模式也是最合乎道德的公共关系模式，而合乎道德的公共关系模式是最能有效达到组织目标的模式。

双向平衡模式澄清了如何使公共关系工作合乎道德的问题，因为它把公共关系的职业道德定义在公共关系工作过程中，而不仅仅是在某一决策上获得组织与公众的一致。作为一个过程，双向平衡的公共关系为组织和公众共同感兴趣的问题提供了对话和探讨的论坛，价值观不同的人们对这些问题的观点往往不同，但只要对话在符合道德准则的框架下进行，其结果也将是道德的，尽管这一结果并不一定符合各方的价值体系。关键是在双向平衡模式中，组织与公众双方都需要根据对方的观点和要求来进行自身的定位，双方都要作出自我调整以适应对方。

在实践中，上述这些行为特征不同的公共关系模式经常是混合起来的，比如新闻代理模式同公共信息模式混合起来，双向平衡模式同双向不平衡模式混合起来。

公共关系的执行和监测是公共关系传播信息、树立形象的过程，涉及大量公共关系的实务工作，这些实务的具体内容还应具体讨论。

4. 评估

总结、评估所取得的成绩，发现存在的问题，并进一步改进工作。

公共关系管理的第四步工作是通过民意测验和舆论调查，借助组织形象分析方法，检查组织的知名度和美誉度的改善情况，借助"组织形象要素调查表"，检查组织形象要素的具体构成有了哪些进步。在肯定成绩的同时发现新的问题，以便不断调整组织的公关目标、公关政策和公关行为，使组织的公共关系工作成为有计划的持续过程。

五、公共关系管理中可能出现的危机

管理不是一门精确的科学，而是要找出在符合组织最佳利益的前提下，平衡组织中各种相互冲突的机会的最好方法。约瑟夫·F. 埃瓦德（Joseph F. Awad）列举了"公共关系的七个误区"，即：

1. 目光短浅

不能充分理解公共关系对良好的管理所能做的重要贡献。

2. 水龙头哲学

只有不得不需要公共关系时才求助它。

3. 本末倒置

谁需要研究？

4. 只考虑局部

只从局部利益考虑处理问题。

5. 只重视好的消息

只要公众信息是积极的、有利的，就完全相信它。

6. 一次性传播

你为什么指责我们不传播——去年的年度报告还提到了我们所做的传播工作。

7. 影子幻象

低姿态哲学，认为只要组织自己不说，就没有人知道它的情况。

第二节　公共关系管理实务

一、公共关系关于公关目标的管理

1. 长期目标与组织战略规划的一致性

组织的长期目标必须考虑到组织的战略规划，战略规划也必须紧紧围绕组织的长期目标展开，两者相辅相成、相互影响。

（1）长期目标对组织战略规划的制约性

长期目标是一个组织长期的奋斗目标，没有长期目标的组织宛如大海中行驶的没有指南针的小船，前途难测，长期目标对一个组织的生死存亡影响重大。长期目标虽好却流于空想而不符合实际，便会使组织的奋斗成为镜中花水中月；长期目标太低太容易实现，又不利于调动组织方方面面的力量。正确合理的长期目标有利于组织的生存与发展，有利于调动组织各方面的积极因素，而错误的不合理的长期目标则会使组织走向深渊。中国初级阶段的基本国情为我国人民制定了建设富强、民主、文明、和谐的社会主义国家的长期目标，这个目标不仅正确而且合理，极大地调动了国内外的积极因素，使我国社会主义和谐社会建设取得了极大的成绩。如果制定的目标仅仅是从良好愿望出发而不切实际，则会使组织的事业遭受到巨大损失。

长期目标的制定往往要综合考虑各种内外部因素，内部因素主要包括组织的人力、物力、财力现状和潜力，外部因素主要包括国家的政治、经济、文化环境、国家的政策走向、组织生存与发展的环境因素、组织竞争对手的现状和发展趋势等因素，因此，一个组织一旦制定了自己的长期目标，长期目标便具有长期性和相对稳定性，往往不会因一时一地一事的具体变化而轻易改变。而长期目标一旦制定，组织的所有活动都要紧紧围绕长期目标的实现而展开，组织内部员工、外部政策和活动等都会为长期目标的实现做最大的努力，任何与长期目标相悖的政策和活动都会受到内外部的极大阻力。因此，长期目标对组织战略规划具有极大的制约性，它决定了组织战略规划的目标和方向，战略规划的所有内容都必须为实现长期目标而制定。

（2）战略规划对组织长期目标实现的制约性

战略规划同样对组织的生死存亡具有重大的影响。《隆中对》中诸葛亮为刘备指出了割据荆州、巴蜀，联合孙权抗击魏国，三分天下有其一，而后巩固内外局势，联孙灭魏最后再灭孙而统一天下的长期战略规划，为刘备的奋斗指出了明确的方向和途径，使刘备感慨："吾得孔明，如鱼之得水也！"后来事实证明了诸葛亮战略规划的正确性，很快刘备便从寄人篱下惶惶如丧家之犬的困境中解脱出来，赤壁一战后奠定了魏蜀吴三足鼎立的格局。刘备集团在实现第一步战略规划中稳扎稳打，步步为营，却在第二步的战略实施中屡次出现错误，从而大大改观了历史。由此可见，战略规划对一个组织的发展来说意义重大。正确的战略规划有利于组织的生存与发展，而错误的战略规划则会加速组织的灭亡。由此可见，战略规划对组织长期目标的实现具有重大的制约作用，正确的战略规划有利于组织长期目标的实现，反之，则不利于组织长期目标的实现。

（3）长期目标与组织战略规划一致的重要性

长期目标与组织战略规划的互相制约性决定了组织长期目标必须与其战略规划相一致。两者一致有利于组织劲往一处使，力向一处用，从而促进组织的生存与发展。一旦两者出现分歧，则会使组织的努力有形无形中大打折扣，形不成"合力"而影响组织的发展进程；更有甚者，一旦两者南辕北辙，则会使组织迅速走向灭亡。市场经济中竞争是公平而残酷的，组织如逆水行舟，不进则退。如果组织在长期目标和战略规划这些大方向、大原则问题上出现失误或错误，则无疑会使组织遭到损失，因此，把握组织长期目标必须与其战略规划一致是十分重要的原则。

（4）如何使组织长期目标与其战略规划一致

由于组织的具体情况各不相同，所以要一一列举使组织长期目标与战略规划一致的方案并不现实，这里只列出一些基本的方法和原则。要使组织长期目标与其战略规划一致，首先要持谨慎、稳重的心态，认清两者的联系和区别，既不妄自尊大，也不妄自菲薄，要时刻保持冷静的头脑，以慎重的态度对待，毕竟这是关系组织长期生死存亡的大事。当然，强调谨慎也并不意味着长期拖而不议、议而不决、决而不动，而是强调要在比较全面准确地了解情况的基础上慎重考虑。其次，必须充分调查了解组织内外部的现状和发展前景，做到"知彼知己，百战不殆"，这就不仅要全面了解组织自身的人力、财力、物力的基本情况和发展前景，还要了解外部如国家政治、经济、文化环境，国家的政策环境，竞争对手的基本情况等。"没有调查，就没有发言权"，只有在深入调查的基础上全面了解组织自身及外部的情况，才能制定出比较符合实际的长期目标和战略规划。再次，要充分调动广大内外部人员参与到组织长期目标与战略规划的制定工作中来，群策群力，集思广益。当然，这需要严密的组织和良好的公共服务能力，同时要防止"艄公多了打烂船"、"集体暴政"等情况的发生。最后，要当断则断，在充分征求员工意见和建议的基础上，及时制定长期目标和战略规划，同时要保持两者在实施过程中的连续性和一致性。当然，强调连续性和一致性并非要绝对地连续一致，如果情况确实发生了重大变化也可以考虑在全面调查研究讨论的基础上修改原来的目标和规划，制定新的目标和规划。

2. 中期目标与组织形象建设的吻合性

组织形象就是公众对于社会组织的总体评价，是社会组织的特征及其表现在公众心目中的综合反映。组织形象这个概念包含着以下五层含义：第一，组织是形象的主体，公众是组织形象的客体。第二，公众对组织形象的感受和评价既有一定的主观性，也有一定的客观标准。第三，组织形象既是经过刻意塑造和追求的结果，也是组织行为的自然流露。第四，公众对组织形象的认知是经过理性思考而最终形成的整体综合印象。第五，公众对组织形象的判断和评价可以从印象上升为信念。改革开放以来的中国消费品市场上，一个最为显著的变化是琳琅满目的舶来品随处可见，令人目不暇接。从喝的可口可乐、雀巢咖啡，到吃的麦当劳、肯德基；从穿的登喜路、老人头，到用的丹碧丝、海飞丝；从看的松下、索尼，到行的奔驰、宝马，总之，从小的日常用品如宝宝尿布、妇女卫生巾，到大的交通工具、现代科技……不胜枚举的外国商品，可以说是无孔不入，渗透到中国的豪华城市乃至偏僻乡村。可口可乐和百事可乐的进入使中国的饮料受到冲击；汰渍、碧浪、宝莹、奥妙的登陆，不但令"猫族"洗衣粉被动挨打，就连"28"劲旅也难以施展"活力"；德国的汽车、日本的电器、瑞士的钟表、美国的快餐，几乎所有排名在前百位的世界名牌均已落户中国市场。20世纪90年代后期的市场趋向表明，决定市场走向的"上帝"逐渐趋向品牌消费。当前的市场竞争已经进入了名牌竞争时代。严峻的竞争形势唤起了中国人的名牌意识、形象意识，对形象这种无形资产的塑造、开发和管理，对形象的设计和策划逐渐受到重视。组织形象战略就是组织以实现良好形象为目标，就形象开发、塑造和管理而进行的长期性、整体性和系统性的谋划。组织形象战略的实施就是要有计划地、全方位地、坚持不懈地对组织形象各要素进行巧妙组合、精心设计、认真控制、严格管理。

组织形象建设是一个承上启下的阶段，并非一朝一夕之功，是一个比较长时间的、悉心的建设过程，需要较长时间的、全力的建设和培养；组织中期目标除了要兼顾组织其他方面的内容外，还必须与组织形象建设相吻合。中期目标与企业形象建设相吻合有利于组织长期目标的实现，有利于鼓舞士气、为组织的发展打下良好的信誉基础。其中企业文化建设是公共关系管理的重要内容之一。

通过企业文化建设能促进企业品牌保持旺盛的生命力。品牌本来就是一种文化空间，相应地也是市场空间，而市场空间的核心又是消费，消费的本质内涵是文化。人们在消费品牌的同时，也在消费着文化，企业建立品牌的过程，也是一个文化渗透的过程，消费者接受了品牌，也就接受了文化。品牌和文化成了市场的主宰。因此，品牌文化就是结晶在品牌中的经营观、价值观等观念形态以及经营行为的总和。它不是产品本身，而是产品体现出的文化情愫和情感氛围；它不是质量，而是产品中体现出的质量意识；它不是服务，而是凝结在服务中的服务理念和服务艺术；它不是营销策略，而是指导策略制定的营销理念和道德。

在实际工作中我们还要认识到每个企业在自己的长期经营活动中都形成了自己的企业文化。它是一个长期积累的过程，不存在愿不愿意的问题，只存在怎么样才能更好的问题。因此，构建企业文化的使命应该是双重的，既创造完整的企业内部文化系统，又创造更具人性和文化底蕴的产品。构建企业文化的双重使命都可以帮助企业构建良好的公共关系，树立良好的组织形象。

3. 短期目标与组织具体活动的互动性

（1）组织公共关系具体活动的类型

组织公共关系具体活动是指服务于组织整体公共关系目标的各项专门主题的活动。常见的公共关系具体活动有公共关系调查、公共关系新闻、公共关系广告、公共关系人际沟通、公共关系危机处理、内部公共关系等。这些公共关系活动是一个组织进行理性的、科学的公共关系工作的重要内容。其中公共关系调查、公共关系危机处理、内部公共关系，已经在相关章节做过阐述，这里主要阐述新闻性公共关系活动、广告性公共关系活动、人际性公共关系活动。

类型之一：新闻性公共关系活动

新闻性公共关系活动的类别，可以新闻策划本身的创造性程度大小来分成两类，即：

A. 常规性新闻公共关系

这是指公共关系事实的本身，并无多大的创造性和独特的个性，而且具有普遍性的常规活动形式，只是由于所传播的内容具有了新闻价值而成为常规性新闻公共关系。因此，此类公共关系新闻策划便有多种活动形式可供选择：

（a）庆典仪式

在组织成立之际、重大工程开工或竣工之时、组织的重要纪念日，组织往往应策划、组织盛大的庆典仪式，从而展示组织良好的形象。其常规性的策划内容为：确定庆典所要传播的组织信息，拟订出席庆典的宾客名单，拟订庆典程序，安排致辞人，确定参加剪彩或奠基等高潮性仪式的人物，安排各项接待事宜，安排必要的助兴节目，组织来宾参观，通过座谈与留言征求意见等。

（b）社会赞助

现代组织，尤其是企业，在赢利或做好本职工作的同时，还需要承担一定的社会责任和义务，这样不仅有效地融洽了政府、社区等公共关系，而且通过新闻传播，使组织赢得了社会的普遍好感，为组织树立起良好的形象。这就是社会赞助。赞助的常见形式有：赞助体育运动、赞助文化活动、赞助教育事业、赞助社会慈善事业和福利事业、赞助各种竞赛活动、赞助宣传用品的制作、赞助建立某一项奖励基金、赞助学术活动等。

（c）新闻发布

新闻发布又称"记者招待会"，即组织团体把各新闻机构的记者召集在一起，宣布某一消息，并让记者就此进行提问。由于所发布的信息具有较大的新闻价值，一般新闻媒介均会予以报道，从而达到公共关系新闻策划为宣传组织形象而尽力的目的。其策划的主要内容有：确定新闻发布的必要性，确定所发布的新闻内容，选择新闻颁布的地点，确定主持人和新闻发布人，准备报道提纲、准备宣传辅助材料，发布记者参观的路线与内容安排，确定新闻发布的时间，小型宴请的安排，择定邀请记者的范围，制定记者招待会费用预算等。

（d）形象展览

这是公共关系活动中经常采用的形式，即通过实物、实地、实景、图片、音像等展示和示范表演来宣传组织形象，同时又形成大众传播媒介宣传报道的新闻，进一步扩大传播的效果。形象展览，由于较直接和直观，加之图文并茂等特点，往往会使公众信服，留下深刻印象；再加上新闻传播，组织则会收到知名度、美誉度均得到提高的效果。形象展览策划的主要内容有：确定展览会的主题和目的，确定参观单位和项目，明确参观者类型，选择展览会地点，培训工作人员，成立专门对外发布新闻的机构，准备展览会的辅助设备和相关服务，准备展览会各种宣传材料，制定展览会经费预算，设计展览会会标、准备纪念品等。

（e）娱乐联欢

即以组织出面，与外部公众代表或内部公众通过娱乐联欢融洽关系，同时也使其成为新闻事实而得到传播。任何公众均是由一个个活生生的人组成的，人总是有着情感、追求愉悦的，因此，策划娱乐联欢式的公共关系新闻，不仅使当事人得到了愉悦、满足了情感的需求，而且新闻传播的受众也间接受到感染，从而产生对组织形象的认可和赞赏。娱乐联欢策划的主要内容有：群众性体育比赛、文艺演出、员工联欢会、协作单位联谊会、舞会、郊游、智力比赛、摄影或书画展、征文活动、演讲比赛、专题辩论等。

B. 创造性新闻公共关系

这是指以创新思维指导、筹划、组织、举办具有新闻价值的活动或事件，以吸引新闻传播媒介与公众的关注和兴趣，创造报道传播的事实前提，并使组织成为新闻报道中的主角，以达到提高组织知名度、美誉度目的的公共关系活动。创造性公共关系新闻的策划，即是"制造新闻"。"制造新闻"，是公共关系策划者施展智慧的主要舞台，而最成功的公共关系案例每每总以公共关系新闻的广为传播为标准。

类型之二：广告性公共关系活动

公共关系活动的开展主要以广告的形式呈现出来。公共关系广告的类别有：

A. 理念广告

"理念"是一个社会组织的指导性的观念,是组织的灵魂,是组织形象的核心,一般均是崇高美好的。因此,社会组织在进行公共关系广告策划时,往往将自己的理念作为主要的诉求内容,以便社会公众对自己崇尚的灵魂产生认知、赞赏,从而树立起良好的组织形象。如 IBM 的理念是 "IBM 意味着最佳服务",菲利浦的理念 "让我们做得更好",海尔的 "真诚到永远",TCL 的 "为顾客创造价值",沱牌的 "回旋天地,润泽人间" 等,均为组织形象的展示起到了不可估量的作用。

B. 实力广告

此类广告大多以介绍社会组织的规模、实力为主,具体内容则包含:生产设备的规模及先进程度、员工人数、人才结构与数量、产品销售额、总资产、利润与纳税数额、无形资产评估总值、技术专利数量及先进程度、产品结构及其分布、市场占有比例、获奖情况等。数字是最令人信服的。通过此类广告中组织数量化信息的传播介绍,社会公众对该组织的总体实力就有了清晰的了解,自然而然就在心目中树立起组织的良好形象来。如,长虹以大量的实力数据证明自己是 "中国彩电最大的生产基地","联想" 以市场销售额的数据证明自己是 "中国国产电脑第一品牌"。"红塔山" 以品牌无形资产价值超过 400 亿元人民币的数据证明自己是 "中国第一品牌" 这样的实力广告,自然可获得社会公众的认可与赞赏。

C. 倡导广告

即通过广告向公众倡导一种社会最需要的精神观念或行为规范,以此表达组织所追求的一种道德伦理,树立起良好的组织形象。如:呼吁停战、倡导和平;爱护小草、珍惜绿地;节约用水、保护资源;从自己做起,治理污染;敬老助残,关爱他人;沟通合作,集体英雄主义等。类似的精神观念,多是我们当今社会最需要的。哪个组织在特定的时候率先策划这样的倡导性的公共关系广告,则必然会赢得社会公众的认可与共鸣,组织的知名度和美誉度便因此而得到提升。

D. 赞助广告

"赞助"本身就是一种公共关系行为，是策划的结果，但公共关系的真谛并不是为了做无名英雄，而是在事实的基础上进行合情合理的传播。"90%是自己做得好，10%再说出去"，这是公共关系的通俗表述。因此，在组织对社会的某一方面提供赞助之后，完全可以通过赞助性的公共关系广告来广而告之。如赞助了"希望小学"，捐助了失学儿童或贫困大学生，向下岗职工赠送了生活物品，向贫困地区农民捐助了科技图书，赞助举办了某项体育比赛，捐助建设了当地的公共设施等。这所有的赞助，都可以用措辞得当的方式进行合理的广告传播，以使事实与信息同时服务于组织形象的树立。

E. 祝贺广告

即在当地有关组织、单位遇有喜庆的时候，如厂房落成、工程竣工、产品获奖、新业务开张、周年纪念等，通过广告祝贺，以传播自己的以他人之喜为喜，且表示良好的祝愿的态度。这种祝贺性的公共关系广告，既能和谐与被祝贺组织的关系，又能提高自己的知名度、美誉度，达到既利己又利人的效果。

F. 致谢广告

即在组织自身取得一定成绩，或获得较高的荣誉，或周年纪念等时，组织通过广告向社会公众表示感谢。这种致谢式的公共关系广告，一方面可以将组织自身的业绩合情合理地进行广告传播，另一方面又能把自身的成绩谦虚地记到公众支持的头上，这样就能获得社会公众的好感与赞誉，并愿意继续与组织进行良好的合作。这正是该类致谢广告的意义所在。

G. 致歉广告

此类广告服务于社会组织在行为出现一定失误的时候，公开向公众承认错误，表示歉意。社会组织与人一样，不可能完美无缺，必然会存在失误；与人犯错误一样，只要诚恳承认，认真改正，依然可以得到他人的认可。因此，组织在运转中发生失误，主动地向公众陈述事实真相，不隐瞒，不推卸责任，明确表示组织敢于承担社会责任，并提出改正措施，以求得公众的支持与谅解。这样，组织形象不仅不会受到影响，而且可能因组织的坦诚、歉疚而获得公众的原谅与更大的认可、赞赏与支持。

H. 响应广告

即用广告的形式，表示组织响应社会生活中的某一重大主题，表达组织与全社会息息相关，融入广大的社会公众之中，以获得公众对组织的亲密感。所响应的"重大主题"，一般是政府的某项方针、政策、决策，公众提出的某种社会公德、集体行为、改革方向等，如北京市、中国奥林匹克运动委员会以及我国政府先后决定的申办 2000 年继而 2008 年的奥运会，就得到了诸多组织的积极响应，并通过广告得到了表达。实际上，类似的重大主题往往是极得人心的，组织予以广告响应，必然得到社会公众的共鸣，自身的形象塑造也必然从中受益。

I. 阐释广告

当公众对组织有关情况不了解，产生误解、不信任时，就应该运用阐释性的公共关系广告来说明原因，消除误解，避免组织的声誉受到更大的损害。

J. 深度广告

即以广告的版面，通过新闻通稿、报告文学等形式出现，以第三者的角度对组织发展的历史进程、科学的决策、雄厚的实力、感人的事迹、取得的成绩、对社会的贡献等，进行深度的报道。此类深度的公共关系广告，所取得的效果往往相当理想，因为它们具有可读性，使读者愿意读下去；同时，事实与情感兼备，既以事实服人，又以情感感人，令公众印象深刻，并由衷地认可组织。

类型之三：人际沟通性的公共关系活动

一般说来，人际沟通性公共关系专题活动主要有三种类型：

A. 社交活动

　　任何人均处于社会环境中，都需要一定的社交活动，但具有公共关系性质的社交活动则有一定的标准与条件。一般说来，公共关系性质的社交活动具有三个要素：组织行为、参加人员代表组织、非功利性。所谓组织行为，指的是整体上的社交活动是根据组织的需要，为了组织发展的长远利益，以组织的名义或组织领导人的名义举办的。参加人员代表组织，指的是组织方面参与社交活动的人员代表的不是个人，他所交往的对象既是个人的朋友，更是组织的目标公众。一定意义上，他的身份就是组织的公共关系人员。非功利性，则是社交活动本身不涉及业务，重点是创造轻松和谐的氛围，使参与社交活动的来宾感到身心快乐，心理满足。

　　根据这三个要素，公共关系性质的社交活动一般有以下几种：

　　（a）舞会

　　即以组织或组织领导人的名义举办的舞会，邀请有关的目标公众参加。在舞会上，组织的特聘主持人，在表达了组织或组织领导人的情谊的基础上，努力创造快乐的气氛，让宾客们载歌载舞，交流欢乐，度过一段美好的时光。

　　（b）宴会

　　即以组织或组织领导人的名义举办宴会，邀请重要的公众赴宴。在宴会上，宾主双方可以在轻松、融洽的气氛中，劝酒品菜，自由交流，从而让客人在受尊重的同时感到组织的可亲、可近，达到沟通、了解的目的。

　　（c）联谊会

　　即通过多种联谊形式，如喝茶、品尝瓜果、漫谈、跳舞、唱卡拉 OK、趣味比赛等，创造一种组织与公众同在，组织代表与公众共享欢乐的气氛，从而达到沟通感情、增进了解的作用。

　　（d）庆典

　　即在组织的喜庆日子，如组织成立周年纪念日、组织获得重大荣誉、组织的某项重大举措付诸实施、组织重大决策转化为事实等，组织举办盛大的庆典，庆典往往邀请关系密切的目标公众代表，让他们在庆典中与组织代表交往、沟通增进情谊，并通过对庆典的耳濡目染，对组织产生更大的信任和合作愿望。

（e）观剧

即以组织的名义或组织领导人的名义出面邀请有关公众代表，观赏高档次电影、戏剧、音乐、舞蹈等艺术演出。一方面让公众代表有一次艺术的享受，另一方面则可以进行人际交往，以沟通感情、增进了解。

（f）赏景

即在风和日丽的天气，以组织的名义或组织领导人的名义出面邀请有关的公众代表，前往风景名胜景点进行游览赏景，在一种与大自然相和谐、接受历史文化熏陶的氛围中，组织代表与公众代表自由、轻松、快乐地交往，从而达到与公众和谐相处的目的。

B. 营销活动

（a）订货会

即组织根据自身生存与发展的需要，所举办的产品与服务销售订货会议。这种会议，主要邀请顾客公众代表参加，在会上，组织在传播整体信息、创造欢乐的氛围的基础上，主要由营销人员与公众代表沟通、联谊、洽谈，既使组织形象与具体人员的形象结合起来，又使组织的营销计划落实到实处。

（b）展销会

对一个组织来说有两种展销会：一种是组织自身举办的展销会，这种展销会的举办组织一般规模比较大，向社会提供的产品或服务品种比较多且比较先进；另一种是有关部门、行业、城市举办的大型展销会，这种展销会的整体规模较大、参展单位多、产品丰富、信息众多，光顾的顾客公众同样比较多。不论是哪种展销会，任何组织都可以借助这一舞台，展示组织形象、推销产品。

（c）招商会

招商会也有两种：一种是大型组织，如某个大型企业集团所组织召开的招商会；一种是某个地区或某个行业组织召开的招商会。

不论是哪种招商会，均可以帮助树立、传播组织形象，寻找可以合作的伙伴，在共同开发经营项目的基础上开拓新的经营业务。对一个组织来说，如果是大型组织，则可以考虑自办招商会，而一般绝大多数的组织，则可以参与政府或行业的招商会，以开展人际公共关系活动，在推销经营业务的基础上创造新的发展机遇。

C. 谈判活动

（a）合作谈判

即一个组织与其他组织之间或该组织与有关个人之间，为了组织的运作与发展合作所进行的谈判。如组织与其他组织联合进行项目开发、联合举办大型活动、与某个人进行劳务合作等，所进行的洽谈、协商等都属于合作谈判。而与个人进行劳务合作谈判，则包含临时性的、中长期的劳务合作谈判两种，前者如组织与某名人合作进行广告拍摄的谈判，后者如聘用人才、劳工的谈判等。

（b）购销谈判

在市场经济的运作中，大量的谈判是商品的购销谈判，对绝大多数的企业组织来说，只有向社会以销售的形式提供商品，它才可能生存与发展；另一方面它要运转生存，又需要以购买的形式从社会获得资源。如此，市场经济就以这种"销——购"的循环方式进行着基本的运转，但购销谈判的内容，并不仅仅是就一般的看得见、摸得着的货物进行购销交易，而且包含工程的承建、服务的提供、生产技术与信息知识的提供等特殊商品的"购销"。

（c）危机谈判

在现代信息社会，由于无法确定的因素增多，任何组织在生存运转中均会碰上各种各样的危机，如技术侵权、商标侵权、名誉受损、资金拖欠、顾客投诉、合作误会等，都有可能给组织带来意想不到的危机。虽然说市场经济一定意义上就是法制经济，很多的危机纠纷必须依靠法律来进行处理，但是，为了组织长远的利益与发展，一出现危机就诉诸法律并不是上策，更好的是运用公共关系的方法。危机处理，其本身就是公共关系策划工作的重要内容之一，虽然我们此前进行了阐述，但在这里必须指出，公共关系处理危机的具体方式凭借的就是谈判，即组织与危机中涉嫌的危机制造者，或事实上的危机受害者，进行人际沟通、洽谈协商，以寻求双方均满意的处理方法，从而把组织形象的损失降到最低，并为组织将坏事变成好事打下基础。

（2）短期目标应与组织的具体活动互动

既然组织具体活动如此众多且复杂，那么组织的短期目标与其具体活动必须互动。短期目标更多地注重的是功利性和实用性，而组织的具体活动又往往是实用和功利的，当然，在此强调具体活动的功利性和实用性并非一味地追求功利和实用，而是要在真心诚意的基础上相对地注重功利和实用。组织短期目标与其具体活动的互动有利于具体地开展组织的活动，有利于更好地实现组织的目标，有利于更快地赢得组织的形象和信誉。

二、公共关系关于公众信息的管理

组织的公众信息管理，即组织与社会公众之间信息流通的管理。在现代社会，组织与社会公众之间的信息流通量日益增大。一方面，各种社会信息对组织的决策和行为的影响作用越来越大，面对着日益膨胀、大量涌入的社会信息，如何去粗取精、去伪存真、由此及彼、由表及里，如何通过过滤、提炼、分析、整理来提高对公众信息的利用质量和效率，这是公众信息管理的基本功能；另一方面，组织对公众环境的信息输出量也越来越大，对公众信息的反应速度也越来越快，对组织信息输出的质量要求也就越来越高，如果缺乏完善的信息输出管理机制，就难以适应开放、多元、民主和竞争的社会环境。

1. 建立公众信息管理系统

（1）公众信息管理系统建立的目的

公众信息的凌乱性和复杂性决定了组织必须建立一个完善、独立的信息管理系统来统一搜集、分析、处理、利用公众信息，这样才能提高组织对公众信息的使用和利用效率。

（2）公众信息管理系统的意义

A. 有利于公众信息的统一管理

公众信息是凌乱、复杂的，必须透过公众表面的信息来揭示其本质和规律，而要在日益膨胀、大量涌入的社会信息中大浪淘沙般地淘出"真金"，就必须有一个统一的管理系统来管理公众信息。从来令出多门、多重管理都容易导致公众关心的事情没人管、互相推诿扯皮的情况发生，而公众信息的特点决定了必须杜绝这种不负责任的情况发生。要杜绝其发生就必须统一政令，使令出一门，并建立相应的责任追究机制来约束系统内的成员。无疑，公众信息管理系统的建立有利于公众信息的统一管理。

B. 有利于公众信息的收集、处理和利用

公众信息管理系统整合了组织的公共关系资源，相对恰当地分配了公共关系中的人力、物力、财力，它通过组织相对专业化、职业化的公共关系人员、运用相对合理的财力、物力于公共关系工作中，有利于全面促进公众信息的收集、处理和利用，进而更加有利于公共关系的调查、策划、实施和执行。

C. 有利于公众信息的保管和存储

公众信息管理系统通过利用现代高科技技术建立完善的保管、存储系统来加强对公众信息的保管和存储，以便随时有效地利用这些公众的信息为公共关系工作服务。

（3）公众信息管理系统的主要任务

A. 制定相应的公众信息管理的条约和规章制度等

俗话说，"没有规矩，不成方圆"，公众信息管理系统也必须制定出完善、系统的条约和制度等来具体规范系统内的各项工作、各类人员，使系统内的员工各司其职，系统内的工作照章执行。

B. 加大系统内的硬件设施建设工作

现代社会是信息社会、知识社会，高科技产品的具体功能和作用大大简化了人们的工作量，提高了人们的工作效率，人们说21

世纪不懂电脑的人就是"文盲"。因此，公众信息管理系统也必须与时俱进，不断跟上时代的发展步伐，用现代化的技术手段来提升系统的活力和效率。

C. 收集、整理、处理、利用公众信息

公众信息管理系统的主要目的还在于对公众信息的掌握和运用，既要去粗取精、去伪存真、由此及彼、由表及里地分析公众信息的价值和意义，又要通过过滤、提炼、分析、整理来提高对公众信息的利用质量和效率。

2. 公共关系公众信息管理的程序

在公共关系工作中，公众信息管理的程序在不同行业有不同表现。一般而言，组织公关实务中对公众信息管理有以下几个步骤：

（1）公众信息的前馈管理

公众信息的前馈管理既要分析公众的构成、特征、影响因素等公众的基本背景知识，又要综合考虑目标公众生存的背景、环境，分析其经济实力、政治地位等具体情况；综合考虑其构成情况，是知识分子、工人、农民还是其他阶层，是儿童、青年、中年、老年构成，还是男人、女人构成等具体情况，不同阶层、不同年龄阶段、不同性别的人的各方面都多多少少地存在差异，有时这些差异是很大的，因此公众管理系统在调查、分析目标公众之前一定要做好前馈管理工作，使公众信息管理有的放矢，不至于没有目标、没有基础地盲目进行。

（2）公众信息的分类、存储及建立检索系统

收集到公众的基本信息以后，首先要对这些信息进行分类。要根据信息管理的目的和手段，具体分析收集到的信息类别和作用，再对其进行合理而有效的分类，分类的目的是有利于信息的整理和处理。其次，要对信息进行存储。由于现代社会信息的多量性和复杂性，收集分类好的信息不可能马上处理掉，这就需要对这些公众信息进行存储以备以后处理和使用。最后，要对信息进行建立检索系统的工作。检索系统的建立有利于快速、高效地调动和运用收集

的信息，提高信息使用的效率。

（3）公众信息的加工处理

在信息分类、存储、检索建立完整的基础上，必须对收集的信息进行加工，不加工的信息是没用的信息。在信息加工的过程中一定要排除主观偏见、先入为主等思想的束缚，不盲从、不武断，要对信息进行理智的分析和处理，只有这样才能比较客观、真实地反映信息的本质。

（4）公众信息的输出

对公众信息加工完后一定要将信息内容输送出去，一是要向组织内部公众尤其是领导层输送，这样有利于组织内部信息的沟通和交流，有利于组织凝聚力和民主性的增强，有利于公共关系工作的继续进行；二是要向组织外部公众尤其是目标公众输送，这样有利于赢得目标公众的支持和理解，有利于扩大组织的影响力，有利于组织目标的实现。

（5）公众信息的反馈

信息输出之后，要注重信息的反馈工作，要具体分析内外部公众对组织信息的反映，对有利于组织工作进行的意见、建议要仔细考虑、适当采纳，从而改进和完善组织的工作；对不利于组织形象、信誉、工作进行的意见和建议要加强引导工作，使其向有利于组织的方向发展。

三、公共关系关于公众舆论的管理

公众舆论是公众信息的一部分，是一种集中和强化了的公众信息。它是社会上大多数人对组织的看法和意见的公开表达，表示着大多数社会公众对组织的基本态度和行为，是衡量组织公共关系状态的重要标志。任何组织都生存在特定的公众舆论环境之中，其政策和行为既受公众舆论的左右和影响，同时也影响和左右着公众舆论。特别是在当今这个大众传播时代，公众舆论变得日益敏感，公众舆论对组织的压力也日益增强。组织的公众舆论管理，就是通过公共关系去影响人们的看法、意见、态度和行为，为组织营造一个适宜而良好的公众舆论环境，这是公共关系管理的重要职责。

俗话说"人言可畏"，自古得民心者得天下，失民心者失天下，而民心的一个重要表达方式便是公众舆论。任何一个组织在兴起时无不伴随着良好的公众舆论环境，而在失败时则往往是谣言四起、恶语满天飞，从而加速了组织的灭亡进程。正确、合理的公众舆论有利于组织的生存和发展，而错误、不利的公众舆论则很有可能迅速将组织推向衰亡的深渊。

由此可见公众舆论管理的重要性，要正确地进行公众舆论管理，首先必须建立相应的公共关系舆论管理的机构和部门，在机构和部门的统一领导和组织下具体开展公众舆论管理工作。其次，要正确分析、引导公众舆论，公众舆论具有客观性、相对真实性和普遍性特点，也具有盲从性、盲目性的特点，因此对待公众舆论不能一味地漠视，也不能过分相信，要在综合调查研究的基础上找出公众舆论的合理成分和不合理成分，然后针对具体情况采取具体措施采纳、吸收合理成分，对不合理成分要注重改进和引导工作，力争使公众舆论向有利于组织的方向发展。最后，要加强对公众舆论的监控，在引导公众舆论的基础上要加强对公众舆论的监控工作，使其长期有利于组织的生存和发展，做到未雨绸缪。

四、公共关系关于公众关系的管理

公众关系特指组织与社会公众相处和交往的行为和状态，其对象包括一切与组织的目标和政策存在现实或潜在关系、直接或间接关系的个体、群体或组织，他们是组织赖以生存和发展的社会生态环境，制约着组织目标和政策的成败。在现代社会，组织的公众关系日益复杂多变。对公众关系的开发、疏通、建立、维持、协调、发展，是公共关系工作中公众关系管理的重要任务。

公共关系关于公众关系的管理涉及公众的方方面面，公众的具体内容已经在公共关系客体一章中阐述，再次重提公众关系管理的目的是强调公众关系管理的重要性，也说明公众关系管理属于公共关系管理的一个方面，不同的公众关系处理的具体原则、方法都不相同，在公共关系客体一章中已经涉及，在此不再赘述。

五、公共关系关于公众形象的管理

组织的公众形象是组织的素质、实力和表现在社会公众中获得的认知和评价，即组织的社会认知度和社会信誉度。这是现代组织的一种无形资产和无形财富。公共关系关于公众形象的管理，就是通过对组织各种形象要素的设计、规划、控制和传播，对组织的社会认知度和社会信誉度进行创造、维护、调整和提升，科学地调控和管理组织的公众形象姿态，这是现代组织管理所面对的一个新课题。

1. 组织形象的要素

组织形象是一个完整的有机系统，是经济、技术、管理、社会、文化、心理等各种要素的融会；是有形的、看得见的、摸得着的外显特征与长期努力所形成的内在精神和素质的结合。良好的组织形象，来自于外在形象要素和内在形象要素完美有机的统一。

（1）组织的外在形象要素

一个组织首先以它的外在形象展示在社会公众面前，在公众心目中引起有意识和潜意识的想象。外在形象是组织重要的实体形象。组织的外在形象要素主要有：

A. 组织的名称

公众对某个组织的兴趣最初是从它的名称开始的。组织名称能够在某种场合、某种时候以某种方式树立和传播组织形象。

B. 组织的建筑

组织的建筑群落是组织实力的象征。建筑风格能够展示组织的创新意识和精神风貌，成为鼓舞和感召内外部公众的力量。

C. 组织的设备

组织设备装置的好坏，直接影响着组织产品的数量、质量以及社会效益和经济效益。一般来说，一个组织的设备越好，其外在形象就越佳；当代社会，一流设施、一流产品、一流服务三者是相辅相成的。无论是企业组织，还是事业单位，现代化的设备装置都会给内部公众增添几分自豪感，使外部公众产生羡慕感。

D. 组织的品牌

对于组织来说，商标实际上是一种特殊的品牌。商标一经注册使用，经过反复的广告宣传，逐渐为公众所熟知，就会成为组织形象的象征。对商标或品牌的宣传，实际上是塑造形象的战略性投资。好的商标，会家喻户晓，众人皆知，成为组织的一笔无形财富。

E. 组织的广告

随着市场经济的发展和竞争形式的日趋激烈，产品广告逐渐让位于组织广告，商业性广告逐渐让位于公共关系广告。通过广告树立一种鲜明的组织形象，已经成为广告发展的基本趋势。广告对塑造、传播组织形象有着重要作用，已经成为组织形象的一种主要表现形式。20世纪90年代以来，出现了许多成功的广告，这些广告也促进了组织的成功。

组织外在形象要素还包括办事效率、经济实力、产品包装以及工作环境等。

（2）组织的内在形象要素

组织形象不仅取决于有形的外显性事物，而且来自组织行为所体现出来的内在素质和内在精神。组织的内在形象要素主要有：

A. 产品质量

人类社会的进步和科学技术的发展，使得决定市场走向的"上帝"已经逐渐趋向品牌消费。20世纪90年代后期的市场竞争表明，组织之间的竞争已经进入了名牌竞争时代。因此，当代的社会组织都极为重视产品质量。一些发达国家提出了"以质量求生存"的口号，把产品质量问题提到了有关"国家兴亡"的高度。

B. 服务水平

当代社会的经营观念发生了重大转变，已经从以消费为导向的经营策略，转移到以人为中心的营销策略，公共关系的发展便是这一转变的具体表现。

C. 管理水平

组织管理是对组织的经营活动进行的计划、控制、指挥、监督和协调。组织管理水平的高低，直接影响组织的工作效率、公关状态、经济效益和社会效益，从而影响组织的生存和发展。

D. 科技水平

组织的科技水平体现在科技设备和科技力量两个方面。当代国际市场的竞争，正在从机器、设备、产品、资金的竞争向知识、信息、科技、人才、信誉的竞争转变，组织的科技人才队伍和科技开发能力越来越成为组织形象的重要标志。

E. 组织信誉

市场经济的发展，信息时代的到来使组织与公众之间的相互联系与相互依赖大大加强，大众传播媒介和现代沟通技术使组织与整个社会连成一体。良好的信誉，成为组织开拓并巩固市场，获取稳定效益和推动组织发展的无形力量。

F. 价值观念

组织成员的精神风貌、行为方式、人格特征、工作态度等都来自于深层的组织精神与价值观念。

2. *组织形象策划的原则*

组织形象策划是组织形象战略的核心内容。如果没有策划这一环节则不会有组织形象战略的面世。策划是组织形象战略的关键性环节和实质性内容。根据对众多组织形象战略策划实践的研究，一般认为，组织形象战略策划应遵循以下四个原则：

（1）定位与个性鲜明原则

组织形象策划的第一步就是要进行准确的形象定位；只有定位准确，才能突出组织形象的鲜明特色。定位与个性鲜明的原则，是组织形象战略策划的本质要求。只有个性鲜明的组织形象，才能成为公众注目的焦点，才能深刻吸引公众并成为妇孺皆知、广为流传的杰作。

（2）整体性与兼容性原则

组织形象战略是一个整体性的战略系统，其各个子系统在本质上应该是相通、兼容的，应该在组织整体形象的统摄下灵活运转。如果各个子系统之间相互矛盾、相互抵触，那么，组织整体形象就难以实现统一，也不会持续长久，就不具有生命力和竞争力。在进行组织形象战略策划时，一定要从战略的高度，进行统一的整体规划和设计。

（3）抽象性与具体性原则

组织形象战略策划是对组织形象的宏观设计、总体规划，因此必然具有抽象概括性，否则就不能称其为战略策划。但总体战略必须通过具体的战役或具体的活动才能使战略思想得到体现。因此，在形象战略实施的过程中，就需要对具体的战役或具体的活动进行策划。每一项成功的塑造组织形象的公关活动策划，每一条成功的传播组织形象的广告策划，又都具有明显的具体限定性。只有遵循抽象性与具体性相互结合的原则，才能使形象战略的策划方案既具有宏观的指导性又具有具体的可行性。

（4）伸缩性与发展性原则

随着时代的前进，组织也必然不断发展。组织的发展可能走向多元化，也可能进入新领域。但无论如何发展，已经树立起来的良好形象都是一笔无形资产和宝贵财富。因此，在进行策划的过程中必须使组织形象战略具有相对的伸缩性，为组织的发展变化留有余地，使组织形象在发展过程中自我完善。具有伸缩性的形象战略方案，才具有扩张力和辐射力，才真正适应组织发展的战略需要，才符合即将发生一系列重大变革的知识经济时代的需要。

3. 组织形象定位的基本程序

一般来说，组织形象定位的程序可以分为以下几个步骤：

（1）形象审视

包括对同行业竞争者的形象特征、本组织现有的形象状态、本组织形象塑造的利弊条件的考察和分析，以做到心中有数，为进一步的形象定位工作提供可靠的依据。

（2）形象选择

在全面掌握与组织形象定位相关因素的基础上，选择形象定位的切入点。这个切入点可能是其他组织的薄弱点，也可能是本组织的制高点；可能是其他组织尚未进入的形象区间，也可能是本组织经过精心分析寻找到的新角度。

（3）形象确定

切入点确定之后，就应该迅速占领这个独特的形象制高点。充分利用组织的人力、物力、财力方面的优势为形象定位服务。在定位问题上不能四面出击，不能零敲碎打。一旦看准了定位领域，就应该果断、及时地确定下来。

（4）形象传播

形象定位确定之后，需要变静态形象为动态形象，使组织的定位形象转化为公众心目中的形象，使组织的自我期望形象转化为实际社会形象。通过各种有利的时空机遇和条件，通过各种传播媒介及精心策划的公共关系活动，通过日常的企业文化建设和形象战略实施这些途径，使组织自我规划、自我设计的形象目标扩散到社会公众中去。

4. 组织形象的管理

组织形象的策划以及策划方案的实施都是为了塑造特色鲜明的、长期稳定的良好组织形象。在组织形象战略实施的过程中，既需要形象的塑造，同时也需要对形象进行妥善的管理。如果只注重策划和塑造形象而忽视形象管理，那么，就有可能导致事倍功半或者前功尽弃。一般来说，组织形象战略的管理主要包括以下内容：

（1）产品形象管理

产品形象是组织的内在质量和外在表现的综合反映。具体来说，要抓好产品形象就必须抓好以下八个环节：开发设计、志在一流；材料选用，一丝不苟；加工造型，尽善尽美；色彩选择，突出特色；名称确定，反复斟酌；商标注册，高度重视；包装装潢，精益求精；售后服务，周到方便。从现代管理的要求来说，这几个环节不但缺一不可，而且要尽力做到每个环节都合格。

（2）环境形象管理

环境形象是组织内部生产和生活条件的总体表现，环境形象反映着组织的价值观念、文化建设、整体水平、经济实力和精神面貌等。环境形象管理需要抓住工作环境、生活环境、组织外貌和社区环境等四个方面。应该做到工作环境实现家庭化管理，生活环境实现庭院化管理，组织外貌实现形象化管理，社区环境实现绿化美化管理。

（3）成员形象管理

成员形象是组织员工在职业道德、专业训练、文化素养、精神风貌、举止言谈、服务态度和装束仪表等方面的总体素质和外在表现。员工形象的树立首先应该注重内在素质的培养。组织应该通过长期的、有计划的信息沟通工作，把组织形象意识渗透到全体员工当中去，在组织全体成员中形成共同的、特定的价值观念、职业道德观念、市场观念、竞争观念、形象观念等，即形成具有特色的组织精神和组织文化。

（4）社会形象管理

现代组织与社会的联系日益密切，国内许多组织在实践中都逐渐认识到，要使自身在社会上树立起良好的形象，光靠提供廉价优质的产品和就业机会是不够的，还必须直接地为社会做贡献。因此，组织形象不仅包括组织内在素质的培养，也包括组织的良好社会表现，即对公众负责、对社会负责、对环境负责。树立良好的组织社会形象，首先有赖于内部全体员工确立组织形象意识，使得对公众负责、对社会负责、对环境负责的意识成为每一个员工的自觉行动。同时，树立良好的组织形象，也有赖于良好的沟通和宣传，有效地宣扬组织的社会形象。开展用户调查、完善售后服务、实行产品终身保修等活动,体现组织对消费者的责任感;在力所能及的条件下积极参与社会公益活动,支持教育、科研、文化、体育、卫生事业,支援老、少、边、穷和灾区,开展社区的双文明建设等,能够体现组织的社会责任感;积极参加环境绿化、美化活动,主动治理三废、变害为利等,可以体现组织的环境意识。良好的社会形象会使组织形象在公众心目中更加完美,增强社会公众对组织的认同和理解。

(5) 总体形象管理

为了把组织的上述形象完整地统一起来,组织还必须确立自己的总体形象,实施整体形象战略。整体形象战略的实施应该贯穿、渗透、落实到产品形象、环境形象、成员形象和社会形象的全部过程之中和各个环节之中。

第六部分

六类案例简介

危机公关案例

国际公关案例

公关主体案例

公关客体案例

公关媒体案例

管理职能案例

第十二章 公共关系案例

案例一 危机公关案例
从"奶粉事件"看危机公关

一、案例背景

当孩子们挣扎在死亡线上的哭声及不幸死亡的孩子们的亲人的悲泣声从中原的一个名叫阜阳的城市传来，当社会、政府、媒体的注意力聚焦于悲剧发生的根源——奶粉上时，劣质奶粉所造成的生命伤害、社会心理伤害，企业诚信挑战、市场机制与社会道义二者均衡关系挑战汇聚起来，成为我们称为"奶粉事件"的现实。

简单回顾过去，能够让乳品企业的社会道义神经末梢更加敏锐，也能够刺激企业在市场与道义的二元悖论中不断寻求动态均衡。事件本身对于劣质奶粉企业来说，等待它们的是法律的严惩，在此不论；而对大多数奶粉企业，事件回顾与反思则驱使它们进行应对危机的深层次思考。

1. 劣质奶粉造成的毒害

2003 年 7 月，阜阳工商部门陆续接到因食用劣质奶粉导致婴儿营养不良的投诉；2004 年 4 月 30 日，据新华网披露，在安徽省阜阳市，由于被喂食几乎完全没有营养的劣质奶粉，13 名婴儿夭折，近 200 名婴儿患上严重营养不良症；2004 年 5 月 10 日，《解放日报》报道，淮安涟水惊现大头娃娃，2 名婴儿因食用劣质奶粉营养缺乏而死。劣质奶粉对婴幼儿乃至大人健康的毒害是在进行时态中，还没有停止。

2. 劣质奶粉造成的伤害

阜阳群众对奶粉的反应达到"谈粉色变"的地步，人们几乎不信任任何奶粉，他们害怕受骗，对奶粉行业产生怀疑；与此同时，根据几个亚洲国家的资料，儿童时期的营养不良将造成一个国家国内生产总值 2% ~5% 的损失。如果按照 2003 年我国国内生产总值 11 万亿元来计算，这些以"大头娃娃"为代表的营养不良现象将使我国的损失达到 2200 亿到 5500 亿元人民币。在劣质奶粉阴影下，奶粉行业上下游产业链上企业也因此遭受影响。

3. 国内外著名乳品企业对"奶粉事件"的反应与表现

（1）三鹿

2004 年 1 月 16 日，遭遇"假三鹿"之害，并紧接着与阜阳市疾病预防控制中心共同核实被披露奶粉为假冒三鹿奶粉。4 月 20 日左右，劣质奶粉名单中出现了真三鹿的名字，三鹿高层第一时间赶赴当地予以澄清事实。三鹿集团新闻发言人向记者出示了由阜阳市工商局、卫生局和消费者协会联合发表的致歉声明；处理完危机后，田文华董事长代表三鹿集团承诺：三鹿仍将一如既往地严把质量关，保证过硬的产品质量、优质的售后服务，继续把营养丰富、安全可靠的优质产品提供给广大消费者。

（2）伊利和亨氏

伊利集团和亨氏奶粉、圣元乳业等名优企业向安徽阜阳劣质奶粉受害家庭捐赠 5000 箱奶粉；伊利奶粉通过国家抽检，其产品捧得"消费者放心乳制品"美誉。

（3）南山

2004 年 3 月 27 日南山奶粉接受阜阳工商局的抽查，结果出来后全部合格，后遭遇一些媒体发布的不合格奶粉名单不实报道，立即采取信息公开的做法，出具所有检验项目合格的证明。

（4）圣元

向阜阳当地捐款 80 万元，并主动向受害儿童家庭中愿意使用圣元婴幼儿配方奶粉的家庭无偿提供圣元奶粉至孩子 3 岁，预计公益赞助达 50 万元。

（5）秦俑

应对危机过程中采取高姿态，不谈阜阳，手持国检报告，于第一时间在北京召开新闻发布会，掀起秦俑奶粉诚信经营誓言行动；秦俑还从经营战略高度出发，把社会道义放在首位，准备着手农村市场的直营，提供农民买得起的好奶粉。

二、案例分析

1. 深思奶粉事件，危机表明脆弱的中国奶粉行业任重道远

第一，乳业中，奶粉行业与液奶相比呈萎缩势头。2003 年 AC 尼尔森零售研究数据表明，2003 年整个奶粉行业大约下滑 10%，只有婴幼儿奶粉以 3% ~ 4% 的速度缓慢增长；而液态奶同年上半年工业总产值同比增长 36.82%。

第二，奶粉成为中国乳制品行业国际化味道最浓、竞争强度最大的品类。奶粉行业里的所有竞争品牌可以归纳为三大梯队，即国际品牌、国内知名品牌和地方强势品牌。国际品牌基本占据高端市场，国内知名品牌争夺主流市场，地方强势品牌则混战在低端市场和部分主流市场。经过十几年的争夺，不少国际品牌销售收入已经超过国内品牌，美赞臣和多美滋等成为了中国奶粉行业的强势品牌。从行业集中度看，无论是成人奶粉还是婴幼儿奶粉，行业集中度（前 5 个品牌占有率）均达 50% 以上，进入相对有序的竞争阶段。

第三，由于农村购买力缘故和奶粉自身利润率低所限，大多品牌性奶粉几乎放弃农村市场，为不入流的劣质奶粉制造商制造农村中需求最大的婴幼儿奶粉留下空间。一杯奶可以强壮一个民族，应当回答谁愿意并能够为我们这些纯朴的农民们提供符合最起码质量

要求的这杯奶。

2. 奶粉企业不应无奈应对，而应更多主动进取

第一，阜阳"奶粉事件"始于 2003 年上半年，奶粉企业针对事件有所行动是 2004 年以来的事情。

第二，由消费者个人送检"问题奶粉"，没有奶粉企业主动送检自己奶粉。

第三，毋庸置疑，劣质奶粉行径不仅损害了孩子的身体健康，危害其生命安全，而且株连"奶"族，造成奶粉行业的危机，整个行业承受的挑战和压力达到空前。

第四，以上这些企业无论从产品质量、市场份额还是从品牌知名度方面讲，都是乳业中的佼佼者，所以，从一定程度上可以代表整个行业。

从以上各企业对事件的关注度和反应措施、能力看，一方面，很多奶粉企业缺乏危机洞察能力，反应迟缓，被动处理危机，危机公关能力低下；另一方面，乳业中不乏具有称雄称霸企图心的企业，而要领导一个行业还应具备积极承担社会道义的勇气、引导行业方向的责任心，而这正是很多奶粉企业所欠缺的。

第五，奶粉企业必须站在价值研判的高度，从对生命尊重和爱护出发，以市场经济微观运营主体的身份进行危机公关，展示高超的营销管理能力和营销创新理念。生活在新经济时代的企业，也生存在品牌管理能力、企业信誉维护、企业形象树立的立体化竞争环境中，求新应变、应对危机能力已经被提到生存的高度。

三、案例评价

1. 危机是一把双刃剑

如果说 SARS 是 2003 年我们国家乃至全世界的危机，奶粉事件则是 2004 年度涉及整个行业乃至整个市场公信力的危机。这些危机就是会引起潜在负面影响的具有不确定性的大事件，这些事件及其后果可能会对组织及产品、服务、资产、声誉造成巨大损失，危及组织及其成员乃至社会和人类的生存。

营销管理理论从以产品为中心到以消费者为中心，从根本上体现了人本主义的终极关怀。就目前看，营销发展的最高境界暂时落脚在社会营销上。企业在谋求自身利益时，一定要充分让渡给公众以积极服务社会的理念，做好公共关系工作，树立良好的公众形象。在这里，企业应该本能式地运用最为有利的方式来运作环境，评估相关人士的态度，影响、改变并培育整个社会公众的积极关注，达到行云流水式的危机公关效果。

一则关于"危机"的比喻十分贴切，也发人深省：危机就像围巾，佩戴方法不当会使人看起来累赘，还可能让人窒息；佩戴方法得当，围巾可以达到取暖或者美雅的点缀效果。围巾的佩戴方法即危机处理采取的态度、方式、能力、效果，显示了企业应对危机的认识层次和对公共关系的把握程度。危机公关体现企业对危机认识和公共关系把握的有机契合，好比一个在刀尖上轻舞飞扬的女子要同时掌握动作的科学性（技术性）和艺术性。奶粉事件首次集中检视了奶粉企业危机公关的能力。

2. 中国乳业的危机公关机制借鉴

首先，通过敏锐的情报系统搜集信息，预测危机，建立危机预警机制。

信息社会中，企业只有持续获得准确、及时、新鲜的资讯养料，才能保证自己生存和发展的基础。保持敏感性，必须做到刺激—反应—反馈、输入—转换—输出、归纳—研判—提炼三种三位一体模式。奶粉与鲜奶在替代性上的张力日益凸显，奶粉略有退守之势。奶粉企业应该在以上三种模式的保证下，保持清醒头脑，认清外部宏观环境、行业微观环境与竞争态势，发现异常点，预测危机。对于预测的危机应该评估风险等级，提报相关部门高度注意，使相关部门蓄势待发。前不久，相关政府部门对于川化违法排污，导致内江大停水事件危机采取了有效的预案机制，预测到清洁水源一定短缺，提前调集外地水源，缓解市民用水压力。奶粉事件中，几乎没有一个奶粉企业在发生时就主动积极搜集情报，更没有预案机制安排，让人遗憾。

第二，建立危机管理系统，驾驭危机，规避危机，化险为夷。

优秀的企业安度危机，平凡的企业在危机中消亡。只有伟大的企业才能够在危机中发展自己。"奶粉事件"中，各企业进行了危机管理的积极尝试，但其中不乏问题。

组织机制保障。危机并不可怕，适当的组织保障，运用适当的策略，可以化险为夷。奶粉事件发生后，危机处理的被动和处理缺乏技巧性，反映出一些企业对付危机缺乏组织保障。很多只是仓促组建临时机构，没有明确临时机构的汇报制度和决策机制，导致机构混乱忙碌，效率低下，不出成果。这个危机管理组织应以公关部为基础，发挥联络媒体、政府职能部门、公众的综合作用，避免将机构的职能简单化。

建立新闻发言人制度。传播学认为，如果没有你的声音，那就只有别人的声音。新闻发言人 SPEAK LOUDLY IN ONE VOICE（以同一声音大声讲话）不但实现了发出自己的声音，而且用同一口径大声说话，传播自己对付危机的策略；仔细观察，不难发现一些企业在处理危机时是由最高层出面，到处"发言"、"澄清"、"救火"。这种方式体现出企业对公众的尊重，但是从传播角度看是幼稚的表现，建立新闻发言人制度，一方面保证了企业对公众的口径一致，也能让高层有更多的时间进行例外管理，多做战略层面的思考。

制度化快速反应机制。危机中，市场风险、时间影响、受众对危机措施的负面反应三方面是检核制度化的因素。企业在危机管理中应该通盘考虑，综合评估其效果。三鹿奶粉在迅速澄清"黑名单"中的"三鹿"为假冒的同时，忽视了市场风险和公众因素，最终的惨重损失是：一些地方三鹿奶粉遭遇终端抵制，直接经济损失达千万元人民币！真正可谓杀敌一千，自损八百！其实，三鹿还是慢了，其奶粉在年初已经出现被假冒的问题，如果当时积极在媒体进行大力宣传，损失可能要小得多。同业中伊利、亨氏的反应比较快，不是"独善其身"、"自扫门前雪"，而是积极进行为受害儿童赠送奶粉等公关活动，获得社会的认同。快速反应机制是十分必要的，首先表明一种积极负责的态度，而不是"人间蒸发"、"鸵鸟政策"、"高高在上，不理不睬"。这样，企业可以赢得人道主义的悲悯情怀支持，化解怨恨，最终赢得人心。快速反应还可以争取机会，获得宝贵的时间资源。康泰克"292 天 PPA 危机"的处理过程就恰恰体现了这一重要原则。

第三，积极推动整合营销传播工程。

亡羊补牢，为时不晚。"奶粉事件"发展到如火如荼之时，众多企业开始使用整合营销传播方式，将企业对事件的态度、措施以及实施过程进行跟踪报道。高空媒体、地面媒体，传统媒体与现代网络成为传播的有利窗口。

越是危机越要保持清晰的头脑，所以在传播过程中要具有规划性，分析解决问题，并根据其发展态势来确定时间、地点、内容、对谁说、传播渠道和方式（即 5W1H）。网络作为现代媒体由于其速度和传播范围优势，在这次"奶粉事件"中充当了重要角色，发挥了传播的关键作用。

第四，危机阵痛减缓以及结束后，企业应该修复公共关系和营销管理，为新的发展创造条件。

按照处理公共关系的 4R 原则，企业在处理危机时应该将致歉（REGRET）放在处理问题的首位，并提出改进（REFORM）措施，在实际中履行承诺。危机造成的伤害总是需要一定的赔偿（RES-TITUTION）来弥补，企业有义务使一切回复原貌（RECOVERY）。企业需要公众的支持才能生存下去，保持持续和谐融洽的关系是在危机减弱后应该着手开展的公关工作。这时候，企业应该进行大型公关活动，如回馈社会大赠送、关注社会弱势群体的公益活动等措施，让公众真正受益。这一点我们不妨学习洛克菲勒集团修复公共关系的做法，对劳工开诚布公，开展各种慈善活动。

营销公关对企业是永远的话题。经过危机之后，以前的某种市场平衡、利益分配格局被打破，成为新的契机。拿奶粉事件来说，很多奶粉企业已经意识到已有行业格局遭到挑战，走向"低端"农村市场成为必然选择。作为二线品牌的秦俑已经明确了自己的战略：在农村建立自己的直营店，缩短通路，降低交易成本，让苦难的农民兄弟们真正买得起好奶粉；在战术上，建立与经销商的盟友关系，发展共同的事业。相信更多的奶粉企业也会在危机后重新审视、定位自己，寻找适合自己的发展空间，更相信在那时，中国乳业发展会日臻成熟和完善。

四、案例思考

1. 何谓公共关系危机？
2. 危机事件的类型有哪些？
3. 危机事件的特点有哪些？
4. 危机事件产生的原因有哪些？
5. 在危机初期最主要的行动应该是什么？
6. 在危机处理过程中怎样举行记者招待会？
7. 如何有效地处理公关危机的善后事宜？
8. 处理公关危机应注意的问题？
9. 结合"非典"谈谈我国在危机处理中的优点和不足。

案例二　国际公关案例
康乐氏的国际公关"奇招"

一、案例背景

1. 清华博士当街下厨推销康乐氏橄榄油策划背景
（1）寻找产品持久营销的动力

2005 年初，西班牙康乐氏橄榄油正式进入中国市场，通过选用北京大学女博士遇辉作为产品代言人等活动在社会上引起了强烈的反响，《人民日报》、《北京青年报》、中央电视台、凤凰卫视等媒体竞相报道，可谓是"社会意义和商业效益兼备"，从而使康乐氏采用最低的广告成本，将品牌最大限度地传播出去。

品牌虽然一炮而红，但若想在橄榄油市场获得长期而持久的发展，并领跑国内橄榄油市场，则需要找到有效而持久的动力来推动产品的营销。刘杰克营销顾问机构总结康乐氏选用形象代言人成功的经验，帮助康乐氏走营销个性化的道路，以推动产品占有更多市场份额。

（2）社区营销成功经验的积累

西班牙康乐氏橄榄油打入中国市场之初，采取了产品与概念聚集等手段，颇有成效，令康乐氏取得了满意的市场份额。不到一年的时间，康乐氏的经销网络已经覆盖了大半个中国。这一系列成果的取得不仅源于康乐氏橄榄油的健康实用，同时也得益于康乐氏采取的社区营销策略。生活在同一社区中的人在文化程度、职业背景、收入水平、生活理念、消费习惯等方面大都比较相似，因此，社区成为商家营销对象最好的"过滤器"，将消费者排好队，分好类，企业即可根据自身产品适合的消费群体来选择重点营销社区即可直中靶心。因此，以社区为基础的市场营销策略也将变得越来越重要。它虽然没有广告活动规模的浩大，却让企业从细分的市场中找到合适的营销对象。一般而言，社区营销最容易与保健品、食品、医药产品等与老百姓日常生活息息相关的消费品直接联系，因此更容易切入宣传与销售，所产生的效果更直接，可信度更强。因此，根据社区营销的成功经验来进行产品营销公关，风险小，成功率高。

2. 清华博士当街下厨推销康乐氏橄榄油策划方案

（1）活动时间

在橄榄油销售淡季的 6～8 月中，父亲节是较为适合厂家促销活动的节日。选择父亲节促销最直观的效益就是康乐氏橄榄油作为礼品的营销量会增加。同时，父亲节与家庭紧紧相连，如果抓住父亲节这一主题，就可以充分营造出家庭的氛围，与推广橄榄油进入厨房成为家庭的食用油这一主题紧密相关。因此，为推动产品的食用油用途，刘杰克营销顾问机构与西班牙康乐氏橄榄油中国市场部组成的项目组将促销活动的时机定于6月份的父亲节。

（2）活动地点

之所以将活动的地点选择在广州，总部也经过了仔细的考察与慎重的策划。康乐氏橄榄油通过中小城市进行试点，为各地加盟商提供经营市场的经验与成功之道，等市场运作方法与体系成熟之后，然后再向全国推广。尽管当时康乐氏经销商网络建设非常迅速，但是这些经销商网络主要分布地域还仅限于北方市场。

伴随着康乐氏实力的进一步扩大与发展，扩展市场地域势在必行，将促销城市选在广州，一方面是为了利用淡季推广产品的食用用途，另一方面则是为了打响进军南方市场的第一枪，达到在南方城市扩大影响、推广品牌、树立形象的作用。

同时，广州是中国南方城市中发达而又繁荣的代表，居民的收入水平与消费水平在全国范围内相对都比较高，因此具备食用橄榄油的经济水平与实力；广州是中国经济开放较早的城市，不仅经济氛围相对开放，而且市民接受新观念的速度很快，能够很快地接受橄榄油，这样就可以让康乐氏的广告成本降至最低而效果最好。

（3）形象大使

此行去广州开展营销公关，康乐氏选择了清华大学男博士郝晓健担任康乐氏橄榄油的厨房大使、"康乐氏好男人"。

一提到博士，带着厚厚的眼镜、只会钻故纸堆搞学术研究、不通人情世故、不懂生活情调的形象便浮现在人们的脑海里。此次男博士下厨房，一方面由于博士身份的新意性与吸引性，颠覆了男博士在人们心目中的形象，吸引众多消费者前来观看，形成良好的营销公关效果；另一方面，在借父亲节氛围塑造好男人、好父亲的形象，与节日完美匹配，从而形成了良好的促销氛围。同时，博士本身所代表的学识、修养会与消费者心中对于知识的敬仰产生共鸣，大大增强产品的吸引力与可信度。

（4）活动现场

康乐氏将营销现场的整体色调定为红色，代表着节日的欢乐祥和，同时也传递给消费者其乐融融的家庭氛围。推广柜台被布置成家庭厨房的样子，橄榄油摆在"厨房"中，与厨房浑然一体，相映成趣。康乐氏橄榄油的厨房大使、"康乐氏好男人"——清华大学博士生郝晓健就在现场烹饪，为消费者亲手烹饪各式橄榄油菜肴。不仅如此，烹饪出的菜肴还交由现场消费者品尝，消费者可以通过亲口品尝来感受橄榄油是否符合自己的口味。加上知识渊博的博士进行现场"知识普及"，使现场消费者对橄榄油的保健与美容等功效有了更深刻的了解与认识，让橄榄油产品的推广迈进了一大步。

这一营销公关活动源于社区营销，但又高于社区营销。它继承了社区营销"亲近消费群体"、"与消费群体沟通"的优点，同时又添加了体验营销的元素。消费者在这场营销活动中拥有更多的自主性和主动权，不仅可以观摩橄榄油的做菜过程，品尝橄榄油烹制成菜肴的味道，甚至可以亲自"挑战"博士的厨艺，自己"露一手"。这次营销公关达到了消费者与厂商良性互动的效果，消费者对厂商的感情不断升华，甚至活动临近结束时，出现了一位妙龄女郎突然跑上前去，将一束娇艳的玫瑰献给了郝晓健博士，全场欢呼四起。

（5）活动总结

男博士在现场用康乐氏橄榄油做了几个拿手好菜，他的形象和康乐氏橄榄油一起引起了观众的关注，在现场引起了强烈反响。不仅吸引了大批女性顾客，还引发了现场中老年人的众说纷纭，无论是品牌传播还是轰动效应方面，都可谓是收效俱佳。一轮活动下来，康乐氏橄榄油的销售额迅速激增。《广州日报》、新浪、搜狐等媒体对"博士秀"的大篇幅报道,让西班牙康乐氏橄榄油品牌迅速在南国产生巨大影响,成功地达到了策划的目标。伴随着康乐氏强大的品牌影响力和营销系统的支持,也引得各地经销商不断要求加盟康乐氏,共享橄榄油市场的"头啖汤",使总部和加盟商最终达成双赢。

二、案例分析

康乐氏橄榄油:新品上市巧打"差异牌"

1. 困局篇:四面埋伏

橄榄油对中国油类市场来说,是正宗的"舶来品"。"舶来品"要想在中国的"市场气候"中求得生存和发展,就得深入了解橄榄油在中国油类市场的现状。康乐氏橄榄油登陆中国最初的日子可谓是"四面埋伏":消费者对橄榄油的认知不足、油类市场的竞争日趋激烈、营销渠道如何铺展延伸、新组建的营销团队亟待成长成熟。

橄榄油以其独特的口味、丰富的营养、美容功效和防治心脑血管疾病的保健功能而被誉为"液体黄金"。但是橄榄油未进入中国市场之前,传统食用油如花生油、豆油等油类完全占据了国内市场,消费者对橄榄油的认识往往仍然停留在美容、护肤的层面上,没有养成长期食用的习惯。比起传统食用油巨大的压力,同行业橄榄油商的竞争则显得更加激烈。在康乐氏进入中国橄榄油市场之前,早有其他众多国外橄榄油品牌入驻中国橄榄油市场。

以往,国内橄榄油的营销渠道多数集中在大超市并依赖于各级经销商,各大品牌对终端的争夺日趋白热化,不仅出现渠道"堵车"的情况,而且销售成本一路攀升;同时,现代市场消费结构的不断变化、消费者的需求呈现多样性的发展,康乐氏必须主动铺展更宽广的营销渠道。如何增加营销网点、扩大营销渠道、完善营销网络成为摆在康乐氏人面前的一大拦路虎。康乐氏橄榄油的营销公关团队组建之初,尚未建立起基于自身核心竞争力的业务操作体系。如何对公司销售团队进行营销公关培训，如何打造一支精诚合作的营销公关团队也成为康乐氏进入中国市场亟待解决的问题。

四大困境迫使康乐氏及其全程营销顾问伙伴——刘杰克营销机构不仅要拥有破局的勇气与魄力，更要具备破局的智慧与创新，一场被比拟为"诺曼底登陆"的"康乐氏登陆战"紧张地拉开了帷幕。

2. 破局篇：五指合拳

面对以上困境，康乐氏人五指合拳、精心策划、突出重围。在康乐氏橄榄油全线登陆中国市场之前，为最大程度地降低风险，营销公关团队在一个月左右的时间里与部分康乐氏加盟商共同进行了前期市场的有益探索，取得了宝贵经验。

（1）深度细分：找到机会点

从市场地域选择上，康乐氏橄榄油率先开辟中小城市的橄榄油市场空白，通过中小城市进行试点，为各地加盟商提供经营市场的经验与成功之道，待到康乐氏市场运作方法与体系成熟之后，再向大城市进发，为全国推广奠定良好基础。短短一年时间，康乐氏成为国内橄榄油市场成功突围的"黑马"，不仅取得了较高的市场份额，而且在国内同行业也获得了相当不错的口碑。

从产品品牌定位上看，康乐氏橄榄油将目标消费群锁定为25～60岁的女性。这个年龄段的女性对家庭衣食住行方面的购买决策也最有影响力，比其他人群更有时间参与社区活动，更容易进行口头宣传，对扩大康乐氏橄榄油的影响起到事半功倍的效果。

（2）差异化定位：找到突破点

面对国内各大橄榄油品牌的竞争，康乐氏选择了差异化的产品定位，突出产品的天然、保健优势，成功避免了中、低档橄榄油的低价威胁，以高品位和富有亲和力的品牌形象成功切入市场。

2005年初，康乐氏正式进入中国市场。康乐氏虽然是在全球享有盛誉的国际性大品牌，但国内消费者对其还知之甚少，采用最低的广告成本，将品牌最大限度地传播出去，成为康乐氏橄榄油中国市场全程营销顾问伙伴——刘杰克营销顾问机构的专家顾问们绞尽脑汁思索的问题。经过慎重策划，项目团队决定根据产品的功用及市场定位，为产品选择一名形象代言人，并将形象代言人定位为"健康、智慧、美丽"。康乐氏极富创意地在北大、清华两大国内顶尖高校征集女博士来担任形象代言人。消息一经传出，由于社会上对女博士话题的敏感性而在网上引发了网友们的热烈讨论：世界上有三种人，男人、女人和女博士，女博士是灭绝师太，女博士担任形象代言人能否做好科研等等。招募形象代言人的活动，首先就在国内高校及网络上引起了广泛的关注与讨论，成为红极一时的话题，从而有效地传播了康乐氏品牌，因此，选用代言人的过程为康乐氏作了一次成功而又免费的"广告宣传"。

最后，形象清丽可人、阳光健康的北大女博士遇辉，因完美匹配康乐氏"健康源泉、美丽伴侣"的形象定位，脱颖而出。消息一传出，中央电视台、凤凰卫视、《北京青年报》、《中国青年报》、新浪网等各大媒体抓住女博士这个易为普通人误解的特殊群体进行深度挖掘，掀起了对女博士应聘产品形象代言人事件报道的热潮。

康乐氏这个策划的高明之处在于：北大女博士遇辉不仅具有美丽健康的外表，同时更具有高品位的学识和智慧，从而完美地阐释了康乐氏橄榄油的形象和品质，博士本身所代表的学识、修养会与消费者心中对于知识的敬仰产生共鸣，大大增强产品的吸引力与可信度。同时，女博士一直是社会上关注而又存在偏见的人群，选用女博士作为形象代言人这一事件，可谓是"社会意义和商业效益兼备"，从而引起社会的关注，形成了成功的事件营销公关效果，使康乐氏橄榄油尚未正式投放市场，其品牌知名度已经迅速扩散到全国。

（3）营销个性化：找到启动力

品牌虽然一炮而红，但若想在橄榄油市场获得长期而持久地发展，并领跑国内橄榄油市场，则需要找到有效而持久的动力来推动产品的营销公关。刘杰克营销顾问机构总结选用形象代言人成功的经验，开始为康乐氏橄榄油策划走个性化营销的道路。

第一，产品入市之初，打出"纯天然"牌，采用喝"油"比赛验证产品品质和特色，支持康乐氏的品牌宣传，促进销量的提升。

康乐氏初榨橄榄油系直接从橄榄果中榨出，未经任何化学处理，所以，康乐氏橄榄油也可称之为果汁，这种优势是任何其它食用油所无法比拟的。为有效突出康乐氏橄榄油的卓越优势，打好"纯天然"这张牌，同时引起聚点效应，在社区策划了康乐氏喝"油"比赛。此次活动结束后，"康乐氏橄榄油是能生喝的食用油"这一名声不胫而走，不仅居民们对此啧啧称奇，而且康乐氏橄榄油也被冠之为"神油"，这一活动有力地支持了康乐氏的品牌宣传，促进了销量的提升。

第二，在销售淡季，清华男博士在南国广州上演"好男人"的体验式营销公关，让橄榄油走进"寻常百姓家"，扩大橄榄油的营销范围。

橄榄油按功用主要分为食用油、保健品、化妆品、礼品等几大用途，根据不同的用途进入不同的渠道进行销售。在2005年橄榄油销售淡季，康乐氏又将"博士秀"重演了一次。这次的事件主角在广州，邀请清华男博士郝晓健作为康乐氏橄榄油的厨房大使、"康乐氏好男人"在街头为观众现场烹饪橄榄油美食。活动吸引了大批的市民参加，《广州日报》、新浪、搜狐等媒体参与了这一场"博士秀"的报道，使得康乐氏橄榄油的品牌迅速的在南国产生了巨大影响。

第三，冠名举办美容美体大赛，充分展示橄榄油美容塑身的神奇功效，让橄榄油所代表的健康理念深入人心。

2005年末，康乐氏橄榄油与半岛都市网等媒介联合举办的"康乐氏橄榄油"杯减肥塑身大赛在海滨城市山东青岛拉开帷幕。这一场活动在山东市场掀起了一股橄榄油减肥健体旋风，让康乐氏健康生活的理念传递给大众消费者。

第四，出版行业专著《亲亲橄榄油》，增强康乐氏橄榄油专业性与权威性。

2005 年，康乐氏橄榄油中国区总裁出版了行业内的第一本健康专著《亲亲橄榄油》。相对于已经出版的橄榄油营销专著《营销力》主要阐述如何营销橄榄油，《亲亲橄榄油》则是国内第一本系统介绍橄榄油的产地、生产工艺和选择技巧及橄榄油的健康、美容和保健作用的书籍。书一出版即连续登上了畅销榜的行列，并得到搜狐网、新华网、中国网、《中国食品报》及《书市周刊》等强势媒体的推介。伴随着书的畅销，越来越多的读者和消费者了解了橄榄油，尤其是康乐氏橄榄油，使消费者对橄榄油由陌生到熟悉，由熟悉到喜爱，由喜爱到接受。同时，该书向读者推荐了由康乐氏橄榄油所烹制的菜品，进一步扩大了康乐氏橄榄油的知名度与销量。

（4）渠道多样化：找到推动力。

对于康乐氏橄榄油来说，选用加盟连锁、传统分销体系、进入"商超"（商场与超市）三种渠道的组合成为康乐氏橄榄油形成快捷的网络推进的重要动力之一。

不管采用什么样的营销体制，康乐氏橄榄油都将品牌的推广放在首位。这一做法，为康乐氏各大营销渠道的开拓当了一位优秀的"急先锋"。

作为渠道差异化的一种表现形式，康乐氏在进入超市渠道前首先在全国推广加盟连锁店。加盟连锁方式经过若干年的发展，因为其风险小、成功率高，正日益受到国人的认同，成为了小资金创业的首选方式之一。在运作加盟连锁形式之初，康乐氏橄榄油便建设了完善的康乐氏橄榄油加盟网站。有加盟意向的人可以首先通过网站详细地了解康乐氏橄榄油的情况以及在行业内的业绩，并且可以直接通过网站下载并填写申请表，方便快捷，从而节省了双方的信息成本。

康乐氏中国区总部在各地设置加盟连锁时，非常注意合理安排加盟店的地域安排，不会让同一地区出现"相煎何急"的局面，从而保证了各地加盟商的利润。这种既扩大康乐氏效益同时又为加盟商考虑的做法，赢得了加盟商的充分信任。

品牌推广和促销活动相结合的营销公关战略事实上取得了很大的成功，康乐氏在不到一年的时间内已建设了二百余个经销加盟商，且都是采取"先款后货"的合作方式，确实是战绩辉煌。

不论是直接进入"商超"还是中间商营销的渠道，康乐氏不仅维持致力于扩大产品品牌，增加与"商超"或中间商谈判时的砝码，而且注意建立良好的客情关系。康乐氏提倡业务员"三多"，即多沟通、多拜访、多帮忙。通过这一系列措施，康乐氏与客户建立良性互动关系。

地区分销有助于迅速占领全国市场，直销能保持康乐氏对市场的控制力并赢得更多利润，因此康乐氏也采用直销和分销相结合的渠道营销公关策略，受理团购业务。通过这些方法，康乐氏在不到一年的时间里让本品牌的产品覆盖中国的大部分地区。

（5）团队精品化：找到竞争力。

建设一支精品营销公关团队可以对品牌的推广及建设起到非常重要的作用。因此，康乐氏充分利用橄榄油销售淡季进行公司营销公关团队和经销商营销公关团队的持续培训。

第一，公司将分驻在外地的商务代表召回总部，与总部营销公关部门的员工一起由总部的营销专家进行统一培训。经过培训的员工业务能力明显加强。

第二，公司建设了一个在行业内独一无二的完善的在线培训系统。这套系统包括：渠道建设、公关促销、市场调研、会议营销、社区营销等部分，使得所有的经销商都可使用这一系统对自己进行培训，解决工作中遇到的普遍性的疑难问题。这样，即便是有些经销商以前从未从事过营销公关工作，他们也可借助康乐氏的培训体系轻松迈入橄榄油行业并取得成功。

第三，公司总部的营销公关专家奔赴全国各地，针对当地的市场竞争情况对经销商进行现场培训。

通过一系列为员工培训的举措，康乐氏内部的上下级之间、员工之间、经销商与总部之间形成了良性互动与交流，不仅解决了营销公关过程中遇到的问题，而且促进了康乐氏的品牌建设，并由此在建立成熟的营销公关队伍之路上迈出了一大步。

三、案例评价

1. 升局：煮沸市场

2005 年 7 ~ 8 月，康乐氏利用淡季到来之际，不仅在北京等主要市场进行大量的市场调研，还委托在全国各地的经销商对当地市场进行详细的调研，并取得了圆满的结果。

为了保证整个调研活动的科学、系统、严谨、高效并实现调研目标，在活动正式开展前，首先做好调研活动流程设计，之后通过大量的定性调研与定量调研工作获得相关数据，并针对所收集的资料和数据进行仔细统计分析，再得出决策的重要依据来支撑康乐氏橄榄油整体的品牌推广工作。正是这些来自一线市场的信息反馈，让康乐氏在 2006 年能引进更多的符合消费者需求的新的产品线，满足进一步细分的中国橄榄油市场的需要，让康乐氏橄榄油产品体系由原来的康乐氏金牌初榨橄榄油单一产品线变为将拥有康乐氏极品金牌初榨橄榄油、"油中之王"金牌初榨橄榄油、"液体黄金"金牌初榨橄榄油、"生命动力"金牌初榨橄榄油、"美女之宝"金牌初榨橄榄油、特纯橄榄油、橄榄油系列化妆用品、洗护用品在内的多个系列的高中低档齐全的多元产品大家族，让康乐氏从 2006年起能够成功扩张到传统超市卖场渠道、加盟连锁店渠道与会员直销体系为一体的复合分销体系。

伴随着 2006 年元旦、春节等一系列喜庆节日的到来，康乐氏构建出产品独特的包装风格和文化内涵，为送礼一族提供包装精美的礼品盒，使促销成为消费者过节的标志。康乐氏橄榄油在赠送、折扣、礼物、优惠上都独树一帜，一方面蕴涵健康、象征生命力的绿色作为包装底色，传达出祝福健康的心声；另一方面画面上利用了代表富贵吉祥的黄色画出康乐氏产品的图标，在中国传统节日里为人们带去吉祥的声音，同时，黄色和绿色相映成趣地成为高品质金牌初榨橄榄油的颜色，为礼品锦上添花。从而，一举打破"红色"包装一统天下的局面，格外吸引消费者的眼球。

2. 结局：走向丰收

康乐氏之所以成为群雄逐鹿的中国橄榄油市场的黑马，源于它应运而生，顺势而行，造势而成。

当中国橄榄油市场方兴未艾之时，这位西班牙贵族漂洋过海来到中国；当众多消费品牌忙于请影、视、歌坛明星担当代言人时，康乐氏大胆选用女博士担当形象代言人，博得了极好的人缘；在众多橄榄油品牌在各大城市"厮杀"之际，康乐氏则峰回路转，选用中小城市作为试点，随后将成功经验推广至其他大市场；在市场运作模式日益同质化、营销渠道多样化的今天，康乐氏则另辟蹊径，采用加盟连锁等多种模式相结合的方式；在淡季，康乐氏不仅忙着开拓市场，更是注重营销团队的打造与培训……归根结底就是"个性、个性、再个性"。

商场也如逆水行舟，不进则退。康乐氏的广告设计、文案系统、加盟体系、团队建设及终端促销等环节就像龙舟上不同的舵手，精诚合作，激流勇进。康乐氏在中国市场将继续加强其"国际橄榄油专家"的地位，将国际公共关系中的营销公关胜利进行到底。

四、案例思考

1. 国际公共关系的含义是什么？
2. 国际公共关系的基本职能是什么？
3. 国际公共关系的构成要素是什么？
4. 处理国际公共关系的基本原则是什么？
5. 处理国际公共关系的基本技巧是什么？
6. 如何有效地评价国际公共关系？

7. 当代国际公共关系的新潮流是什么？

8. 结合本案例的成功经验，说明如何提高我国公共关系工作的艺术性水平。

9. 结合"非典"事例，说说我国在处理国际公共关系中的优点和不足。

10. 如何有效地利用国际公共关系提高我国的国际形象和地位？

案例三　公关主体案例

通用汽车中国大家庭群星峰会
——通用汽车 2003 年上海国际汽车展

项目主体：通用汽车中国公司

项目执行：通用汽车中国公司公共关系部

获奖情况：第六届中国最佳公共关系案例大赛企业形象类金奖

一、案例背景

1. 项目实施主体

通用汽车中国公司公关部（以下简称通用汽车）是公司内部最重要的职能部门之一，负责根据通用汽车的全球战略指导制定中国的合资企业及其产品品牌的传播策略，并统筹通用汽车在中国市场的企业传讯事务。

作为全球最大的汽车公司，通用汽车以推动中国发展世界级汽车工业为理念，在中国建立了五家合资企业——四家汽车生产企业和一家汽车研发中心，成为中国汽车工业发展最重要的战略合作伙伴。

2. 面对挑战

随着中国汽车工业的蓬勃发展，中国汽车市场形成了合资企业多品牌运作的独特格局。但企业品牌和产品品牌宣传之间往往缺乏有机结合，企业在策划公关活动时往往没有充分挖掘两者合力所产生的 1 + 1 + 1 > 3 的公关效应。

通用汽车在中国是一个大家庭的格局，除了母公司通用汽车中国公司，还有上海通用汽车、金杯通用汽车、上汽通用五菱、上海通用东岳四家合资企业与泛亚汽车设计中心一家合资汽车研发中心。如何将多个合资企业品牌、多个进口及国产产品品牌整合在一起，最大限度地利用各家资源宣传通用汽车在中国的整体形象，同时利用强大的整体形象提升各合资企业品牌和产品品牌形象，是其面临的独特挑战。

时值 2003 年上海国际汽车展之际，凭借多家合资企业、多款进口和国产新车，通用汽车希望通过更具感染力和说服力的传播策划，准确传递通用汽车与中国汽车产业共同发展的核心信息，进一步显示其世界第一的领导地位和在中国市场长期发展的战略气魄，并在所有参展汽车厂商中脱颖而出。

同时，2003 年的上海国际汽车展，正逢非典（SARS）肆虐，最后车展因避免参观人数过多导致非典传染而提前结束。但由于通用汽车准备充分、先声夺人，围绕此次车展的分阶段、有步骤的系列公关宣传活动都已在车展正式开始前完成，从而很好地实现了既定的传播目标，并且将非典的影响降到了最低。

项目执行地：　　　　　　　　　　上海

整体策划时间：　　　　　　　　　2003 年 3 月至 4 月

发布车展预发新闻稿：　　　　　　2003 年 3 月 26 日

鲲鹏概念车亮相活动：　　　　　　2003 年 4 月 3 日

通用汽车中国大家庭群星峰会：　　2003 年 4 月 19 日

2003 年上海国际汽车展于 2003 年 4 月 20 ~ 24 日举行，其中 20 日为展会媒体日。

二、案例分析

1. 项目调研

（1）形势分析

优 势	弱 势
通用汽车全球第一的公司背景 在中国市场的出色表现（拥有 最多合资企业、最多车型） 良好的媒体关系　通用汽车中 国公司在上海，地利人和	时间压力较大（距车展开幕大约只有 1 个月的时间）　与竞争对手相比预算资 金有限　第一次调动旗下所有合资企业， 内部协调工作难度系数较高
机 会	挑 战
通用汽车出色的中国战略提供 了强有力的信息支持　参展厂 商多将车展仅仅作为产品品牌 推广的舞台，忽略对企业品牌 的展示	世界所有汽车业巨头云集车展，为抢夺 媒体关注跃跃欲试　协调母公司品牌、 合资企业品牌及产品品牌的关系，使之 相得益彰　必须迎接竞争对手大预算策 略所形成的压力　恰逢非典期间，媒体 对于公众活动的顾虑

（2）项目分析

相对于国际上其他汽车巨头，通用汽车在中国市场的发展具有独特的战略高度，在帮助中国建立世界级汽车工业的核心理念下，如今已经形成了两个重要的基本支撑——在中国拥有从汽车生产到汽车研发的五家合资企业，同时拥有从国产车到进口车的六个品牌最新车型，这些事实是任何一个汽车厂商无法与其相比的。

2002 年北京国际汽车展上的"通用汽车中国车队"是一个产品传播活动，主要传递的是关于产品的信息；2003 年，需要以产品品牌为基础，实现一次具有战略高度的企业传播策划，全面强化通用汽车在中国的企业品牌形象,同时借助母公司强大的品牌形象,进一步提升合资企业及其产品品牌形象。如果能充分利用上海车展的国际性舞台,从战略高度上实施一次融企业品牌、产品品牌双重建设于一体的推广策划,以企业品牌统领产品品牌,以产品品牌提升企业品牌,这将是开创性的,是以往任何厂商没能做到的,也将对所有看好中国汽车市场、愿与中国市场共同发展的中外厂商具有重要的借鉴意义。如此内涵丰厚的活动,不仅可以充分体现通用汽车在中国市场无人可比的竞争优势,更将填补历届车展活动的一项空白。

着眼于通用汽车在中国市场的长远发展承诺,立足于上海车展的大舞台,沿着2002年"通用汽车中国车队"的思路,通用汽车确定了一个可以更上层楼,同时可以更充分表达通用汽车中国战略的立意——"通用汽车中国大家庭"。

2. 项目策划

(1) 核心目标

A. 进一步强化通用汽车作为世界最大汽车公司在中国市场同样具有的领导地位,同时充分表达通用汽车与中国汽车工业共同发展以及致力帮助中国建立起世界级汽车工业的发展理念。

B. 通过最成功的合资企业和最丰富的产品组合,充分展示通用汽车在中国市场的综合实力。同时,通过通用汽车作为其在华合资企业及产品品牌强大后盾的实力展现,提升受众对于公司在华业务和产品的信心,并使得通用汽车的企业品牌与产品品牌的宣传整合在一起产生 1＋1＋1＞3 的效应,使通用汽车母公司与合资企业的品牌宣传整合在一起产生 1＋1＋1＞3 的效应。

C. 在本届上海国际车展上所有厂商举行的活动中以及所有传递的信息中,令通用汽车的企业品牌与产品品牌信息脱颖而出。

(2) 基本策略

A. 确立指导思想:要在体现通用汽车全球第一领导地位的前提下准确体现公司的中国战略及其有目共睹的成功,整项推广计划要承接有致、气势恢弘、构思大气、表达流畅、富有深意、耐人回味。

B. 抓住一个核心：借助合资企业与最新进口车型、国产车型，充分宣传通用汽车的中国战略，用企业实力为产品品牌搭台，用企业品牌魅力为产品宣传铺路，最终带动通用汽车系列产品品牌形象的全面提升。

C. 推动步步深入：以泛亚研制的第二款中国概念车正式亮相，引发市场对通用汽车参加上海车展的关注；以所有合资企业与所有最新车型同台亮相的大聚会，将通用汽车及其大获成功的中国战略推向高潮。

（3）目标受众

A. 直接受众：全国各地核心媒体的记者

B. 间接受众：政府部门、国内外同行、合作伙伴、潜在用户、合资企业成员

（4）主要信息

主题：通用汽车：驱动未来

A. 在中国这个全世界最重要的新兴市场，作为全球最大的汽车公司，通用汽车承诺将继续充分运用其全球丰富的优秀产品资源，与中国汽车工业及中国的消费者共享。

B. 通过本地实力强大的合作伙伴，通用汽车在中国致力于生产、研发、销售和售后服务。本着用户至上的原则，通用汽车将继续扩大在中国本土生产或进口销售的产品系列，并在提供世界级产品的同时提供世界级的服务，更好地满足中国汽车用户日益多样化的需求。

C. 通用汽车将位居 2003 年上海国际车展的中心展台，以空前的阵容展出一系列针对不同细分市场的不同品牌的新品和现有产品，再次证明在业界的领导地位以及对中国客户的不变承诺。

（5）企业品牌核心信息

A. 超越客户的期望：通用汽车公司对中国的汽车市场充满信

心并期望通过以下方式保持已经建立的领导地位，并快速反应中国消费者的不同需求。

B. 不断扩大产品和品牌系列以满足更多客户的需求——通用汽车中国公司将在 2003 年上海国际车展上史无前例地推出更多新产品和概念车。

C. 通过本地化的泛亚汽车技术中心，中国领先的工程和设计合资企业，通用汽车承诺运用其全球产品资源，为中国用户量身定做满足其要求的产品。

D. 销售增长。

E. 领先的科技与革新——通用汽车公司继续向中国汽车用户提供世界一流的先进科技与关怀客户的人性化革新完美结合的产品。

F. 通用汽车公司在中国现有的每一个细分市场，都向中国客户提供最高质量的产品以及服务。

G. 通用汽车公司将继续引导科技交流，并将其在科技革新方面的悠久历史与创新成果相结合，积极融入本地生产的产品中。

H. 发展合作伙伴——通过加强与本地合作伙伴的合作，通用汽车继续致力于帮助中国汽车工业提高国际竞争力。

I. 充分运用通用汽车全球丰富的产品资源来帮助其合资公司和支持国内其它的业务——2003 年上海国际车展上，通用汽车在中国每一家合资公司都会展示新的产品。

J. 鲲鹏概念车的推出，充分展示了泛亚作为本土化的汽车设计技术中心在产品设计研发方面的实力，这是通用汽车为中国汽车工业作出的独特贡献。

K. 通用汽车通过在中国的合资公司，向中国客户提供比任何一家外国汽车制造厂商更为全面广泛的产品系列，包括中高档轿车、中档轿车、紧凑型轿车、运动性多功能车和微型汽车。

L. 促进可持续性发展：作为在燃料电池汽车研发上的全球领先者，通用汽车将继续积极推动其它燃料技术在汽车上的应用，以最大限度地降低环境污染。

M. 通过研发以氢为燃料的燃料电池汽车，通用汽车积极倡导氢经济。

N. 通用汽车承诺与中国的合作伙伴共享技术及资源，以推动中国的可持续发展。

（6）本届车展重点宣传的产品品牌的核心信息

A. 凯迪拉克（Cadillac）

面对中国快速发展的汽车工业，在高档豪华车细分市场存在很大的发展空间。通用汽车公司引进凯迪拉克这一被公认为充分演绎美国精神和领袖风格的豪华轿车典范，正是为了敏锐把握这一市场契机，探索在高档豪华轿车市场的发展机会，为更多青睐高档产品的中国消费者提供更好的选择。

B. 雪佛兰（Chevrolet）

汽车业界历史最悠久的品牌。雪佛兰的产品在中国，集中在比较小的越野车领域，而随着中国消费者的需求正越来越多元化，对品牌和对产品的选择都越来越多样化，通用汽车引进雪佛兰这一主流品牌旗下更多系列优秀产品，将满足更多更广大的消费者的需求。

（7）传播策略

实施分阶段传播，把握报道节奏，层层铺垫，逐步推进。将上海国际车展视为进行通用汽车整体企业品牌宣传的最佳平台，将信息传递的广度、深度、力度有节奏地分布于车展的前期、中期和后期，形成一次环环相扣、步步深入的系列报道。

A. 为避免主要信息淹没在车展期间的信息集中轰炸中，3月底，首先向全国主要媒体发放预发新闻稿，告知基本参展情况，埋下伏笔，让媒体对通用汽车的参展情况充满期待；4月初，将泛亚汽车设计中心的概念车鲲鹏提前亮相，展示泛亚的设计实力，同时避开与通用汽车另外两款概念车的宣传冲撞；4月19日，在车展前一天，举行通用汽车中国大家庭群星峰会媒体活动，让媒体在车展前夕对通用汽车此次所有参展的全新概念车、量产车产品形成强烈的视觉印象。

注重点面结合，根据信息内容确定媒体分布，对核心信息扩展报道广度，对重点信息强化报道深度，提高主要信息对媒体的渗透力。

B. 事先与核心的汽车或财经媒体进行沟通，根据媒体的不同要求，补充提供背景资料，强化核心信息报道效果。同时，安排北京、上海、广州或深圳的重要媒体与通用汽车中国公司董事长兼首席执行官进行专访，进一步提高核心信息对媒体的渗透力。

有机整合传播内容，在提供给媒体的新闻信息中做到分中有合，合中有分，便于媒体根据自身需要自由进行信息资料组合，从而令来自通用汽车的信息得到最有效的传播。

C. 在特别制作的车展新闻资料夹中，将企业、品牌与产品三个方面的新闻资料有序整合，既突出重点，又保持了信息的整体感和一致性。

（8）媒介选择

全国一级城市的核心大众媒体

全国一级城市的经济/财经类媒体

全国一级城市的汽车类媒体

（9）媒体计划

2003 年 3 月 26 日　　预发车展新闻稿；

2003 年 4 月 3 日　　借鲲鹏概念车亮相举行全国重点媒体出席的发布活动；

2003 年 4 月 18 日　　安排重点媒体对通用汽车中国公司 CEO 的专访；

2003 年 4 月 19 日　　在车展开幕前日举行"通用汽车中国大家庭群星峰会"。

3. 项目执行

（1）活动创意

有机整合通用汽车在中国市场的成就——四家合资企业、六个品牌和十部新车，需要一个能够准确传递既定信息的宏大载体，而这个载体需要有气魄，同时还要具有不可超越性。参考通用汽车在本届车展上的参展主题"驱动未来"，最终选择了借用宇宙星系的概念：通用汽车中国大家庭是一个群星璀璨的星系，正如进入50周年的中国汽车工业同样宛如一个灿烂星空。

在浩瀚而深邃的宇宙空间中，将举行一个前所未有的"通用汽车中国大家庭群星峰会"，让所有来宾在"通用汽车中国大家庭"的概念下感受企业实力、领略品牌魅力，同时了解每一款最新车型，以企业品牌统领产品品牌，以产品品牌提升企业品牌，凭借企业品牌、产品品牌两个层面的聚合力量震撼来宾，并由此引发媒体对通用汽车中国战略的深度思考。

（2）活动名称：通用汽车中国大家庭群星峰会

（3）新闻主题

三款概念车　四家合资企业　多款最新销售车型

通用汽车上海车展出演中国"群英会"

（4）主题释义

通用汽车中国大家庭——经过多年的成功发展，通用汽车已经完全融入中国市场，在中国建立起通用汽车的大家庭，同时也成为中国汽车工业大家庭不可或缺的重要一员。

在这个大家庭中，包含着通用汽车在中国成功的合作和成功的产品：

A. 四家合资企业：上海通用、金杯通用、上汽通用五菱、泛亚汽车技术中心。（注：由于此次上海通用东岳汽车没有参展，因此，虽然通用汽车在中国共有五家合资企业，但在活动新闻稿以及邀请函等相关文件中，按照实际参展合资企业共计为四家。特此说明，以免引起歧义。）

B. 六个成功品牌：凯迪拉克、SAAB、欧宝、别克、雪佛兰、五菱。

C. 十款最新车型：本届车展将首度亮相包括三款概念车在内的共十款车型。

（5）现场布置

为充分表达"通用汽车中国大家庭"的概念，在活动中营造了一个通用汽车的宇宙空间：

A. 通用汽车中国公司和各合资企业的司标如行星流转在需仰视才见的苍穹；

B. 用激光灯打出的各品牌车标游弋于来宾中间；

C. 三款概念车被白色的幕布覆盖于舞台中央，宛如宇宙中一种驱动未来的神秘力量，等待着被人们揭示；

D. 两条代表过去和未来的时空隧道连接到会场，一条伸入会场的时空隧道代表通用汽车 1995 年的发展历程，一条伸出会场的时空隧道代表着汽车工业的未来发展；通用汽车中国大家庭的所有成员将聚集在这里，举行一个展示其中国发展成就的空前盛会。

（6）活动内容

A. 开场篇——主题发布

（a）开场短片：通用汽车中国大家庭。以凝练的镜头语言回顾了通用汽车在中国的发展历程，并借此介绍通用汽车中国大家庭的每一个成员公司。

（b）"家长"致辞：通用汽车中国公司董事长兼首席执行官核心发言。

B. 现实篇——新车亮相

（a）国产新车亮相：各合资企业高层带自己的最新车型一同亮相（1 号人物介绍企业，2 号人物介绍产品）。

（b）进口新车亮相：通用汽车中国公司最新进口车型亮相。

C. 未来篇——概念车揭幕

（a）概念车短片：概念车与未来。

（b）儿童演唱：一个崭新的世界。一队天使般的男孩女孩在暗场中手持烛光从时空隧道进场，在缓缓行进中演唱根据 A Wholly

New World 改编的歌曲，表达人类对未来的憧憬与期待。

（c）点亮驱动未来的力量：概念车揭幕。在歌声中，孩子们用手中的烛光点亮概念车台周边 95 支蜡烛，象征着通用汽车用1995 年的成功经验支持中国汽车工业的发展。利用首度在国内使用的"吸幕"技术，概念车上覆盖的幕布在特技光效和音效的配合下被瞬间吸走，活动在全场惊诧的目光中达到高潮。

D. 大团圆篇——群星荟萃

（a）高潮音乐在巅峰时刻戛然而止，一曲撼动人心的抒情音乐随即切入。

（b）通用汽车中国大家庭全体成员一同上场走上概念车台。

（c）七款新车从时光隧道中鱼贯而入，围绕在概念车台周围。

（d）整场活动在四个合资企业、三款概念车、七款最新车型的大聚会场面圆满落幕。

（e）通用汽车中国大家庭各成员（高层）在自己的新车前现场接受媒体采访。

（7）场地选择

为了充分表达"家庭大聚会"的概念并凸显通用汽车在中国的独特优势，活动摒弃了在展览馆或酒店内举行的一般做法，选择在泛亚汽车技术中心新落成的汽车设计室内举行，高大开阔的内部空间为表达整体构思提供了充分的条件。

（8）舞台策划

优秀的策划和设计需要有万无一失的出色舞台效果作为保证，为此，特别邀请了著名大型综艺晚会导演甲丁先生作为总导演，在他的精心统筹下，整个发布会的全过程在 45 分钟之内如行云流水般顺利完成，十款新车的亮相和各管理层的出场演讲简洁紧凑，一气呵成，充分满足了媒体对于现场视觉效果、信息量和高效率的要求。

三、案例评价

（1）热烈的活动现场

来自 115 家媒体的 140 多名记者出席了 4 月 19 日的现场活动，现场搭建的阶梯式观众台座无虚席，几十部摄像机、照相机始终聚焦于舞台，记者们聚精会神地期待着每一部新车和每一位高层以各不相同的方式亮相。会后，承接现场活动留下的高潮气氛，记者们纷纷拥至各位高层，在各款新车前进行现场采访，采访者与被采访者均情绪盎然。

（2）出色的媒体报道

出席活动的所有记者都对通用汽车此次车展活动进行了充分的报道，有些记者甚至连续发出多篇报道。截至 2003 年 7 月，共收集到来自印刷媒体和网络媒体的报道 340 篇，电视报道近 100 分钟，覆盖超过 6000 万受众。几乎所有报道都提及了希望传达的企业品牌以及产品品牌的核心信息，其中更有 54% 的报道引述了通用汽车中国公司新闻发言人的讲话。

（3）良好的媒体评价

上海国际车展结束后，专业调查公司就整个车展活动对参加活动的媒体进行了抽样调查。结果显示，"通用汽车中国大家庭群星峰会"在活动创意、信息传递以及活动执行三个方面以显著优势领先于其他汽车公司，在本届上海车展中独占鳌头，更有 96% 的媒体认为"通用汽车中国大家庭群星峰会"是本届上海车展中最成功的公关活动。

（4）极佳的投入产出比

包括活动的现场制作、舞台美术以及人员费用在内的所有开支，通用汽车在本届车展上的整体投入不到 90 万元人民币，但由于邀请到场的所有 115 家媒体对此次活动核心信息的报道率达到 100%，加上许多大篇幅报道和大量的信息转载，致使本次活动的媒体报道量达到了 180 多万美元的广告价值，而此次活动所实现的深化企业品牌的领导地位和强化产品品牌可信度与美誉度的目标，其特殊价值则是难以通过广告价值来衡量的。

（5）定量分析

媒体剪报与受众

本届车展上关于通用汽车媒体报道的受众总量超过 6000 万，其中：

A. 平面媒体剪报　　　　274 篇

B. 电视媒体报道　　　　100 分钟

C. 广播媒体报道　　　　5 分钟

D. 网络媒体剪报　　　　66 篇

（6）与合资企业共享收获（图 12-1）

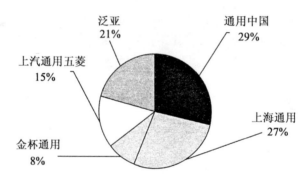

图 12-1　通用中国及其旗下四个合资企业信息拥有量比例图

所有媒体报道都充分提及通用中国，其中黑色为单独提及通用中国的比例，通用中国在本届车展的信息拥有量遥遥领先于其他竞争对手。

（7）抢眼的新闻标题（图 12-2）

《汽车周报》　　　　——通用汽车上演"群英会"

《中国汽车市场》　　——以概念车"驱动未来"

《中国汽车报》　　　——通用汽车与中国一道"驱动未来"

《上海证券报》　　　——通用汽车合家欢　星光如此灿烂

《北京青年报》　　　——通用兄弟中国聚首

《北京晚报》　　　　——通用上海车展出演"群英会"

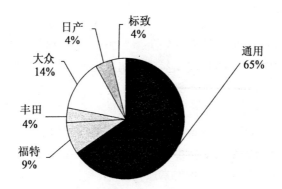

图 12-2 参加本届车展的合资企业信息拥有量比较图

《上海日报》 ——中国通用汽车大家族相聚 2003 上海车展

《新民晚报》 ——瞧，中西合璧一家子

《中华工商时报》 ——全家亮相车展 通用驱动未来

（8）定性评价

上海人民广播电台记者殷济蓉：整个活动十分紧凑，在短短的时间内传递了大量有价值的新闻信息，对于我们媒体而言这样的形式非常有效。

《新民晚报》记者秦武平：这个活动非常有创意。我特别欣赏最后以儿童代表汽车工业发展未来的一段。

《北京日报》记者陈维光：在此次车展中，通用汽车是最先举办活动亮相参展新产品的，先声夺人，给人留下非常深刻的印象。

《广州日报》记者王栋：我充分相信通用汽车作为全球最大的汽车公司的实力以及它对中国汽车工业的推动。通过这次活动，更让我看到了通用汽车引领汽车工业的事实。

由于通用汽车对中国汽车工业的贡献，墨斐（通用汽车中国公司董事长兼首席执行官）毋庸置疑地成为所有国外汽车公司CEO 中在中国最有知名度的一位。

四、案例思考

1. 公共关系的主体有哪些类型？各类型之间的关系是什么？
2. 如何保持社会组织发展的协调环境？
3. 社会组织的分类有哪些？
4. 组建公共关系部的原则是什么？
5. 如何合理、有效地确定公关公司的收费标准？
6. 选择公关公司的标准是什么？
7. 公关人员必须具备的素质是什么？
8. 如何认识不同国度间公关人员职业道德标准的差异与联系？
9. 你认为公关人员最核心的素质是什么？
10. 如何培养高素质的公关人员？

案例四　公关客体案例
天津经济技术开发区区域形象推广案例

项目主题：新世纪　新视野
项目主体：天津经济技术开发区管委会
项目执行：天津经济技术开发区管委会新闻办
获奖情况：第六届中国最佳公共关系案例大赛国际公关类金奖

一、案例背景

天津经济技术开发区（英文简称为"TEDA"，汉语译音为"泰达"，下称泰达）是中国最受赞赏的工业园区（联合国工发组织语），国际公关活动是他们面向欧美招商引资工作的先导。中国加入WTO为泰达提供了聚焦国际工商界目光的良好契机。泰达抓住有利时机，以"影响有影响力的人"为核心理念，联合美国知名财经杂志《商业周刊》，举办了主题为"新世纪、新视野——中国加入 WTO 后的商机"的论坛。

二、案例分析

1. 项目调查

（1）恰当的时机选择

中国加入 WTO 之际，国际政、商两界关注来自中国的声音，这为泰达举办大型国际公关活动，从而达到宣传形象、招商引资的目的提供了很好的契机。

（2）良好的资源优势

泰达这次活动得到天津市的高度重视，《商业周刊》是在世界上有巨大影响的财经杂志，两者合作就能够调动各种重要资源邀请国际政要、工商界领袖和国际媒体，从而使举办高层次大型论坛成为可能。

（3）完美的合作基础

泰达招商引资工作主要公众是欧美政要和大型跨国企业决策层人士，恰好和《商业周刊》的主流读者吻合。

2. 项目策划

（1）以"影响有影响力的人"为核心理念

细分公众群体，圈定国际政要和国际工商界领袖为直接公众，使会议内容和传播方案设计有了明确的方向。

（2）牢牢把握公众心理，直面现实问题

在论坛议题策划上，泰达针对公众关心的问题，设计了中国入世后的政策走向、汽车产业政策、金融及服务业开发政策、中国政府服务和投资环境等最实质的议题，抓住了公众心理，形成了聚焦效应。

（3）充分调动各种资源邀请政商两界政要，保证高层次、权威性

泰达联合《商业周刊》邀请了李岚清、素帕猜、乔治·布什、周小川、竺延风等国际政要和国际工商领袖直接参加讨论，很好地展示了

"决策者的对话"这一概念,同时也提升了泰达的区域形象。

(4) 以"精活动,大传播"的先进理念为传播指导思想。

论坛始终坚持"以传播为核心"的理念,坚持以国际主流媒体为主要传播载体,按照"会前、会中、会后"三个阶段组织实施,保证了传播的覆盖面和权威性。

(5) 坚持"第三方证言和互动传播"的工作方式。

论坛安排了"到泰达外商投资企业参观"和"媒体对外国投资企业的采访"等活动,使报道更加生动和有说服力。

3. 项目执行

(1) 组织工作充分到位,保证了论坛的顺利完成。

组织者在外事接待、新闻中心、活动节奏、亮点设计、主题阐释等几个方面,精心准备,认真执行,保证了论坛的圆满完成。

(2) 丰富的活动内容,使论坛和传播变得更有特色。

在新闻发布会、论坛现场和欢迎、欢送晚宴等几个环节,安排了具有中国特色、符合国际品位的系列活动,使得论坛具有国际化、民族性、时代感,相适应的传播也就更加自然和有说服力。

4. 项目评估

这是泰达又一次抓住时机进行区域形象推广的范例,它使泰达在国际工商界领袖中的形象更加具体化。同时境外新闻媒体的 750 篇新闻和图片报道,加深了对潜在投资者的影响,近 70% 的与会者和泰达保持着友好往来,并促成了丰田二期工程等一大批项目在泰达的落户。

三、案例评价

"2002 天津《商业周刊》论坛"区域形象的国际推广,处处反映了泰达在政府公共关系方面的卓越成就。以"影响有影响力的人"为主要公关策略,泰达高度重视并利用重要国际会议和重大事件,通过细腻的公关策划和执行,不断说服和影响国际上各种政策决策者或舆论领袖等公共关系公众的支持和关注,成为泰达招商引资的一件法宝。本案例在国际论坛活动中的精心设计和执行，如政要和工商领袖的邀请、有针对性议题的安排，以及国内外媒体记者的接待安排，处处体现了公共关系的细腻和精准。

四、案例思考

1. 什么是公共关系公众？公共关系公众有哪些分类？

2. 公共关系公众有什么特征？如何理解公共关系公众的心理性？

3. 如何有效地分析公众心理？

4. 处理员工公众关系的基本方法是什么？

5. 处理竞争者公众关系的新思维是什么？

6. 如何处理与协作者公众的关系？

7. 如何处理与名流公众的关系？

8. 为什么处理与公共关系公众的关系时必须遵循一定的原则？

9. 为什么公共关系必须深刻把握需要与公众行为之间的关系？

案例五　公关媒体案例
用感受来探测时间的流逝
——Swatch 金属腕表系列新品华南发表会案例

项目主体：瑞士钟表制造商斯沃琪

项目执行：奥美公关国际集团广州公司

获奖情况：第六届中国最佳公共关系案例大赛新产品上市类金奖

一、案例背景

1. 项目单位性质

瑞士钟表制造商斯沃琪（Swatch），从 1983 年推出第一只

Swatch 手表到现在，已经是全世界销售只数最多的手表品牌。这个被称为瑞士表中异类的品牌，虽然在中国"涉世未深"，但已经用迅雷不及掩耳之势抓住了年轻时尚一族的心。

作为全球最大的行销传播服务公司之一，奥美连续多年稳居行业排名前五。在今年 6 月，奥美整合行销传播集团旗下的奥美公关更获得大中华区最佳公关网络的殊荣。

2. 项目概述及主要挑战

Swatch 品牌代表着时尚生活、自主时间、轻松随性，形象新鲜、大胆、有趣，产品系列既具有高科技的魅力，又有创新的神采。Swatch 腕表共有四大系列，包括原创系列、超薄系列、电子系列和金属腕表系列。其中，金属系列的表款特色是：表盘用金属制成，而表带则采用各种不同材质，运用各种设计理念精制而成。本次 Swatch 金属系列 2003 年新品发布会主要针对华南媒体进行——尽管 Swatch 在华南区已具有较高的知名度，项目本身只是一个媒体发布，但仍然面临着不少充满考验的课题。

（1）产品层面

Swatch 金属腕表系列 2003 年新品极具金属质感，虽然设计感非常强、产品款式缤纷，却不具天然体系——超过数十种表款每一款都有着特别的名字，有着指针背后不同的设计故事。也正是因为如此，如果把每款表当成单一个体进行展示就会变得"花多眼乱"，纷杂不成体系；而如果希望挑出其中一款作为代表，又由于每一款表背后的故事都各有精彩，很难"以一概全"地用个体代表整体特色。如何清晰而聚焦地演绎精品，是广州奥美公关需要面对产品层面的挑战。

（2）媒体关系

Swatch 正式进入中国的时间仅仅几年，当中由于各种原因，品牌与华南媒体的联系时断时续，并不算紧密；也没有在华南举行过正式的媒体发布会，相当一部分华南媒体与 Swatch 并不亲密。如何通过这第一次的正式媒体活动给 Swatch 和华南媒体创造一个沟通平台，让华南媒体走近 Swatch 的世界，是考验公关公司媒体关系开拓和维护的又一课题。

（3）活动的策划与执行

时尚类媒体往往在手头上有大量的品牌资料可供选择，而手表对于夏季时尚话题来说，也不是最热门的。预算有限，要吸引媒体对本次活动的有效关注，活动的策划与执行需得别具心思。

（4）执行地域

由于本次发表活动主要是针对华南媒体进行的，而华南媒体大多数集中在广州，所以本次活动的地点选择在广州。通过全国发行的平面媒体和影视媒体辐射其他城市；通过深圳、中山、佛山等广州周边城市辐射华南区最大范围的接触人群。

二、案例分析

1. 媒体分析

基于上述活动挑战中所提及的 Swatch 与华南媒体的关系，广州奥美公关在发表会前期对华南时尚类和相关财经类媒体进行了分类的调研，并将媒体资料进行了系统整理，为活动策划和有效实施以及媒体关系维护奠定了良好的基础。

（1）媒体分类

关注时尚类品牌的媒体主要包括大众媒体中的时尚版、生活杂志的时尚版、时尚杂志和各媒体中有关于品牌报道的版面等。广州奥美公关在整理媒体资源时，挑选了 40 家华南媒体，包括报纸媒体、杂志媒体、电视媒体、电台媒体和网络媒体五个部分进行分类，并从报纸媒体中挑选了 6 家、杂志类挑选了 6 家、电视媒体 3 家、电台媒体 3 家和网络媒体 3 家，共 21 家媒体，进行抽样调研和沟通。

（2）媒体调研问题

具体的沟通问题包括：该媒体（记者、编辑）以前有没有跟 Swatch 接触过，如果有，是什么时候，什么方式，留下了什么印象，对下一次 Swatch 的媒体活动有何期望？如果没有，对于 Swatch 品牌评价如何？正面还是负面？跟他们提及如果 Swatch 在华南地区做媒体发布会，他们有什么想了解的话题？对 Swatch 的运营和高层领导、品牌或者集团架构等了解有多少，希望获得什么样的信息……

（3）媒体调研发现

经过与媒体的细致沟通，发现华南媒体对 Swatch 的信息了解程度参差不齐，不过对媒体活动的期望值都比较高，特别是活动创意方面。媒体想了解的信息主要包括：新产品的特点；Swatch 在华南地区的策略调整和 Swatch 中国及香港区副总裁陈素贞女士与 Swatch 的缘分故事等。调查中了解到：时尚类媒体编辑和记者有相当一部分是 Swatch 的忠实拥护者；知名的时尚类杂志中，有资深的编辑非常关注 Swatch——从 Swatch 进入中国市场，经销商自发做宣传活动的时候就开始留意，对于品牌的风格非常了解。另外，不少媒体提到，这么长时间 Swatch 都没有在华南做媒体活动，这次的举动是不是在对华南的策略上有所调整。通过这些调查结果，了解到了不同媒体的关注点，为下一步的活动策划提供有力的思路支持。

（4）媒体资源整理

在进行具体的调查之后，将媒体资料进行了较为系统的整理，除了按照媒体所属的版面分为一般时尚版、品牌专版、时尚财经版，还对媒体的重点优先次序进行了排序，便于在下一步的媒体沟通时有所侧重，并有利于长期的媒体关系维护。

2. 策划分析

（1）公关目标

A. 传播信息

发布 Swatch 2003 金属系列新款腕表上市的信息，加强产品和品牌的夏季宣传力度，让喜爱 Swatch 的消费者们了解到产品和品牌的最新动向。

B. 加深印象

让媒体在活动过程中，对 Swatch 的品牌理念有更深入的了解和感受。

C. 巩固关系

搭建品牌与媒体之间良好沟通的桥梁，提高媒体对 Swatch 的好感和品牌忠诚度，发展和巩固 Swatch 在华南地区的媒体关系。

（2）公关策略

产品演绎策略：将精选产品进行归类并为三大系列，突出不同风格进行主题性展示。别出心裁的活动地点，独具创意的发布形式，为媒体创造了新鲜热门的新闻切入点。邀请省内最知名的时装设计师为产品发布的三大主题系列设计服装并编排场景演绎，运用第三方证言的手段提高品牌的美誉度。

A. 品牌信息传播

不仅通过新闻资料夹的内容进行信息发布，而且将品牌信息贯彻到活动现场的布置、活动流程执行的每一个细节安排中，立体化地展示品牌理念。

B. 媒体沟通策略

根据不同媒体的风格和要求，提供不同的信息；并在活动前后安排多场媒体专访，请 Swatch 集团中国及香港的副总裁陈素贞女士作为专访嘉宾增加了媒体对于活动的关注和重视度，把媒体对本次传播活动的聚焦可能性提到最高。配合媒体的喜好，特别安排现场购表环节，增加媒体对产品和品牌的关注。

C. 目标公众及媒体选择

（a）华南地区媒体

（b）大众媒体的时尚版

（c）时尚类报纸

（d）时尚类杂志表类或饰品专版

（e）时尚类杂志财经品牌版

（f）生活杂志的时尚版

（g）电视台时尚栏目

（h）电台时尚栏目

（i）网络媒体时尚频道

（3）传播主题。

A. 主题名称

用感受来探测时间的流逝——Swatch 金属腕表系列 2003 年新品华南媒体发表会

B. 主题诠释

时间的流逝总是在不经意间，感受是探测时间最真实的方式。本次新产品发布邀请媒体以身体感官的跳动感受，亲自体验时间的奥妙。透过 Swatch 时尚的腕表设计，体验感性的生活哲学，进入时间的虚拟，寻找时间的足迹，记录生命的热情与活力——只因为时间总是在分秒间流逝，能够被记下来的是时间流过的人事地物。

3. 执行分析

项目执行紧紧扣住"用感受来探测时间的流逝"来展开，从主体流程的安排到细节的考量，让媒体在 Swatch 的世界里细细地发现时间藏身之处，感受时间流逝的记忆和心情的触动。

（1）富于新意的场地选择，使活动策划别具创意。

活动场地别出心裁地选择在广州动物园海洋馆内的海底世界。五彩斑斓，充满神秘色彩的海底世界正好映衬出夏季清凉的气息，与 Swatch 2003 金属系列的广告主视觉正好吻合。独特的场地选择为活动的内容设计提供了跨越平面的创意空间。十米深的巨大水族箱、潜藏着奥秘和新奇的海底隧道成为 Swatch 穿梭时空的三维空间。安排在都市中的海底世界，通过这个不同于喧嚣生活的场所，引领媒体感受时间流逝的分秒，呈现 Swatch 创新、有品位、与众不同的品牌精神。

（2）灵感闪现的活动设计，使媒体朋友记忆尤深。

让媒体的心情体验从签到开始：签名一刻，时间就在这里藏身；Swatch 标志的留影墙前，随着宝立来相机闪光灯的闪烁，媒体朋友的倩影片刻显现，留下照片，记忆这精彩一秒。

活动创意围绕着海底世界闪出新鲜的感觉：美丽的人鱼，身披轻纱，悠然入水，和感触敏锐的在场来宾一同探寻时间藏身的神秘之处。"美人鱼"在珊瑚萦绕、鱼儿漫游的海底世界托出巨型贝壳，Swatch 2003 金属系列腕表的潜水新款在贝壳里跃然展现，缓缓浮上水面的靓丽新款寓意 Swatch 2003 金属腕表系列正式上市。又见"美人鱼"在水底轻盈转身，组成一个象征 Swatch 视觉标志的"十"字形，新颖而感性地尽情表现 Swatch 的品牌形象。

（3）时空穿梭的模特儿表演，来宾与 Swatch 的亲密接触。

邀请广东省顶级服装设计师韩剑飞为本次活动设计了包括人鱼服装在内的三大系列服饰（潜水系列、浪漫系列和运动系列），他旗下的全国著名模特儿为 Swatch 的时尚形象再添惊喜——靓丽的模特儿经过"Swatch 的时空隧道"走进会场，来到来宾身边，把精致的 Swatch 2003 金属系列腕表一一展示。"美人鱼"在水里与模特儿的互动使展示的过程变得更生动。激情与神秘的交集，就是 Swatch 2003 金属系列的魅力所在。在场的媒体和消费者朋友们在鼓点分明的音乐中，随着模特们的步伐，一同分享着 Swatch 的十足活力与浪漫经典。

Swatch 中国及香港副总裁陈素贞女士到场，增加了媒体对活动和品牌的关注度，由于陈女士具有传奇色彩的背景和个人魅力，华南媒体对陈女士来到 Swatch 开拓中国市场的选择，以及 Swatch 在中国特别是在华南市场的策略等问题产生了浓厚的兴趣。活动前后，共有 7 家媒体 8 位记者对陈女士进行了个人专访。

三、案例评价

1. 活动创意让媒体记忆尤深，对品牌喜好度进一步增加

邀请媒体共 40 家，媒体出席率 100%，现场反应非常好，有媒体评价"从来没有想到手表的上市发表可以跟'美人鱼'的浪漫演绎相结合"，"水底发表潜水系列是对产品功能非常有效地软性证明"……

本次发表会有效地展示了 Swatch 金属系列 2003 年新款，让媒体与产品和品牌有了感性和互动的体验。

2. 媒体报道广泛

截至 10 月，出稿率超过 125%。其中报纸类 12 篇，杂志类 22 篇，网络媒体 9 篇，电台 5 篇，电视台 4 篇。报道中专访 4 篇，专题报道 9 篇。90% 的平面媒体在报道中附彩色图片，100% 的媒体报道提及品牌信息。根据收集到的媒体报道统计，公关价值已经超过 550 万。

3. 经销商大受鼓舞

活动之后 3 个月，销售指数居高不下。

4. 客户高度评价

客户觉得本次活动是本年度 Swatch 公关活动中最出彩的一个项目，无论从活动创意到执行细节都与品牌精神和品牌理念紧紧相扣，活动相当成功。

5. 媒体报道情况简表

共 52 篇精彩报道。

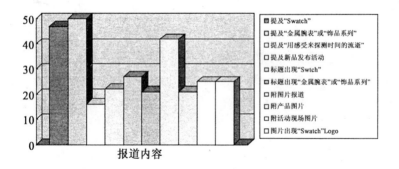

四、案例思考

1. 公共关系媒体的含义是什么？
2. 大众传播媒体的类型及各自特征有哪些？

3. 如何理解报纸作为大众传播媒体的优缺点？

4. 电子技术的迅猛发展是否会代替其他传播媒体？

5. "新媒介"给公共关系带来的机遇和挑战有哪些？

6. 公共关系如何迎接迅猛发展的"新媒介"？

7. 公关人员如何迎接迅猛发展的"新媒介"？

8. 公共关系媒体的功能是什么？

9. 公共关系媒体的选择原则是什么？

10. 如何有效地选择公共关系媒体？

案例六　管理职能案例
广告啃不动的骨头，交给公共关系

一、案例背景

在过去了的 20 世纪中，广告的威力在市场营销中几乎整整影响了一个世纪。无论是新产品上市、市场拓展、企业招商、渠道构建、打击竞争对手，广告凭借其猛烈的攻势横扫了营销的各个领域。广告的无所不及给人们造成的潜意识就是广告无所不能。

正如任何一种营销理论的适用都有其特定的市场背景，广告的盛行也对应着特定的营销年代——信息传播渠道的单一化致使消费者只能透过广告的表达去了解有关产品或企业的新信息。但是，随着资讯信息的大爆炸、消费者消费观念的更新、市场竞争形势的变化，广告的影响力与营销动力正在日趋减弱。广告边际效应的下降则加重了企业的成本：以前一百元广告费可以达到的效果，现在可能需要五百元才能勉强做到。而在品牌构造、提升企业美誉度等方面，广告更是显得力不从心。

正是在这种背景下，公共关系作为一种营销利器，在许多方面开始代替广告在市场上纵横驰骋。

如果把市场营销比喻成一次攻城掠地的争夺战，广告就如枪炮弹弩，依靠着狂轰乱炸向目标堡垒发起猛烈进攻，力求以武力屈人之兵；而公共关系则如怀柔政策，运用多种手段的配合，以目标对象最容易接受的方式，动之以情，晓之以理，最后以最低的成本达成最佳结果。事实表明，广告的强迫性不仅令信息传播成本日渐上升，也令传播效果不断下降。而公关则凭借对消费者心理需求的洞幽察微，以及传播方式的精准巧妙，顺利地完成了许多广告无法实现的目标。

广告强势年代的结束，就是公共关系主导营销时代的到来。

二、案例分析

1. 广告营销的力不从心

无可否认，作为市场营销的重要手段，广告对推动产品销售曾经起到了巨大的作用。

从争夺央视"标王"的激烈场面、到体育赛事冠名权的明争暗斗，再到哈药六厂、脑白金铺天盖地的广告，巨额广告费的支出的确成就了不少企业或产品。但是纯粹靠广告所堆积起来的知名度与靠广告砸开的市场份额，如果缺乏企业坚实品牌形象力的支撑，这种繁荣的虚象只不过是海市蜃楼，只要一次危机的出现就足以让以往所有的辉煌瞬间零落成泥。

从三株事件到标王秦池，再到红极一时的中山爱多，这些曾经是各自行业中赫赫有名的大企业，哪一家不是靠着巨大的广告费在短时间内堆砌起极高的知名度？虽然靠广告打造出来的知名度能够让这些企业在某段时间内春风得意，但一旦危机来临，它们中竟然没有一家企业挡得住危机的侵蚀而一一倒下：广告可以打造知名度，但是却无法提供维持知名度所需要的坚实品牌内涵。

虽然企业发展中起落浮沉乃是常事，但是回看这些企业创业时的艰辛、发展时的意气风发及衰落时的兵败如山倒，其中的苦涩意味又岂是一句"城头变幻大王旗"可以轻易概括？从这些企业失败的背后，我们读到广告的无奈与力不从心。

2. 从营销的角度分析，造成广告力不从心的原因有三方面

（1）广告营销的模糊化

"公关像钉子，广告像锤子"，这是美国著名营销专家阿尔·里斯在其新著《广告的没落和公关的崛起》一书中提出的生动比喻。广告之所以像锤子，是因为广告的受众是一群没有清晰面孔、没有性格、千人一面的公众，所以广告要达到某种结果，靠的是"量"的轰炸，而不是准确地瞄准。而公共关系却习惯把打交道的人分成不同类型，按照每一种人的特点分别进行不同方式的信息传播与说服，所以效果斐然。

（2）广告传播方式的单一化

市场营销已经从单向的信息传播慢慢向双向信息沟通过渡。消费者渴望了解产品或品牌背后的人与故事，从这种深入的了解中，消费者与产品或品牌建立成一种互动的情感联系。这种情感上的沟通往往决定了产品或品牌的最后成败。

广告特有的传播方式，决定了其只能是一种单向的信息传达，在满足消费者心理诉求、建立与消费者的情感联系上，则显出力所不及。公关则可以借助新闻传播、专题报道、现场活动、座谈会等方式，全面而系统将消费者希望了解的东西传达给他们，从而令消费者对品牌产生深层次的认可。

（3）广告无法应对危机管理

假酒、劣质奶粉、有毒粉丝……从产品质量危机到行业信誉危机，从来没有一个时代像今天一样，每一个行业蓦然发现自己原来被重重危机所包围。

广告本质上只是信息表达的手法，根本无法应对危机的预防、发生以及如何在发生之后迅速降低其负面的影响。在今天这个危机四伏的时代，企业如果没有足够的危机应对能力，必然无法令企业得以顺利发展，而广告的功能根本无法承担此项重任。

广告的软肋在于其表达方式只是企业对消费者的概念与信息的

灌输，公共关系则谋求在企业与消费者之间建立充满感情的沟通。所以，广告所鞭长莫及的地方正在于需要与消费者、社会、媒体、政府机构进行沟通的方面：品牌塑造、美誉度与信誉度的建立、危机管理等，而公共关系的特性令其能顺利完成这些重任。

三、案例评价

1. 沟通创造价值：雪茄联合会危机公关的经典案例

美国雪茄制造商曾经面临着一场巨大的行业危机。

由于政府立法明确禁止香烟制造商在许多公众媒体上刊登广告，同时民间的反对吸烟的呼声也日益高涨，一场又一场规模浩大的反吸烟示威活动，将雪茄制造商推到进退维谷、四面楚歌的境地：雪茄在公众心目的负面形象不断加强、而新产品的良性信息却无法向公众传达。在短短三个月时间中，整个美国雪茄的销售量下降了三成，全行业面临着全面萎缩的危险。

作为媒体最大的广告商之一，雪茄制造商多年来一直都依靠巨额的广告量去打开市场销路，建立产品的优势。但现在，他们忽然间发现一直赖以生存之道却越来越窄，不仅信息宣传渠道锐减，同时社会反对的呼声也不断上升。整个行业要何去何从？

美国雪茄联合会临危出马，与本土一家优秀的公关公司合作，通过一系列的公关宣传方案，力挽狂澜，试图将这种不利的局势扭转过来。雪茄联合会明白，决定雪茄制造商未来生死的不是政策、法规、竞争等其他因素，而是人们对雪茄的看法以及雪茄在人们心目中的形象。要改变人们对雪茄一向的负面印象，建立雪茄良好的社会与产品形象，当务之急就是要在雪茄与社会公众之间建立起某种情感的联系。这恰恰需要依靠活动、传播、事件等一系列的公共关系管理，去完成与社会公众之间的情感沟通。

在公关方案中，雪茄联合会首先突出了雪茄与人生幽默之间的本质联系，表现吸雪茄者在面对人生逆境时，那种敢于自嘲、坦然面对的勇气，同时更重要的是突出雪茄深层次的功能：吸雪茄是一种精神放松的最好表达方式。针对以上主题，他们采取了一系列主题明确但又表现巧妙的公关活动。比如举行了"吐温之夜"，借助模仿著名作家这个勇敢、智慧、幽默的雪茄爱好者的形象，来表现吸食雪茄者同样乐观勇敢的个性，引起了目标客户的强烈共鸣。

凭借社会公众对马克·吐温的喜爱与尊敬，雪茄联合会巧妙地将这种情感延伸到雪茄之上，极大地激发了吸雪茄者的内心尊严，也表达了"只有成功者才会吸雪茄"的理念，引发许多雪茄爱好者甚至非雪茄爱好者内心的共鸣。

由于长期以来，美国民间有一项古老的民俗，刚做父亲的男性会向自己周围的亲朋好友赠送雪茄，表达自己的兴奋而又紧张的心理感受，但是这项传统正在逐渐衰落。所以雪茄联合会抓住这项古老的民俗，将其灌入现代的表达情感，举办了"放松点，吸根雪茄吧"与"雪茄情人节"等活动，将雪茄的定位为人们舒缓情绪的最佳表达方式。这些活动不仅吸引了大批的参与者，更是唤起许多人内心潜藏着的某种怀旧的情结。

在活动的辅助下，雪茄联合会又通过新闻传媒，借助雪茄爱好者之口，向公众表达雪茄在生活中不可或缺的作用——面包是身体的食粮，而雪茄则是精神的食粮。这些宣传得到众多雪茄爱好者的认可。

在雪茄联合会系列公共关系方案实施三个月后，不仅民间反对吸雪茄的呼声减弱了许多，同时整个美国的雪茄销售激增近三成。在广告失效的时候，公共关系显示出了惊人的作用。

2. 新闻公关提升品牌价值

美国管理权威德鲁克坚信，未来营销界将是以公关为导向的品牌传播时代。在他看来，任何新的品牌传播方案应该从新闻公关入手，通过新闻公关去塑造知名度，进而建立企业的美誉度，最终达到提升企业品牌价值的目标。

新闻公关对品牌传播的重要性不言而喻。国际著名的品牌管家奥美广告认为，品牌主要是由六大资产构成：产品、形象、商誉、顾客、渠道和视觉。而其所提出的 360 度品牌管理，就是要在与消费者接触的各个点上宣传企业或产品的品牌。作为品牌传播的一种重要手段，新闻公关充分利用了其信息传播的权威、公正、客观，多角度地提升企业品牌价值，而在这方面，格兰仕便是杰出的代表。

格兰仕利用其对媒体的深度把握，不断通过记者采写、新闻报道、专题介绍等方式传播有关格兰仕代表着行业最新技术、引导行业未来走向以及格兰仕规模化生产给消费者所带来实质性回报的良性信息。同时格兰仕副总经理俞尧昌一线亲征，频频出席各种财富论坛、行业高峰会、企业对话等专题会议，谈论有关格兰仕的种种话题，不断制造新闻点给传媒与民众。

通过出色的新闻公关，格兰仕多角度、多方面地向社会展示了一个成熟企业的魅力：对于同行业的竞争对手，格兰仕是一个占领全球微波炉生产总量超过 70% 的实力派对手；对于消费者，格兰仕是一家不断探索技术进步、通过规模化生产降低产品成本的责任型企业；对于中国企业界，格兰仕是中国企业迈向世界竞争舞台的成功典范……

更为重要的，格兰仕借助新闻公关的传播触角，成功地将企业从一个专业性的行业品牌演变成一个具有广泛影响力的大众化品牌，并借助这种品牌影响力，格兰仕顺利地将其品牌延伸到空调等其他白色家电上，创造了新的利润增长点。

当我们对比格兰仕与联想的发展史，会发现两者在构建自身品牌形象方面有惊人的相似之处：都凭借出色的新闻公关能力令企业的发展步上快车道。

联想集团董事局主席柳传志在回忆联想发展史时曾明确说过："在联想的发展过程中，媒体公关起到了非常重要的作用……联想直到今天还在坚持这样做。"

市场营销的本质不是产品的竞争，而是认知的竞争：某种产品在消费者心目中"是什么"远比其实际上"是什么"重要——这就决定了企业之间最高层面的竞争不是产品功能的竞争,而是企业品牌力的竞争。从格兰仕、联想的成功发展史中,我们可以读出公共关系所塑造出来的品牌力,对企业发展的推动作用有多么巨大。

四、案例思考

1. 公共关系管理的含义是什么?

2. 公共关系管理的意义是什么?

3. 公共关系管理的影响因素是什么?

4. 公共关系管理的基本程序是什么?

5. 公共关系管理可能出现的危机是什么?

6. 如何有效地使公共关系长期目标管理与企业战略规划相一致?

7. 结合日常生活谈谈如何有效地管理公众信息。

8. 结合日常生活和自己的知识谈谈公众舆论的形成和特点。

9. 如何有效地沟通管理目标公众关系?

10. 如何有效地提升企业的品牌价值?

参 考 文 献

1. 李洪基、黄正泉主编：《公共关系学导论》，湖南师范大学出版社，2000 年。

2. 黄昌年、赵步阳主编：《公共关系学》，上海交通大学出版社，2003 年。

3. 单振运主编：《新编公共关系学》，中国审计出版社，2001 年。

4. 李强主编：《公共关系学概论》，中国人民大学出版社，1991 年。

5. 邱伟光主编：《公关策划》，中国大百科全书出版社上海分社，1996 年。

6. ［英］富兰克林·杰夫金斯著：《最新公共关系技巧》，北京大学出版社，1992 年。

7. ［美］斯科特·卡特李普等著：《有效公共关系》，中国财政经济出版社，1988 年。

8. 北京大学社会学系主编：《公共关系学》，北京大学出版社，1990 年。

9. 林祖华主编：《公共关系学》，中国时代经济出版社，2005 年。

10. 温孝卿、吴晓云主编：《公共关系学》，天津大学出版社，2004 年。

11. 邱锐主编：《公共关系学》，中国经济出版社，2003 年。

12. 谢俊贵主编：《公共关系学》，工商出版社，2002 年。

13. 史有春著：《公共关系学：形象设计、信息传播和社会交往》，南京大学出版社，2002年。

14. 朱定国主编：《公共关系学》，立信会计出版社，2003年。

15. 万力主编：《国际公关策划：打造中国500强》，民主与建设出版社，2002年。

16. 居延安主著：《公共关系学》，复旦大学出版社，2001年。

17. 李文庠编著：《穿越败局 广告与公关篇》，中国纺织出版社，2003年。

18. 付晓蓉主编：《公共关系学》，西南财经大学出版社，2004年。

19. 吴宜蓁著：《危机传播：公共关系与语艺观点的理论与实证》，苏州大学出版社，2005年。

20. 冀鹏元、许超主编：《公共关系学》，中国矿业大学出版社，2005年。

21. 詹文都主编：《政府公共关系》，华南理工大学出版社，2004年。

22. ［英］大为·菲利普斯著：《网络公关》，北京大学出版社，2005年。

23. 肖辉主编：《实用公共关系学》，北京大学出版社，2001年。

24. 张岩松主编：《现代公关礼仪》，经济管理出版社，2006年。

25. 金正昆编著：《公关礼仪》，北京大学出版社，2005年。

26. 张岩松编著：《公共关系案例精选精析》，经济管理出版社，2006年。

27. 郭惠民主编：《当代国际公共关系》，复旦大学出版社，1998年。

致　　谢

　　本书的编写得益于武汉大学大力推行创新教育，为全校大学生开设了公共关系学通识教育指导选修课程。按照学校规定开设通识教育课程的主要目的是为了拓宽学生的知识面，合理构建学生的知识结构，培养学生从多学科角度分析与解决问题的能力，重在解决对某一学科知识"知"和"不知"，而非"知之专深"的问题，本书力图突破从历史发展到理论体系再到现实应用的传统写作手法，尝试以一种从教学实践中总结出来的更能帮助学生综合掌握公共关系知识的结构体系，用一、二、三、四、五、六的编排形式，即一把沟通钥匙、两种发展趋势、三个基本要素、四步工作方法、五项管理职能和六类案例介绍，对公共关系的基本知识进行了梳理。

　　这种尝试的动力既来自于学校的支持，更来自于学生的鼓励。按照教学内容重在启发思想、掌握方法，培养学生发现问题、分析问题和解决问题的能力，而非灌输知识细节的课程教学要求，本书的内容在与同学们的教学实践交流中不断改进提高，经过两年的教学互动初步确定了本书的教学内容，今后还将在教学实践过程中不断丰富完善。

　　在本书的编写过程中，参阅了大量国内外专家学者的论文和著作，借鉴引用了不少相关的研究材料，未能全部列出，在此表示衷心的感谢。书中不足之处，敬请各位专家学者指正。

　　本书的编写得到了学校教务部领导的关心，编者所在学院的领导和同事也给予了大力支持。同时还要感谢尚毅、牟勇、臧连兵等为本书所做的资料收集和文字工作。

最后，由衷地感谢武汉大学出版社以及陶佳珞编审对本书的出版所做的全部工作！

余永跃

2006 年 9 月 20 日

简明世界史
简明中国史
▲大学语文
▲写作
▲演讲理论与欣赏
▲音乐的文化与审美
人文科学概论
▲伦理学简论
▲美学
逻辑学导论
社会心理学

··················

▲法律理念
国际法与国际组织
▲社会转型与转型社会
▲人类学基础
▲中国经济改革与发展
▲电子商务与电子政务
中国禁书概览
当代中国政治制度
西方政治制度
当代国际关系与中国外交
当代中国社会问题透视
管理学
▲大学生健康

··················

数学精神与方法
▲博弈论
化学与社会
生命科学导论
▲资源环境与可持续发展
20世纪物理学
▲宇宙新概念
材料科学
▲科学技术史

··················

▲中国文化概论
中国文学简史
▲外国文学名著导读
西方发达国家文化
中国哲学智慧
西方哲学史
中国美术鉴赏
▲维纳斯巡礼
▲诗词曲赋鉴赏

21世纪 高等学校通识教育系列教材

··················
▲创业学
▲公共关系学通识教程
▲社交礼仪
领导学
建筑美学
科技革命与世界发展
▲《孙子兵法》鉴赏
▲性与社会
书法

··················
▲已出书